# Luces en el Mundo

## *Una Colección de Artículos*

Por Sewell Hall

# Luces en el Mundo:
# Una Colección de Artículos

Por Sewell Hall

Wayne Partain
1714 W. 25th Street
Odessa, TX 79763
waynepartain1@gmail.com

Primera Edición en Español por Armando Ramírez Abril de 2024

Sitio Web para la Publicación Electrónica de este Volumen:

http://www.elexpositorpublica.com

Todas las Citas de la Biblia vienen de la Versión Castellana Reina-Valera 1960 a menos que se indique lo Contrario.

\* \* \*

Segunda edición en español impresa para Wayne Partain
con permiso del autor.

# Prefacio a la Versión en Inglés

Esta colección de escritos de Sewell Hall llevaba mucho tiempo pidiendo ser publicada. Sus escritos, al igual que su predicación, han sido fuente de instrucción, inspiración y aliento para más de dos generaciones de lectores, pero necesitaban encontrar la influencia más amplia y permanente que les provee este libro. Expresamos nuestro agradecimiento a Gary Fisher, el editor.

Sewell Hall es un predicador del Evangelio de tercera generación en quien nada de la pasión por las almas perdidas y el gozo de hablar "según los oráculos de Dios" se ha perdido o disminuido. El mismo espíritu continúa en su hijo, Gardner. Durante más de cuarenta años he leído con gran expectación todo lo que ha escrito. Estoy seguro decir que ningún hombre o escritor ha desafiado o instruido más mi vida y mi pensamiento que este hombre modesto pero profundamente perspicaz y bueno. Como muchos otros, a lo largo de los años he tenido la bendición de tenerlo como un apreciado amigo y compañero en el Evangelio. Por lo tanto, es un honor especial escribir un breve prefacio a este libro tan significativo.

Esta colección de sus escritos es un tesoro de consejos espirituales prácticos extraídos de los grandes temas generales de las Escrituras. El espíritu de sus escritos es siempre positivo y esperanzador como corresponde al evangelio ("buenas nuevas"), sin embargo no duda en reprobar actitudes y actividades que traicionan el gran propósito de Dios para nuestras vidas. Le conmoverá su pasión por las personas no salvas tanto en su país como en el extranjero, por su anhelo de ayudar a sus lectores a obtener una imagen más clara y Bíblica de lo que significa ser un discípulo de Jesús, y por su gran amor y admiración por los Cristianos "ordinarios" que, con la gran fuerza de Dios, hacen cosas extraordinarias.

En sus predicaciones y escritos, Sewell Hall no sólo es cuidadoso al manejar las Escrituras con precisión, sino que también es hábil para aportar nuevas perspectivas que desafían y ensanchan el corazón. Su espíritu desinteresado ha hecho que lo que ha dicho y escrito a lo largo de los años sea aún más convincente. Ha sido un modelo para los predicadores más jóvenes no sólo por su carácter y habilidad para predicar, sino también por su disposición a predicar el evangelio donde más se necesita y no donde el entorno es más cómodo. Al igual que Aquila y Priscila, él y su igualmente devota esposa, Caneta, han vivido y trabajado en África Occidental, las Islas Británicas y las regiones del norte y noreste de los Estados Unidos. Ha realizado extensos viajes de predicación a Australia, Sudáfrica y Europa del Este y ha sido fuente de gran aliento y ayuda para muchos otros que predican en lugares distantes, pero desesperadamente necesitados.

Al final, el autor de estos excelentes estudios, con su modestia característica, probablemente protestará diciendo que lo que ha escrito está exagerado y que lo poco que ha logrado realizar como predicador del evangelio debería atribuirse a Dios y no a sí mismo. Los muchos de nosotros que hemos sido bendecidos por él disentimos de su modesta estimación del bien que ha hecho y está haciendo, pero con gusto haremos eco de ese trabajo en su propio sentimiento frecuentemente expresado: "¡A Dios sea la gloria!" Le recomendamos sin reservas tanto este libro como a su autor. Léelo y sea bendecido.

—Paul Earnhart

# Prefacio a la Versión en Español

Desde muy cerca de mi conversión en 1986 empecé a desarrollar una inclinación por la lectura de todos los escritos hechos por los hermanos disponibles a mi alcance. Tengo una gran admiración y un profundo respeto por los obreros que escriben para edificarnos en la fe y dejan para futuras generaciones parte de sus legados.

Este reconocimiento ha crecido al paso de los años. Al igual que mi interés por publicar lo que para un servidor ha sido de mucha ayuda y contribución.

La colección de artículos escritos por el hermano Sewell Hall que aparecieron originalmente en la revista *Christianity Magazine* (1984-1999) tienen la sustancia y la vitalidad que muchos Cristianos necesitamos para meditar, enfocar y continuar en la batalla que tenemos por delante, tanto por nuestra propia alma como por las almas de los demás.

Dividido en 11 capítulos con 96 cortos pero precisos artículos, este volumen titulado *Luces en el Mundo* cubren una gran variedad de temas de naturaleza textual, histórica, moral, religiosa, controversial, familiar, matrimonial y del diario vivir que ayudan a los Cristianos a establecer una mejor posición frente a la multitud de corrientes culturales y doctrinales que siempre han amenazado con cambiar, confundir y derribar la correcta y sana convicción que uno encuentra en la exposición de las Sagradas Esrituras.

Por supuesto que muchos artículos se han escrito en años previos tocando estos mismos temas, pero pocos en la capacidad y talento del hermano Sewell para atrapar rápidamente la atención y dirigir nuestro entendimiento a un nuevo enfoque pocas veces analizado. No hay duda que la sabiduría y talento especial para escribir (al igual que para predicar) fueron otorgados por el Señor para este obrero humilde y libre de animosidad cuya única meta ha sido dar gloria el Señor y servir en Su reino todos estos largos años.

Su visión mundial para colaborar personalmente en la transmisión del evangelio lo llevó a los cinco continentes ya sea en viajes de predicación temporal o predicación más permanente como en Nigeria e Inglaterra donde vivió 6 años en total. Cada una de sus experiencias le permitieron conocer las dificultades y desafíos que la Iglesia enfrentó (y continúa enfrentando) en muchos países donde no se gozan de las comodidades materiales y la libertad religiosa que se tienen en los Estados Unidos y otros pocos países.

Su artículo "Valentina" da cuenta de las luchas que esa joven Rumana de 21 años enfrentó para convertirse en Cristiana. O de Oley Nerland, el hermano emigrante Noruego que ayudó a convertir a gran parte de su familia radicada en Canadá, en cuyo testamento al morir fue dejar sus bienes para la predicación en su tierra natal.

A cada uno de los lectores hispanos anticipó que disfrutarán y apreciarán haber meditando en cada uno de los escritos de este generoso libro. Agradezco en especial al editor, al hermano Gary Fisher de Bargersville, Indiana por concederme su valioso permiso para una publicación digital e impresa libre de venta.

Mis agradecimientos van igualmente al hermano Sewell Hall de Atlanta, Georgia por permitirme su amable concesión para que todo su excelente material comience a circular por primera vez en nuestra lengua hispana. Él esta contento que su obra entrará dentro del rango de Cristianos hispanos en cuyo campo ha estado interesado a través de las labores del Reino de su hijo Gardner quien ha predicado entre muchas congregaciones hispanas desde 1982.

Han pasado 40 años desde que el hermano Sewell escribió su primer artículo que ahora forma parte de este libro y 25 años desde que escribió el ultimó para esta colección. Pero la validez, la necesidad y aun la urgencia que su material vuelva a ser considerado por los Cristianos de todas las edades y de todas las etapas de crecimiento y el tiempo de cuatro décadas transcurridas no ha disminuido en absoluto su relevancia.

Por el contrario, en medio de las dificultades que representa seguir siendo un Cristiano fiel en conformidad con el Nuevo Testamento en el primer cuarto de siglo del siglo 21, se ha vuelto más necesario y crucial disponer de libros como este que nos iluminarán para seguir manteniendo las mejores convicciones que uno pueda tener.

—Armando Ramírez

# Contenido

# Luces en el Mundo

# Una Declaración del Propósito

Nunca ha sido el propósito de esta página glorificar a hombres o mujeres. Más bien, su propósito ha sido contar cómo algunos Cristianos dedicados alrededor del mundo están glorificando a Dios.

La mayoría de los que aparecen se han sentido más avergonzados que halagados por la atención que se les ha prestado. Sólo los humildes y modestos siervos de Dios son dignos de ser incluidos porque son los únicos que reflejan la verdadera luz. El orgullo y la jactancia son "burbujas" que ocultan la luz.

La fuente de toda luz es "del Padre de las luces, en el cual no hay mudanza, ni sombra de variación" (Stg.1:17). Su luz es irradiada al mundo por Jesucristo, quien es "el resplandor de su gloria y la imagen misma de su sustancia" (Heb.1:3). "Aquella la luz verdadera, que alumbra a todo hombre venía a este mundo" (Jn. 1:9).

Algunas lámparas están diseñadas para que la luz del interior realce y llame la atención sobre la cubierta de la lámpara. Otras tienen una cubierta lo más transparente posible para que se emita la máxima luz desde el interior.

Los Cristianos deben ser este último tipo de lámpara, atrayendo la menor atención posible hacia sí mismos para que Cristo pueda ser visto en toda Su gloria mientras vive dentro de ellos.

Seguramente esto es lo que Pablo estaba diciendo en 2 Corintios 4:5: "Porque no nos predicamos a nosotros mismos, sino a Jesucristo como Señor, y a nosotros mismos como vuestros siervos por amor de Jesús. Esto explica el enfoque de Pablo en Corinto: "Así que, hermanos, cuando fui a vosotros para anunciaros el testimonio de Dios, no fui con excelencia de palabras o de sabiduría. Pues me propuse no saber entre vosotros cosa alguna sino a Jesucristo, y a éste crucificado. Y estuve entre vosotros con debilidad, y mucho temor y temblor; y ni mi palabra ni mi predicación fue con palabras persuasivas de humana sabiduría, sino con demostración del Espíritu y de poder, para que vuestra fe no esté fundada en la sabiduría de los hombres, sino en el poder de Dios" (1 Cor.2:1-5).

Desde hace algunos años se observa un creciente énfasis en los predicadores. Los anuncios de reuniones no sólo elogian la capacidad del predicador como orador, sino que con frecuencia presentan un resumen de sus muchos logros.

Más recientemente, ha sido inquietante ver una cantidad excesiva de halagos en los anuncios antes y después de los sermones. Incluso en las oraciones, especialmente durante las reuniones, a veces se dice más en alabanza al predicador que a Dios.

Es dudoso que algo de esto sea eficaz para atraer a nuestras reuniones a buscadores de la verdad sinceros y honestos o para impresionarlos una vez que estén allí. Estas personas han estado expuestas durante tanto tiempo al bombardeo publicitario del tipo Madison Avenue que son bastante inmunes a ello. Ya han escuchado predicadores con más títulos, más libros y más "puestos principales" en su haber que cualquier hombre que pudiéramos ofrecer. Lo que buscan es a Jesús. Para ellos, sería mejor gastar nuestro dinero asegurándoles que Jesucristo, nacido de una virgen y resucitado de entre los muertos, será predicado por quienquiera que sea capaz de hacerlo.

Sin embargo, esto no es una disculpa por esta serie de artículos. Hay un claro precedente en las Escrituras de lo que estamos tratando de lograr. Primero, deseamos dar a conocer a los lectores la obra del evangelio que se está realizando en varias partes del mundo. En

Segundo lugar, deseamos presentar a algunos de los hombres y mujeres que han emprendido esta labor.

Cuando Pablo y Bernabé regresaron de su primer viaje, reunieron a la Iglesia y "refirieron cuán grandes cosas había hecho Dios con ellos" (Hech. 14:27). De camino a Jerusalén, pasaron "por Fenicia y Samaria, contando la conversión de los gentiles, y causaron gran gozo a todos los hermanos" (Hech. 15:3).

Muchos Cristianos saben más acerca de la política, la economía, la geografía, etc. de las diversas naciones de lo que saben acerca de la Iglesia del Señor en esas naciones. Algunos son lo suficientemente ingenuos como para suponer que hay Iglesias fieles en todas las ciudades importantes del mundo, mientras que otros no se dan cuenta de que tales Iglesias existen fuera de los Estados Unidos. Todos necesitan estar informados.

Los ejemplos siempre han sido útiles. Jesús contó la historia del buen samaritano, no para glorificar al hombre, sino para mostrar el significado de la buena vecindad. Y añadió a la historia: "Ve y haz lo mismo" (Luc.17:37). Nos gustaría esperar que estos informes de discípulos modernos que en algunos casos incluso "arriesgaron sus vidas por el nombre de nuestro Señor Jesucristo" puedan animar a algunos de nuestros lectores a "ir y hacer lo mismo".

Todas las vidas de los grandes hombres nos recuerdan
Podemos hacer que nuestras vidas sean sublimes;
Y al partir, dejar detrás de nosotros,
Huellas en la arena del tiempo.

—Henry W. Longfellow

Muchos de estos capítulos fueron escritos en la década de 1980. Algunas de las personas mencionadas en estos artículos murieron después de que se escribió el capítulo.

# "Ella ha hecho lo que ha podido"

Muchas personas se quejan de las restricciones que el Nuevo Testamento impone a las mujeres: no les permite ocupar plataformas públicas ni papeles de liderazgo en la Iglesia.

Aquellos que sienten que esto priva a las mujeres la oportunidad de alcanzar la grandeza nunca han comprendido las enseñanzas de Jesús acerca de la grandeza en Su reino. Cuando Santiago y Juan preguntaban por lugares de autoridad, Jesús respondió: "Sabéis que los gobernantes de las naciones se enseñorean de ellas, y los que son grandes ejercen sobre ellas potestad. Más entre vosotros no será así, sino el que quiera hacerse grande entre vosotros, será vuestro siervo; y el que quiera ser el primero entre vosotros, sea vuestro siervo" (Mat. 20:25-27).

Probablemente Sylvia Wood nunca haya pensado en ser grande, ni le haya molestado las prohibiciones impuestas a las mujeres. Más bien se ha concentrado en hacer "lo que podía". ¡Y ha hecho mucho!

A pesar de vivir a 40 kilómetros del lugar de reunión, nunca falta a los servicios de la Iglesia local y asiste a tantas reuniones evangelísticas como sea posible a poca distancia en automóvil. Ella llevó consigo a sus dos hijos desde su infancia y, a su debido tiempo, ambos obedecieron el evangelio y ahora, en su madurez, ambos son Cristianos fieles. Como maestra capacitada de escuela primaria, utiliza sus talentos para impartir clases bíblicas planificadas por la Iglesia. Ella y su esposo siempre reciben en su casa a predicadores del evangelio que vienen a las Series de Predicaciones.

Muchas buenas mujeres se contentarían con esto, sintiendo que esto es todo lo que se les permite hacer. Pero no Sylvia. Cuando la Iglesia estaba considerando pagarle a alguien para que limpiara el edificio y cortara el césped, Sylvia vio esto como algo que podía hacer, permitiendo a la Iglesia gastar su dinero en otras cosas, y lo hizo voluntariamente durante años.

Sin embargo, limpiar el edificio y cortar el césped no ayudó en nada a enseñar el Evangelio a sus vecinos. Al enterarse de un curso por correspondencia, cuya primera lección estaba diseñada como un folleto, comenzó a distribuirlos en su vecindario y a difundirlos. Calcomanías de coches en los estacionamientos de comercios cercanos.

Luego, al enterarse de que algunas Iglesias estaban colocando un mensaje Bíblico diario y ofreciendo un curso por correspondencia por teléfono, con el acuerdo de su esposo añadió otra línea telefónica a su casa, compró un contestador automático, tomó prestadas algunas cintas y comenzó a anunciar el número.

A medida que comenzaron a llegar las lecciones por correspondencia, ella misma las calificó y pagó el envío para mantenerlas en funcionamiento hasta que los estudiantes terminaran el curso. Cuando ha parecido oportuno, ha visitado a quienes finalizan el curso para ofrecerles estudios adicionales. Cuando esto no es aconsejable, le pide a un hermano Cristiano que los visite y les enseñe en su hogar.

Uno de los hombres que le ayudó a visitar a sus prospectos fue un hermano que hizo varios viajes a Vietnam predicando el evangelio. No contenta con difundir el evangelio sólo en casa, Sylvia ha utilizado los recursos financieros disponibles para ayudar con sus gastos y para contribuir a la obra en otras partes del mundo.

Como Pablo recordó con gratitud a aquellos que "enviaron una y otra vez a sus necesidades" (Fil.4:16). Los predicadores en el extranjero se sienten alentados no sólo por las contribuciones recibidas, sino también por el amor y las oraciones que siempre los acompañan.

Sylvia tiene una preocupación especial por los niños a los que enseña en la escuela pública. Ella llega tan lejos como puede en la enseñanza de principios Bíblicos allí, pero no está contenta con lo que permiten las escuelas públicas. Cada Lunes por la noche tiene una hora de lectura de la Biblia para los niños del vecindario que asistan.

El verano pasado tuvo una escuela bíblica de vacaciones en su casa. Su conocimiento de los niños de su comunidad y su reputación de piedad trajeron a su casa un promedio de 52 niños cada día durante cinco días. Al no poder acomodarlos en el interior, ella y dos damas Cristianas les enseñaron en su patio trasero en el calor de un verano sureño. Se planea otro esfuerzo similar para el próximo verano.

Jesús predijo que "dondequiera que se predique el evangelio en todo el mundo" se contaría la historia de María de Betania (Mar.14:9). Sin preocuparse por ser ignorada como apóstol o como uno de los 70 evangelistas, mientras los hombres discutían sobre quién sería el mayor, María hizo "lo que pudo", ungiendo el cuerpo del Señor para su sepultura. Y como Jesús predijo, además, lo que ella hizo se contará "para memoria de ella" (Mar. 14:3-9). Ella alcanzó la verdadera grandeza sirviendo.

No le digas a Sylvia Wood que las mujeres están limitadas en lo que pueden hacer por el Señor. Sylvia está demasiado ocupada haciendo lo que puede — servir.

Probablemente sea bueno que ella no sea una "predicadora". Entonces podría estar demasiado ocupada preparando sermones y haciendo lo que hacen los predicadores para compartir el evangelio de maneras tan significativas.

Cuando se nombre a los primeros y más grandes del reino, alguna mujer Cristiana tranquila como Sylvia bien podría encabezar la lista. Las mujeres también pueden resplandecer "como luminares ("luces"—RV) en el mundo, asidos de la palabra de vida" (Fil. 2:15-16).

# Una Moderna Febe

Febe era "servidora ("diaconisa"—RV) de la iglesia en Cencrea" (Rom. 16:1, 2). La palabra servidora puede traducirse como diaconisa, pero hay pocas razones para suponer que ella era una diaconisa en un sentido oficial. Quizás más significativa sea la palabra original para ella.

Esa palabra denota "una mujer guardiana, protectora, patrona, que se preocupa por los asuntos de los demás y los ayuda con sus recursos" (Thayer).

La mayoría de nosotros hemos tenido el privilegio de conocer a una Febe moderna —una hermana que posee la sabiduría, los recursos y la compasión para ayudar, sea cual sea la necesidad. Hace poco conocí a una notable Febe en un pequeño pueblo cerca de un pequeño pueblo de Carolina del Norte.

Mattie Hunter se jubilará este año después de treinta y tres años en las escuelas públicas, veinticinco de ellos como consejera vocacional. Esta posición la ha puesto en contacto con muchos niños con problemas.

Incapaz de volver a casa y olvidarse de ellos, ha acogido a catorce en su casa como hijos adoptivos. Uno de ellos, bajo su influencia, se convirtió hasta el momento en el único estudiante negro que se graduó con las mejores calificaciones de su escuela secundaria.

Aunque la propia Mattie es de piel negra, su gran corazón no distingue colores; su benevolencia llega a todos por igual. A medida que se acercaba una Navidad reciente, estaba profundamente preocupada por la depresión extrema que sufría una hermana blanca que vivía a cientos de kilómetros de distancia. Decidió utilizar su tiempo de vacaciones y el dinero que normalmente gastaría en regalos para hacer lo que pudiera para rehabilitar a su hermana en apuros.

Inevitablemente, la preocupación de un verdadero Cristiano por las necesidades sociales, emocionales y materiales de los demás será superada por la preocupación por sus necesidades espirituales. En una persona como Mattie, estas preocupaciones no siempre pueden separarse.

Una compañera profesora de su colegio tuvo que ausentarse debido a una enfermedad que le provocó una convulsión en el aula. Muchos no entendían la naturaleza del problema y algunos la evitaban supersticiosamente. Mattie pensó detenidamente en lo que podría hacer.

Pronto tuvo su respuesta. Mattie camina dos millas cada tarde; Le pediría a su amiga que la acompañara. Caminaron; y —hablaron sobre Jesucristo, Su camino de salvación y Su Iglesia. Siguieron estudios Bíblicos y la maestra supo lo que Jesús requería.

Lamentablemente, decidió no obedecerlo, pero como una mujer piadosa que vivía en los días de Jesús, Mattie había "hecho lo que podía". Ha logrado traer a muchos otros a Cristo, incluida la mitad de los catorce niños que ha criado.

Le habría resultado fácil ser muy asertiva en su enseñanza. Ella relata que cuando finalmente vio la verdad y la obedeció, se alegró tanto que quiso subirse a lo alto del boiler y gritarle a todo el pueblo: "¡He encontrado la verdad! Vengan conmigo aléjense de su error y siguen al Señor" Sería muy capaz de enseñar a cualquiera en público o en privado.

Sin embargo, la modestia la ha llevado a tener un hermano Cristiano que la ayuda con la mayoría de sus contactos. Jimmy Jenkins, que predica en la Iglesia a la que ella asiste, informa que en los seis años que la conoce, ella ha hecho arreglos para que él enseñe al menos a cien de sus amigos.

Una vez, cuando ella y Jimmy fueron juntos a una casa, el hombre con prejuicios raciales insistió en que la escucharía a ella, pero no al hombre blanco. Ella rechazó ese arreglo, considerando nada más que Jimmy sería quien enseñaría.

Obviamente, una persona así es de gran ayuda para los predicadores del evangelio. Algunos que sirven en otros países han informado de sus contribuciones mensuales de parte de ella. Los predicadores locales aprecian las perspectivas que ella les aporta y las palabras de aliento que ofrece.

La primera vez que la observé fue cuando escuchaba atentamente y tomaba notas sobre una lección que, en mi opinión, había sido mal elegida y presentada de manera ineficaz. Después del servicio, ella vino a mí y me dijo que cuando llegó al servicio no se sentía bien, pero que la adoración le había levantado el ánimo. Me agradeció el mensaje que, insistió, era justo lo que necesitaba y de gran ayuda.

Ser una Cristiana le ha costado a Mattie más que a la mayoría de nosotros. Su fe la obligó durante varios años a vivir sin compañero de matrimonio. Muchos de sus amigos y asociados profesionales han criticado su pertenencia a una "Iglesia blanca". La Iglesia, sin embargo, ha sido muy bendecida por su asociación con ellos. Su buen carácter tan respetado y sus buenas obras tan ampliamente conocidas en la comunidad, verdaderamente han adornado la doctrina de Dios en todas las cosas.

Aunque hace sus buenas obras en silencio, "una ciudad asentada sobre un monte no se puede esconder" (Mat.5:14). "Os recomiendo a nuestra hermana", Mattie, "que es una servidora de la Iglesia que está en..." Plymouth; "porque ella ha ayudado a muchos y a mí mismo" (adaptado de Rom. 16:1-2).

# "Sabios para el bien e ingenuos para el Mal"

Eddie Mai es un nombre inusual para una dama. Pero claro, Eddie Mai Caldwell es una dama inusual. Su nombre, se apresura a explicar, fue uno que ella misma eligió. Un día le dijo a su madre: "Quiero cambiar mi nombre a Eddie Mai". Su madre aceptó la propuesta y así ha sido desde entonces.

Eddie Mai aprende lentamente. Simplemente no parece captar cosas que otras personas parecen saber por intuición.

Todo el mundo sabe que no se esperaría que una señora mayor de un pueblo pequeño encontrara una Iglesia en una gran ciudad en la que se aventurara por primera vez. Pero Eddie Mai encontró mi nombre en su Biblia recientemente, y con un poco de esfuerzo recordó que lo había obtenido del predicador donde ella adoraba hace varios años cuando estaba planeando una visita a la ciudad donde yo predicaba. No quería perderse los servicios allí— y no lo hizo.

Nadie esperaría que una viuda que había pasado toda su vida en un pequeño condado de Tennessee pudiera vender su casa, dejar a sus amigos de toda la vida, mudarse a una ciudad como Atlanta y ser feliz. Además de otros problemas, después de encontrar un lugar adecuado para vivir, podría encontrarse que no había ninguna Iglesia cerca.

Eddie Mai, sin embargo, no parece darse cuenta de la dificultad de todo esto. Para estar cerca de su hijo tuvo que mudarse a Atlanta, pero no quería interponerse en su camino. Así que localizó una Iglesia donde sentía que podía ser feliz y luego alquiló el apartamento accesible más cercano, a poca distancia. La Iglesia le ha proporcionado todos los amigos y familiares que necesita.

Casi todo el mundo ha aprendido que la hospitalidad para un predicador visitante durante una Serie de predicaciones debe ser proporcionada por aquellos que tienen casas grandes, muebles finos, porcelana hermosa y cubiertos caros. Esto tampoco lo ha aprendido Eddie Mai. Su nombre está siempre "en la lista" y su sincera bienvenida y la buena cocina de Tennessee calientan los corazones y agradan los paladares de quienes aceptan la invitación a su pequeño apartamento.

Todo el mundo sabe que en una gran ciudad uno se ocupa de sus propios asuntos, hace pocas amistades y no confía en nadie. Todo el mundo lo sabe —excepto Eddie Mai. Aprendió a no prestar su automóvil a extraños cuando un hombre en su complejo de apartamentos lo tomó prestado y lo destrozó mientras conducía bajo los efectos del alcohol.

Pero ella ha seguido mostrando interés en sus vecinos, cocinando para ellos cuando están enfermos, cuidando sus apartamentos cuando están fuera, demostrando ser una verdadera amiga de los solitarios y, en general, siendo una buena vecina. La gente también sabe que hoy en día las personas no están interesadas en su religión, especialmente los jóvenes. Si tienen alguna afiliación religiosa no les interesa cambiar y si no la tienen es porque "no les gusta la religión".

Por eso la mayoría de la gente ha aprendido a guardar su religión para sí mismos. Pero Eddie Mai parece no poder aprender esto tampoco. Cada amigo que hace está invitado a los servicios.

Los estudiantes del cercano Instituto DeVry, que viven en los apartamentos, pueden haberse reído de "la viejecita con zapatillas de tenis" que se unió a ellos durante unos minutos en su partido de baloncesto, pero antes de irse, todos habían sido invitados a los servicios. Y también estaba un joven arriba, la señora de la oficina y la pareja de ancianos del otro lado de la calle.

Muchos de los que ella había invitado han venido; probablemente ha atraído más visitantes a nuestros servicios que cualquier otro miembro en los últimos tres años. Un joven que ella trajo fue bautizado y ahora dirige la oración, dirige los cantos, da discursos y se fortalece con su continuo estímulo. Ella es verdaderamente su madre en la fe.

Sin embargo, hace unos meses un anuncio empezó a aparecer en la pared de nuestro edificio. Sus días con nosotros estaban contados. Las circunstancias exigieron que se mudara a vivir con su hijo a más de veinticinco millas de nuestro lugar de encuentro. Para cualquiera que la hubiera visto avanzar cautelosamente por la autopista era evidente que nunca podría conducir esa distancia hasta los servicios. Miramos mapas para tratar de localizar una congregación más cercana. Intentamos encontrar personas que pudieran proporcionarnos transporte, pero fue en vano.

Nos despedimos de ella con mucho pesar, preguntándonos qué decisión tomaría y anticipando con tristeza el vacío que habría en nuestra asamblea del domingo siguiente.

El domingo siguiente, su pequeño Chevette marrón llegó como de costumbre, sólo un poco antes. Pensando que no había completado su mudanza o que había pasado la noche cerca, le pregunté: "¿Cómo llegaste aquí?". "Yo conduje", fue la sencilla respuesta. Y lo ha hecho todos los domingos desde entonces.

Eddie Mai nunca parece aprender las cosas que ella no puede hacer. Lo que esta Iglesia y muchas otras necesitan es estudiantes más lentos como Eddie Mai, "sabios en el bien e ingenuos para el mal" (Rom. 16:19).

# "Una Madre el Israel"

La vi sólo una vez, y eso fue hace más de veinticinco años. Pero he visto su influencia en tres continentes. Ella no está en la política ni en los negocios. Ella no es músico, pintora o poeta. Aunque fue profesora de matemáticas hasta su jubilación, no fue en un salón de clases donde ejerció su mayor influencia. Ella es ante todo una madre— madre de cuatro hijos.

Ella quedó viuda para criar sola a esos cuatro hijos cuando el mayor tenía quince años y el menor nueve. Incluso antes de ese momento, la responsabilidad principal de su formación había recaído sobre ella. Pero en ese momento, al regresar al salón de clases que había abandonado cuando nació su primer hijo, aceptó la responsabilidad de sus necesidades económicas.

Desde el principio dejó claro a sus hijos que no podía hacerlo todo. Tenían que ayudar con las tareas del hogar; consiguieron trabajos ocasionales como pudieron; y todos iban a la granja de un familiar en el verano a trabajar en el campo para proveerse de comida para el invierno. Sin embargo, como informa uno de los hijos: "Ella nunca dijo nada sobre que fuéramos pobres o sufriéramos privaciones. Nunca supimos que no teníamos nada".

Tampoco permitió que la compasión por sus hijos huérfanos de padre comprometiera sus expectativas sobre ellos. Ella siempre esperó lo mejor. La recuerdan como una disciplinaria constante que les hacía saber exactamente qué conducta era aceptable y cuál no. "Y no fue fácil", dijo uno de ellos, "tratar solo con cuatro hijos, ninguno de los cuales era del tipo tranquilo". Sin embargo, a pesar de todo, había dos hechos de los que nunca se les permitió dudar: que ella los amaba y que amaba al Señor.

¡Cuán gratificante debe haber sido para ella ver a esos hijos aumentar en sabiduría, en estatura y en favor ante Dios y los hombres! ¡Cuán satisfecha debe haberse sentido al ver a cada uno de ellos obedecer el Evangelio, obtener un título después de cuatro años en el Colegio Cristiano Abilene y, uno por uno, casarse con una compañera Cristiana!

Si una madre alguna vez tuvo el derecho de insistir en que sus hijos buscaran ocupaciones lucrativas y permanecieran cerca de ella para satisfacer sus necesidades sociales y económicas, esta madre lo tenía. Pero ella no los había criado para que le sirvieran; ella los había criado para servir a Dios y a los demás.

Esto fue lo que eligieron hacer. Tres de los cuatro decidieron entregar sus vidas a la predicación del evangelio, todos ellos en zonas donde la Iglesia era débil o inexistente. Esta elección los ha alejado de su natal Oklahoma y de su madre. De hecho, los tres han pasado un total de treinta y dos años predicando en el extranjero.

Primero, fueron Jerry y su esposa Shirl quienes fueron a Suiza en 1957. Veinte años después, regresaron a los Estados Unidos para trabajar en Canby, Oregón. El siguiente fue el hijo menor, Rex, que fue a Austria en 1961 y permaneció durante diecinueve años predicando en ese país. En 1962, después de varios años de predicar en las zonas necesitadas del norte de Chicago, su hijo Paul y su esposa Wilma partieron a Nigeria, donde trabajaron durante tres años.

¡Tres cuartas partes de su familia en el extranjero! ¿Qué debería hacer ella? Algunos padres se han lamentado y se han quejado amargamente de tener un hijo o una hija en el extranjero. Esto habría sido totalmente impropio de esta buena mujer.

Invierno tras invierno, mientras enseñaba en la escuela, ahorraba sus centavos con el propósito de visitar a sus hijos en Europa durante los meses de verano. No fue fácil con el salario de un maestro. Pero ella fue, no una sino seis o más veces. En lugar de desalentar a sus hijos en su obra, fue a animarlos y ayudarlos en lo que pudo.

En su casa de McAlester, Oklahoma, ella ha estado activa en la Iglesia, utilizando sus talentos como maestra y aceptando cualquier otra oportunidad que se le haya presentado.

Cabe señalar también que su hijo Reid, que no se gana la vida predicando, es un predicador capaz que ha sido de gran ayuda para pequeñas congregaciones a lo largo y ancho de la costa Este, donde ha vivido y trabajado como un químico.

Todos sus hijos están de regreso en los Estados Unidos y ella disfruta de sus visitas y de las de sus diecinueve nietos. A los 84 años, todavía conduce su propio automóvil, al menos hasta la casa de Paul, a 180 millas de distancia, donde ahora pasa los inviernos.

¿En qué papel podría esta buena mujer haber logrado más o haber sido una mayor bendición para el mundo que en su papel de madre? No sólo sus hijos "Se levantan ... y la llaman bienaventurada" (Prov.31:28), sino también cientos de personas que se han acercado más a Cristo a través de su influencia.

Esto incluye a los lectores de esta revista que han sido edificados por los escritos de su hijo Paul. Su nombre: Eva Earnhart, madre de Paul, Jerry, Reid y Rex—una sierva de Dios y una "Luz en el Mundo".

# El Amor encuentra su Camino

Todos los Cristianos queremos llevar a los perdidos a Cristo. Pero cada uno de nosotros tiene alguna desventaja que nos hace sentir limitados en nuestra capacidad para hacerlo. Puede ser una debilidad de conocimiento o una dificultad para expresarlo. Quizás sea una deficiencia de personalidad o incluso una falta de transporte. Sea lo que sea, tendemos a sentir que nos excluye de la responsabilidad.

En realidad, nuestra desventaja más debilitante es la falta de *celo*. Una vez que se despierta el celo, el amor encontrará la forma de superar todos los obstáculos.

Tomemos como ejemplo a June McNeese. Hace apenas cuatro años, June ocupó un puesto de responsabilidad en una empresa con sede en Tennessee que fabricaba mangueras para automóviles. Sin embargo, estaba experimentando considerables problemas de garganta y el problema empeoró constantemente, hasta y le impedían hablar con fluidez, hasta que ya no podía trabajar en la oficina.

Los médicos descubrieron que padecía la temida esclerosis lateral amiotrófica, más conocida como ELA o enfermedad de Lou Gehrig. Rápidamente comenzó a afectar otras partes de su cuerpo hasta que todas sus extremidades quedaron paralizadas. Su habla siguió deteriorándose hasta que ahora sólo una persona muy cercana a ella puede entender todo lo que ella dice, y sólo cuando utiliza las palabras más simples.

Con frecuencia debe explicar muy lentamente lo que intenta decir. Mientras tanto, sus ojos brillantes y las pocas palabras que es capaz de pronunciar revelan una mente todavía aguda y activa.

Si alguna vez alguien podría ser excusado del "evangelismo personal", sería June. Sin el uso de sus miembros inferiores no puede caminar por sí sola; sin sus brazos y sus manos no puede escribir; y con su mecanismo de habla dañado no puede hablar. Pero June no busca excusa; ella busca una forma.

Cuando se contrató a una enfermera, una de las condiciones era que llevaría a June a los servicios de adoración el mayor tiempo posible. Patti, la enfermera elegida, encontró los servicios extraños y los sermones muy diferentes de lo que estaba acostumbrada en su propia experiencia religiosa.

Pronto empezó a hacer preguntas que a June le resultó muy difícil responder debido al problema de comunicación. Para aumentar la frustración, Patti nunca parecía recordar sus preguntas cuando Joe Olson, un predicador del evangelio, venía de visita.

De alguna manera, June tenía que encontrar una forma de obtener respuestas a esas preguntas, ya fuera ella misma o Joe. Pero lo único con lo que tenía para trabajar eran los músculos de su cuello. ¡Entonces le vino una idea! ¡Una máquina de escribir eléctrica! Le prestaron una para ver si podía usarla.

Su padre fabricó una varilla de madera y colocó una punta de goma en un extremo. Colocando el otro extremo de la varilla entre sus dientes, June felizmente comenzó a teclear algunas respuestas para Patti y a teclear preguntas para Joe cuando viniera.

Patti no se convirtió fácilmente. Ella ya había cambiado de religión una vez y esta vez quería estar segura. Pero poco a poco la verdad, adornada por la vida de su alegre paciente, hizo su obra. Patti fue bautizada en Cristo.

Patti no es su única conversa. Un matrimonio Cristiano que estaba en el error la visitaba en ocasiones. Los amaba y anhelaba verlos acercarse a la verdad. Ella aprovechó con éxito sus limitadas oportunidades para enseñarles "más exactamente el camino de Dios" (Hech.18:26).

Hay otras personas a las que espera llegar antes de que se le acabe el tiempo. La limitada esperanza de vida característica de quienes padecen su enfermedad la hace constantemente consciente, como lo fue Jesús, de que se acerca una noche "cuando nadie puede trabajar" (Jn.9:4). Esto da urgencia a sus esfuerzos.

Quizás todos nosotros seríamos más celosos y diligentes si pudiéramos darnos cuenta de cuán corto es el tiempo que cada uno de nosotros tiene para lograr todo lo que debe lograrse en esta vida.

Visité a June recientemente en su casa de Tennessee. No entendí ni una sola palabra de lo que dijo. Pero, a su velocidad habitual de cinco palabras por minuto, me escribió un mensaje, perfectamente escrito en mayúsculas y con sangría: "Estimado hermano Hall, me alegra mucho que haya podido venir a verme esta tarde".

June, el privilegio fue mío. El recuerdo de su actitud alegre y su celo por el Señor me ha hecho más agradecido por mi salud y más decidido a utilizar todas mis facultades para comunicar su evangelio a los que están perdidos. Que el Señor alargue sus días, según su voluntad, para que pueda continuar el mayor tiempo posible brillando como "luz en el mundo, anunciando la palabra de vida".

# Valentina

Conocí a Valentina alrededor de las 7:30 de la mañana del domingo. 26 de Julio, en casa de la familia de Alan Williamson en Bucarest, Rumania. Escuché el timbre de la puerta alrededor de las 6 a.m. y la voz de una joven emocionada, pero reconociendo su idioma como Rumano, me volví a dormir confiado de que no había nada que requiriera mi atención.

Sin embargo, escuchar su nombre cuando la conocí aumentó enormemente mi interés Había leído sobre la obediencia de Valentina al evangelio antes de salir de casa. Ella había asistido inadvertidamente (¿o fue providencialmente?) a una Serie de Predicaciones como resultado de sus esfuerzos por encontrar otra actividad religiosa en el mismo edificio.

Ella accedió a seguir estudiando con Cristianos y después de varias semanas fue bautizada en Cristo. Pero así como Jesús fue tentado inmediatamente después de su bautismo, también lo fue Valentina.

Durante el tiempo que esta joven de 21 años estaba estudiando, se había inclinado a mentir sobre adónde iba cuando iba a los servicios. Sin embargo, después de su nuevo nacimiento, abandonó esta obra de la carne. Cuando su hermano y su madre visitaron su dormitorio un domingo, supieron dónde había estado. Inmediatamente se propusieron desanimarla, destruyendo su Biblia y su himnario en los intervalos en que su hermano no la abofeteaba. La dejaron con severas advertencias para que renunciara a su nueva fe.

Mientras todavía estaba en la escuela en Bucarest, esta recién convertida a Cristo se refugió en los hogares y en el amor de los Cristianos allí, pero temía regresar a su casa y a su pueblo cuando la escuela se cerraba. Es difícil para la mayoría de los Estadounidenses comprender la vergüenza que siente una familia en Rumania cuando uno de sus miembros abandona la Iglesia "Ortodoxa".

Es una vergüenza en la ciudad, pero una ofensa aún mayor en un pueblo donde todo el mundo lo sabe y donde puede que nunca haya existido lo que burlonamente llaman "un arrepentido". Si su hermano la había abofeteado, ¿Qué se podría esperar de su padre?

Cuando Valentina llegó a Bucarest ese domingo por la mañana, supimos algunas de las cosas que le había hecho su familia. Su hermano la había abofeteado una vez más y su padre la había golpeado una vez. Al ver que el abuso físico no doblegaba su voluntad, recurrieron al abuso verbal y social. Su hermano tomó una botella de plástico con agua y la roció abundantemente, diciendo que al "bautizarla" nuevamente la ayudaría en su nueva fe.

Aún más humillante, cuando ella rechazó su vaso de cerveza en la mesa, su hermano le arrojó su contenido a la cara; y su padre, no satisfecho con esto, le lanzó un trago de su propia cerveza. Su madre, convencida de que Valentina estaba bajo algún tipo de hechizo, llevó prendas de vestir de Valentina al sacerdote local para que las "exorcizara con poder" y quemó incienso en su habitación para protegerse del mal. Aparentemente dispuesta a reclutar tanto a Dios como al diablo para sus propósitos, le pagó dinero a una bruja gitana para que dijera palabras misteriosas y enterrara algo en el suelo frente a la puerta de entrada para liberar a su hija de su fe.

¿Cuál fue efecto en Valentina toda esta humillación? La mañana que nos encontramos en la sala de estar de los Williamson, ella se había levantado a las 2 a.m. y huyó de su casa para evitar que su familia le impidiera ir a adorar.

Atravesando patios traseros y escondiéndose en el terreno de la escuela, saliendo de las sombras el tiempo suficiente para comprobar el destino de cada autobús que pasaba, evitó a su hermano hasta que estuvo segura a bordo del autobús a Bucarest. Sería difícil imaginar una reunión más gozosa que la que experimentó cuando llegó al lugar de reunión y compartió nuevamente la conmovedora comunión de aquellos de "igual y preciosa fe que la nuestra" (2 Ped. 1:1).

Después del servicio, Alan, su hija Penijean y yo llevamos a Valentina de regreso a su casa y la dejamos en un lugar discreto de su pueblo. En el camino, Peni había estado leyendo y traduciendo para ella las numerosas cartas que le habían enviado Alan por correo electrónico para animarla. Estaba visiblemente fortalecida. Cuando la dejamos con oraciones y mejores deseos no esperábamos volver a verla en esa visita a Rumania.

El Miércoles por la noche, sin embargo, cuando estábamos frente al lugar de reunión, ¡quién debería llegar sino Valentina detrás de la sonrisa más grande de Bucarest! Sus padres habían ido al mercado y ella les había ayudado a vender sus productos. Pero cuando su padre llegó a relevarla, ella aprovechó la oportunidad para escabullirse para el estudio a mitad de semana. Sus padres la dejaron en la ciudad y eran las 11 de la noche antes de que pudiera tomar el autobús a casa, pero era obvio que no tenía lamentos. Había demostrado una vez más la sinceridad de su fe.

Quienes observan a Valentina han visto un comentario vivo sobre la declaración de Pablo en Romanos 5:3-4, "sabiendo que la tribulación produce paciencia; y la paciencia, prueba; y la prueba, esperanza". Quizás el debilitamiento del carácter en Estados Unidos se deba a la falta de tribulación. Que Dios bendiga a Valentina. Y que Dios nos bendiga, aunque sea por medio de tribulaciones.

# "Sino que a sí mismos se dieron primeramente al Señor"

Si me hubieran pedido que describiera al hombre ideal para ir a Moscú a establecer una Iglesia en esa ciudad. Creo que sin duda habría incluido lo siguiente: Debería ser un hombre maduro y experimentado, con profundo conocimiento de la Biblia, especialmente preparado en el campo de la apologética, capaz de hablar el idioma Ruso, casado, acostumbrado al frío y que vaya con intención de permanecer varios años para plantar la obra de forma segura antes de abandonarla.

Dan Tholen no poseía ni una sola de esas "cualidades" cuando viajó a Moscú el año pasado. De hecho, no fue allí para establecer una Iglesia.

Dan era un estudiante de segundo año universitario en Tampa, Florida, con una experiencia muy limitada en la predicación. Ni siquiera había sido Cristiano por mucho tiempo, ya que fue presentado a la Iglesia a través de un compañero de secundaria.

Al enterarse de un curso de Ruso de tres semanas que Greg Gwin y Phil Morgan habían tomado en Moscú en 1991, decidió realizarlo él mismo. El costo, incluido el transporte y el alojamiento, era lo suficientemente razonable como para que sintiera que podría manejarlo.

Dan se sometió un presupuesto estricto. Con frecuencia, cuando sus amigos salían a comer, se excusaba porque estaba ahorrando dinero para su viaje a Moscú. Incluso los pequeños gastos como Coca-Colas o snacks se mantuvieron al mínimo.

Los que le conocían estaban impresionados por su determinación y autodisciplina. A la hora de comprar los boletos ya tenía lo necesario para el viaje. Le alegró saber que una pareja Cristiana madura, Carroll y Betty Puckett, de Montgomery, Alabama, también tomarían el curso al mismo tiempo.

Cuando Dan y los Puckett llegaron a Moscú, sabían de otra dama Cristiana, Elena Zacheim, que había sido bautizada por Morgan y Gwin. También encontraron allí a un predicador evangélico de habla Rusa de California, John Farrell, que estaba en Moscú desde hacía unas seis semanas.

Durante el transcurso de las clases de Ruso, la influencia y la enseñanza de estos Cristianos resultaron en la conversión de una de las instructoras, Ludmila Eremina. Ahora había una Iglesia permanente compuesta por dos damas Rusas, ambas hablaban Inglés. Pero, ¿Qué futuro tenían ellas —dos bebés en Cristo que necesitaban más conocimiento y sin un predicador que las ayudara a seguir evangelizando?

Demasiado pronto llegó el momento de que Dan y los Puckett regresaran a casa. ¿Cuál era la tarea asignada? Los Puckett pudieron alquilar un apartamento durante un año y conseguir suficiente apoyo mensual para cubrir el transporte y la comida de un hombre solo. Dan no tenía dinero; lo único que tenía era un boleto de regreso a casa no reembolsable que no tendría valor si no se utilizaba el día previsto. ¿Qué podría aportar? Sólo había otra cosa que podía ofrece —Ofrecerse él mismo.

Como no había nadie más disponible, Dan, plenamente consciente de sus limitaciones, se ofreció humildemente para permanecer seis meses más en Moscú para hacer lo que pudiera para mantener unida a la pequeña Iglesia. Esperaba que dentro de ese tiempo vinieran otros obreros mejor preparados.

Muy pronto llegó otro obrero— otro obrero muy parecido a Dan. El buen amigo de Dan, Mike Garth, acababa de terminar la carrera de arquitectura, pero en ese momento no había encontrado trabajo. Al darse cuenta de lo mucho que Dan necesitaría un compañero y un compañero de obra, Mike se fue con muy poco dinero para reunirse con su hermano Cristiano en Moscú.

Dan y Mike encontraron oportunidades para enseñar la Biblia en escuelas Rusas. Continuaron sus estudios con contactos ya realizados, e hicieron nuevos contactos a través del Club Oradores libres de Toastmasters de Moscú. Cuando cinco predicadores Estadounidenses vinieron en Septiembre para evangelizar durante cuatro semanas, Dan y Mike estaban en el momento para proveer más enseñanza a los dieciséis que fueron bautizados y para continuar enseñando a nuevos contactos que no estaban del todo listos para aceptar el evangelio.

Cuando empezó a caer la nieve de otro invierno de Moscú, estos muchachos de Florida se enfrentaron nuevamente a la pregunta de qué debían hacer, o más bien qué debía hacerse por estos Cristianos novatos. Todavía sentían la necesidad de hombres con más experiencia, pero esos hombres simplemente no estaban disponibles. Una vez más, sin hacerse ilusiones de tener cualidades especiales, se ofrecieron. Después de un breve viaje a casa, regresaron para trabajar seis meses más, regocijándose con la perspectiva definitiva de que al menos dos parejas los reemplazarán este verano.

El hecho es que estos dos jóvenes han hecho una obra extraordinaria. Han trabajado incansablemente y son profundamente amados y admirados por los Cristianos Rusos que reconocen su sinceridad y su completa dedicación a la causa de Cristo.

Cuando los Cristianos poseen estas cualidades, Dios puede trabajar con ellos y usar incluso sus debilidades para Su gloria (2 Cor.

12:9-10). Éstas eran las principales cualidades que poseían los apóstoles, quienes tenían poco más para elogiar. Y estas son cualidades
que todos podemos desarrollar y poseer.

Ahora que lo pienso, si hubiera estado describiendo al apóstol
ideal, dudo que Pedro, Santiago y Juan hubieran calificado.

# Una Inversión de por Vida en África

La imagen popular de un misionero es la de un hombre acampado en la jungla, luchando contra un león ocasional y predicando a los "nativos" en su propio idioma. Sólo conozco a un hombre cuyas experiencias se acerquen a eso —Foy Short.

Han pasado muchos años desde que Foy se encontró con un león; pero admite haber realizado un par de cacerías de leones cuando los leones eran una amenaza para los agricultores. Es capaz de predicar en uno de los idiomas locales y conversar aceptablemente en otro. Y acampar durante días y semanas en zonas remotas ha sido una parte habitual de su "trabajo de evangelista" en lo que se conoció durante años como Rodesia.

La Iglesia del Señor no fue plantada originalmente en esa parte de África por un Estadounidense, ni siquiera por un "predicador" enviado por una Iglesia. Fue iniciada por John Sheriff, un albañil de Nueva Zelanda.

Era el tipo de hombre que enseñaba a todos los que escuchaban, incluidos sus trabajadores contratados. Bautizando a algunos de ellos, comenzó a enseñarles a leer y escribir por las tardes después del trabajo. Cuando pudieron leer las Escrituras por sí mismos, él los envió, pagando sus propios fondos, de regreso a sus países de origen para predicar. Este fue el comienzo de las Iglesias de Cristo en lo que hoy se conoce como Malawi y Zimbabue. En respuesta a una apelación del Sheriff, W. N. Short vino de los Estados Unidos en 1921. Trajo a su familia con él, incluido un hijo pequeño, Foy. Rodesia es realmente el hogar de Foy.

Los tiempos universitarios trajeron a Foy a los Estados Unidos nuevamente, pero en 1947 estaba de regreso a África con Margaret, su esposa. Rodesia no era su hogar, pero pronto lo convirtió, estableciéndose rápidamente en una fiel compañía tanto en la obra como en el hogar.

Los Shorts más jóvenes concentraron sus primeros esfuerzos en desarrollar una obra entre las personas de habla Inglesa en las ciudades, pero las Iglesias de lengua nativa no fueron olvidadas. Siempre consciente de que habían sido establecidos y mantenidos por predicadores Africanos autosuficientes y de que eran independientes y autónomos según el plan de Dios, Foy tuvo cuidado de no interferir con la autosuficiencia.

Sin embargo, siempre estuvo disponible para predicaciones, con cursos de capacitación e interminables horas de consulta. Se regocijó al ver que el número de congregaciones en la mitad occidental de Rodesia llegaba a sesenta.

¡Luego vino la guerra! Los peligros a lo que enfrentaron los agricultores blancos han sido bien divulgados, pero se sabe poco sobre la intimidación de la población negra durante ese período. Hubo quienes se opusieron a todos los esfuerzos religiosos y dieron instrucciones de que nadie debía predicar ni celebrar servicios. Quienes continuaron haciéndolo fueron amenazados con una paliza o algo peor. Muchos Cristianos fueron golpeados, dos predicadores del evangelio fueron asesinados y varios edificios fueron destruidos. El número de congregaciones se redujo a diez, seis de las cuales estaban en ciudades donde estaban protegidas.

Durante este tiempo, la mayoría de la población blanca abandonó Rodesia y casi todos los misioneros de cualquier tipo. Foy y Margaret se quedaron. Al no poder viajar libremente entre las Iglesias, Foy mantuvo ocupada una imprenta, enviando literatura que para muchos era la única enseñanza disponible. La guerra continuó desde 1968 hasta 1980.

Con el fin de la guerra, los hermanos Africanos se pusieron a trabajar para reconstruir. De un mínimo de diez, el número de congregaciones ha aumentado ahora a veinticinco, y una vez más la obra la realizaron principalmente hombres que se sostienen a sí mismos. Foy informa de un espíritu de gran entusiasmo y ansia por ampliar el número de congregaciones incluso más allá de sus fuerzas anteriores.

Foy ha vuelto a acampar. Él informa sobre una reunión de una semana reciente con clases diarias donde la asistencia fue de 50 a 75 y a la predicación nocturna asistieron entre 150 y 175. Además, continúa su obra entre Iglesias de habla Inglesa, vive y trabaja en Bulawayo y realiza un viaje de ida y vuelta de 560 millas cada mes para predicar para la Iglesia en Gwelo y para la pequeña congregación en Harare (anteriormente Salisbury).

Un simple cálculo revela que Foy se acerca a la "edad de jubilación" de sesenta y cinco años. Le preguntaron si estaba pensando en jubilarse. Su respuesta: "No, no hay manera de que pueda hacerlo. Hemos pensado un poco en regresar a este país, pero es una decisión difícil. Con las Iglesias mostrando esta determinación de crecer y expandirse, se necesitan varones que puede llevar a cabo clases de capacitación y, en general, animar a estos hermanos. Además, los actuales dirigentes de Zimbabue declaran una y otra vez que están decididos a convertirlo en un Estado Marxista-Leninista. Si lo hacen, llegará el día en que los predicadores de aquí no podrán entrar a predicar. Así que, la pregunta que tengo en mente es: "¿Sería correcto que nos fuéramos con esa posibilidad ante nosotros, o no deberíamos quedarnos y predicar tanto tiempo como podamos?"

# Negligencia Benigna en Sudáfrica

En Agosto de hace treinta y dos años, Ray y Thena Votaw pusieron sus manos en el arado en Sudáfrica; y no han mirado para atrás (Luc.9:62). Para entender la obra en Sudáfrica, hay que entender las condiciones sociales. Ray informa: "Sudáfrica 'tiene que ser' la nación con mayor conciencia étnica del mundo. No sólo hay al menos diez grupos tribales distintos con sus propias costumbres peculiares, sino que también hay afrikáners e Ingleses (parlantes) entre los blancos, además un millón de Asiáticos. Y luego —están los de Color; hay unos tres millones de ellos. No deben confundirse con los negros tribales nativos".

Ray vive a una distancia considerable de los Asiáticos y otros predicadores han sido más activos allí, pero entre los tres grupos restantes ha trabajado eficazmente. Sin embargo, si hablara con él, no atribuiría su éxito tanto a su trabajo como a lo que él llama su "negligencia benigna".

Con esto él se refiere a su esfuerzo por evitar hacer cualquier cosa que pueda conseguir que otros hagan. Independientemente de las razones que pueda ofrecer con humor, es evidente que la política es ciertamente *benigna*—en el interés del crecimiento y desarrollo de quienes realmente hacen el trabajo. Cuando Ray informa sobre la obra entre los "blancos", obviamente se regocija en las Iglesias de Johannesburgo, Brakpan, Pretoria, Springs, Durban, Pietermaritzburg, Pietersburg y Ciudad del Cabo, que tienen una estrecha "asociación con los evangelistas Estadounidenses y Sudafricanos".

Pero hay un estímulo especial para él en "numerosas Iglesias pequeñas que llevan a cabo su propia obra y adoración con muy poco contacto con aquellos de nosotros que trabajamos como evangelistas en este país".

Enumera ocho de esas Iglesias de las que tiene conocimiento y añade: "Cuanto más redundantes sean los predicadores Estadounidenses, mejores. Pero no nos equivoquemos —se necesita un esfuerzo muy consciente y concertado para fomentar esto con éxito".

La relación de Ray con los hermanos de Color se ve en su informe sobre un nuevo edificio construido por una de las Iglesias. Le da gran crédito a uno de ellos, Hendrik Morris, y luego agrega: "La congregación de Alra Park es muy viable y activa no sólo a través a mi esfuerzo sino también a mi negligencia benigna. Al tener que trabajar simultáneamente con tantos grupos raciales y tribales diferentes, podría nombrar un buen número de buenas Iglesias que funcionan ahora en Sudáfrica porque no han tenido más opción que ejercitarse hasta alcanzar la madurez"

Especialmente los hermanos negros han reaccionado favorablemente a la política de Votaw. Ven en su "negligencia benigna" su confianza en su capacidad para ver lo que hay en las Escrituras y su deseo de que se acepte eso en lugar de sus propias "interpretaciones". Todo esto es evidente en el siguiente informe de un incidente ocurrido en una gran reunión de hermanos negros en una zona bastante remota a la que viajó durante un día festivo de Diciembre.

> "Durante una de las actividades del día, el hermano_____ se levantó para reconocer el dinero que había sido enviado por una de las Iglesias de raza negra en el arrecife. No podía decidir por las traducciones bastante entrecortadas si este dinero había sido usado para apoyar a los predicadores o para propósitos benévolos— o posiblemente para ninguno de las dos cosas. Observé las miradas de consternación en los rostros de her-

manos más informados como Hendrik Morris y
esperé el momento oportuno.

"Un viejo y fiel hermano Ndebele, Paulus
Mahlangu, cabalgó a casa conmigo y con Eric. Apenas habíamos subido al auto cuando Paulus se
aclaró la garganta a su manera de llamar la atención. Dijo en un Inglés entrecortado: Hermano,
Votaw, cuestioné este dinero. Les dije que podemos
gastar el dinero de la Iglesia de dos formas— para
los predicadores y para los pobres. Les dije: "Creo
que tenemos una nueva ley. Quiero las Escrituras".
"Felicité debidamente a Paulus por su perspicacia y
dije que lo veríamos y escucharíamos y así tal vez
hablaríamos más. (Esta postura discreta, de "esperar
y ver qué pasa" suele ser más efectiva).

"El Lunes por la mañana mi teléfono suena muy
temprano (demasiado temprano, ya que habíamos
llegado a casa tarde y cansados). De todos modos,
era el hermano Absolem Mnangamandla quien
predica en el área de Gazankulu. Dijo: 'Hermano
Votaw, estamos preocupados sobre el diálogo del
dinero del hermano Mahlangu. Tal vez no haya Escritura para algo que hicimos. Lo felicité por su
'perturbación' y lo insté a continuar pensando y
discutiendo".

Después de informar sobre nuevos acontecimientos, Votaw
añadió: "Hermanos, ¿Pueden captar un atisbo de mi entusiasmo en
un asunto como este? Quizás nunca sepa para qué estaba destinado
realmente ese dinero o cómo se gastó finalmente. Pero si sé algo en
absoluto sobre los patrones de pensamiento y la actividad cautelosa
de los hermanos negros nativos —este no es el final del asunto y

antes de que terminen con este asunto, habrá sido exprimido a través de una cantidad de tamices de las Escrituras muy unidos y se habrá aprendido una gran lección sobre la Iglesia local y sus finanzas. Y Votaw en su mayor parte se habrá sentado al margen y se habrá regocijado de las eternas ramificaciones gracias a un viejo y astuto hermano negro con quien he trabajado durante más de 25 años: Paulus P. Mahlangu de la familia real de los orgullosos pueblos Ndebele."

Y este es un solo pasaje de la forma en la que trabaja el hermano Ray Votaw en este país Africano.

# Oley Nerland

Desde cualquier punto de vista, Oley Nerland habría sido considerado un "hombre de un solo talento". Y ese talento no empezó a utilizarse hasta que cumplió 60 años.

Nacido en Noruega, se mudó primero a los Estados Unidos y luego al Oeste de Canadá. Al comprar una granja en una zona árida cerca de Medicine Hat, Alberta, determinó que el centeno era el cultivo más adecuado para el clima y su diligente cultivo de ese grano pronto le valió el apodo de "El hombre del centeno".

Estaba prosperando hasta que un día, una tormenta inesperada lo sorprendió en el campo y un rayo cayó sobre su tractor antes de que pudiera llegar a casa. Gravemente quemado, pasó muchos días en un hospital y nunca pudo volver al campo.

Esos días en el hospital, sin embargo, no fueron en vano. Pasó gran parte del tiempo leyendo su Biblia. Mientras leía, se sintió cada vez más perturbado por la comparación de lo que leía con la Iglesia Luterana en la que había crecido; claramente, no era la Iglesia de la Biblia. ¿Pero cómo podría estar en esa Iglesia de la que leyó? Tan pronto como salió del hospital comenzó a buscar, investigando a varios grupos que decían ser la Iglesia del Nuevo Testamento; pero cada uno resultó ser una decepción.

Siguiendo con su búsqueda, escuchó una transmisión del evangelio desde Saskatchewan. Escribió para obtener más información y J. C. Bailey, de camino a la Columbia Británica, pasó por su casa para verlo. Bailey estaba tan seguro de la honestidad del corazón de este hombre que hizo una predicción: "Cuando vuelva, te bautizaré".

"Es muy improbable", pensó Nerland.

Pero Bailey demostró tener razón. Oley Nerland vio que podía ser bautizado en Cristo como lo fue el Etíope (en Hechos 8) sin unirse a ninguna denominación, y podía hacer todo lo posible para animar a otros a hacer lo mismo. El resultado seguramente sería la misma Iglesia que se produjo mediante tal acción en los tiempos del Nuevo Testamento. Él no podía fallar.

Pasaron cinco años antes de que otra alma se convirtiera en su comunidad y esa alma fuera su esposa. Pero la falta de conversos no se debió a falta de esfuerzo. "Ni por avergonzarse del evangelio de Cristo", comenzó colocando anuncios de enseñanza en el periódico. Escribió un tratado, cuyo idioma reflejaba claramente su origen Noruego, pero pasó muchas horas en las calles y parques, ofreciendo su tratado y hablando con todos los que dedicaban tiempo a esas discusiones.

Preocupado por otras almas de su familia que vivían a 100 millas de distancia, en Lethbridge, hizo arreglos para que un predicador del evangelio fuera allí para una reunión en una tienda de campaña. Lo sostuvo con cien dólares de sus propios fondos y fruto de esa reunión fue bautizada su nuera, esposa de su hijo mayor, Oliver. Poco después, cuando Marvin Noble se mudó a Lethbridge para vivir y predicar, el propio Oliver se bautizó.

Este fue el comienzo de la congregación en Lethbridge, que continúa siendo hasta ahora una Iglesia próspera, una de las más fuertes de Canadá. El nieto de Nerland, Marv Nerland, trabaja con ellos como un evangelista eficaz.

Habiendo visto a su hijo mayor convertido, Oley y su esposa pronto se regocijaron al ver a su próximo hijo, Roy, bautizado en Cristo en Medicine Hat. Este fue el núcleo de la Iglesia en esa ciudad donde nietos y suegros también han obedecido el evangelio.

Aunque la Iglesia sufrió división causada por influencias institucionales, la familia Nerland y otros continúan siguiendo el plan del Nuevo Testamento.

Nerland nunca se unió a una denominación. No aceptó nada basado en la tradición o la práctica aceptada. Una vez, cuando un maestro de la Biblia leyó material de los "Testigos de Jehová" con el propósito de refutarlo, él objetó basándose en que la literatura era falsa y no debía leerse en una clase bíblica. Tal posición puede parecer extrema, pero es mejor que el extremo opuesto que con frecuencia trata descuidadamente tanto del error como de la verdad.

Durante su vida, vio convertidos a nueve miembros de su propia familia y a cinco parientes de una nuera y dos congregaciones firmemente establecidas. Todos sus nietos ahora son Cristianos fieles casados con Cristianos fieles. Y su preocupación no terminó con su familia inmediata. Recordó su tierra natal donde, hasta donde él sabía en ese momento, no se predicaba el evangelio en su pureza.

Hizo lo único que sabía hacer: establecer un fondo modesto en Noruega para ser utilizado cuando alguien fuera allí a evangelizar, y se utilizó en los primeros esfuerzos realizados allí. Sólo la eternidad dirá el bien logrado gracias a la determinación de este inmigrante de 60 años de agradar a Dios.

Oley Nerland falleció en Octubre de 1969 a la edad de 83 años. Él nunca predicó un sermón desde el púlpito; no enseñó una clase Bíblica formal. No era rico ni particularmente talentoso. Quizás era un hombre de un solo talento, pero a diferencia del hombre de la parábola, utilizó su talento. Y seguramente hay muchas razones para esperar que su Maestro le diga: "Bien, buen siervo y fiel, sobre poco has sido fiel, sobre mucho te pondré; entra en el gozo de tu Señor" (Mat.25:23).

# ¡Ellos los Encontraron!

Pablo debe haber necesitado algún estímulo especial cuando comenzó a predicar en Corinto. Si encontró a Atenas como una "ciudad totalmente entregada a la idolatría", encontró a Corinto totalmente entregada a la inmoralidad.

La ciudad se distinguió por esto, incluso en el mundo pagano. "Entonces el Señor dijo a Pablo en visión de noche: No temas, sino habla, y no calles, porque yo estoy contigo, y ninguno podrá sobre ti la mano para hacerte daño; porque tengo mucho pueblo en esta ciudad" (Hechos 18:9-10). ¡Pablo debe haberse preguntado dónde estaba el "gran pueblo" del Señor! Claramente, era su trabajo encontrarlos.

Hace trece años, Steve y Cora Kearney regresaron a su natal Irlanda desde Sudáfrica, donde se habían convertido. Regresaron por una razón: establecer la Iglesia del Señor en Dublín, una ciudad casi totalmente entregada al Catolicismo Romano.

A diferencia de los Católicos en muchos países, los de Irlanda están muy involucrados en la religión y con frecuencia se les describe como "más Católicos que el Papa". El gobierno está dominado por "la Iglesia", la mayoría de las escuelas son administradas por "la Iglesia" y abandonar "la Iglesia" se considera un acto de deslealtad hacia la familia y hacia el país.

Sería difícil imaginar un lugar más difícil que Dublín para establecer una Iglesia. Sin embargo, Steve y Cora estaban seguros de que el Señor tenía pueblo allí y estaban decididos a encontrarlos.

Tuve el privilegio de visitarlos en Enero de 1977. Habían convertido al hermano y a la cuñada de Steve y a otra persona más, un hombre que desde entonces resultó ser una decepción. Se reunían en el comedor de la familia Kearney.

Estuve de acuerdo en que, en teoría, el Señor debía tener pueblo en Dublín, pero me preguntaba dónde estarían.

Mi asombro aumentó cuando regresé al menos cuatro veces en los siguientes tres años. En esas ocasiones pasábamos días tocando puertas, distribuyendo tratados y cursos por correspondencia y predicando en reuniones anunciadas, todo ello con muy pocos resultados aparentes.

Sin embargo, cada vez que regresaba encontré uno o dos miembros más y teníamos algunos visitantes más, pero seguía preguntándome si realmente había alguna esperanza de llegar a tener una congregación muy fuerte en Dublín.

Aunque leí los reportes de Steve a lo largo de los años, así como los de Kieran Murphy, quien vino en 1980 para trabajar con los Kearney, no estaba preparado para lo que experimenté en una visita en Mayo de este año. Había una congregación que llenaba un auditorio prefabricado con capacidad para 60 personas.

El edificio está en su propia propiedad en una calle importante en el área de más rápido crecimiento de la ciudad. Al lado de la casa prefabricada hay una residencia más antigua que contiene baños y cuatro salones.

Mucho más impresionante que los edificios, o incluso los números, son las numerosas parejas jóvenes de veintitantos años. Los jóvenes participan activamente en la adoración: dirigiendo cantos, dirigiendo oraciones, dando palabras de exhortación sobre la ofrenda y la Cena del Señor, realizando todos estos servicios de la manera más edificante.

Un visitante no puede dejar de quedar impresionado por el entusiasta canto al unísono, el cordial "Amén" de toda la congregación al final de las oraciones, los preciosos niños y las felices y amorosas conversaciones que tienen lugar en todo el edificio mucho después de que se terminan los servicios.

Los que componen esta congregación han hecho sacrificios para ser Cristianos. Todos, a excepción de uno o dos adolescentes, han abandonado la religión de sus padres. Varios han cambiado de trabajo por motivos de conciencia: uno, un maestro fabricante de órganos musicales cuyos productos se utilizaban en adoración no Bíblica; uno, un joyero del que se esperaba que hiciera crucifijos y escapularios; y alguien que estaba desigualmente unido en una sociedad comercial que no podía controlar para mantener las normas Cristianas. Incluso los niños encuentran problemas en la escuela que, necesariamente, preocupan a sus padres.

Sin embargo, uno buscaría en vano encontrar un grupo más feliz. La mayoría son activos en la evangelización y gran parte de su conversación cuando están juntos involucran su fe y el deseo de compartirla. Su asociación con otros Cristianos, ya sea en asambleas de adoración o socialmente, es un refugio contra la incomprensión y la frialdad que experimentan en el trabajo, en sus vecindarios y, a veces, incluso en sus propios hogares.

Mientras hablaba ante esta entusiasta congregación, apenas pude contener las lágrimas de gozo al darme cuenta de que, a pesar de mis dudas, Dios tenía "mucho pueblo en esta ciudad". ¡Allí estaban! ¡Fueron encontrados! mediante el trabajo duro y diligente. Esto es lo que se necesita en cualquier ciudad.

El reporte de Abril de Steve revela el arduo trabajo que ha realizado. Describe un horario que cubre la mayor parte de siete días de la semana. Los días con clases de mañana, tarde y noche son más la regla que la excepción. Steve bien puede decir con palabras utilizadas por Pablo para hablar de su propia obra en Éfeso: "de noche y de día, no he cesado de amonestar con lágrimas a cada uno" (Hech. 20:31) "anunciaros y enseñaros, públicamente y por las casas" (20). Kieran ha trabajado con diligencia similar.

Antes de comenzar a empacar las maletas para Dublín, permítame desafiarlo a creer que Dios tiene "mucho pueblo" dondequiera que se encuentre ahora. Si no se esfuerza lo suficiente por encontrarlos donde usted vive, es dudoso que tampoco encuentre a los que están en Dublín.

# R. B. Scott – Una Luz en Londres

"Mi propósito ha sido que la Iglesia viva de mí; no que yo viva de la Iglesia". De labios de algunos hombres, tales palabras podrían sonar jactanciosas; pero de R. B. Scott en Inglaterra parecen, como el hombre mismo, perfectamente apropiados.

A la edad de 89 años, los primeros recuerdos del hermano Scott son los servicios en Hope Chapel en Prince of Wales Road en la sección Kentish Town de Londres. Desde entonces, ha faltado a los servicios sólo en unos pocos de los 4,600 días del Señor que han transcurrido. La mayoría de las ausencias fueron durante la Primera Guerra Mundial o cuando estaba ausente hablando en otras asambleas.

Si se otorgarán premios por años de servicio en el ejército del Señor, este anciano hermano ya habría recibido el septuagésimo; y lleva años muy activos. Poco después de su bautismo en 1912, comenzó a impartir clases para niños. Pronto aceptó su lugar en la rotación de predicadores asignados para amonestar a la Iglesia. En los últimos años, dado que el número de miembros en Kentish Town ha disminuido, ha hablado con más frecuencia y ha sido el pilar de la impartición de clases. Su voz también ha proporcionado la melodía del himno para muchos Estadounidenses visitantes, desconcertados por la ausencia de notas en los himnarios Británicos.

A principios de la década de 1930, nuestro hermano se convirtió en secretario de la Iglesia de Kentish Town, cargo en el que su padre también había servido durante varios años antes que él. Entre las Iglesias Inglesas, ésta es una responsabilidad muy pesada. No sólo implica correspondencia para la Iglesia, sino también muchos otros deberes: arreglar asignaciones para participar en los servicios, preparar la agenda y conducir reuniones de varones, tomar decisiones urgentes que deben tomarse entre reuniones de varones y aceptar la responsabilidad del edificio. Además, se ha desempeñado como tesorero durante varios años.

Sin relación con estos deberes congregacionales, él visita a los enfermos, amonesta a los débiles y, hasta hace poco, dedicó un tiempo considerable a esforzarse por ayudar a los perdidos de la comunidad —todo esto mientras se ganaba la vida en un empleo secular. El cumplimiento de estas tareas ha requerido numerosos viajes al edificio para los servicios y para servir. Sin automóvil, esto ha significado caminar mucho y, durante los últimos 19 años, el uso del transporte público.

Sus 89 años, un infarto y un encuentro con una motocicleta en un paso de peatones han frenado un poco sus pasos, pero ni siquiera un cambio forzoso de residencia a un lugar a cuarenta millas de distancia le impidió impartir regularmente la clase de los Miércoles por la noche y su presencia en la mayoría de los servicios del día del Señor.

El mayor obstáculo para su actividad últimamente ha sido el cuidado casi constante que requiere su amada "María", quien recientemente a finales del año pasado partió de esta vida.

El hermano Scott sostiene una serie de puntos de vista que estarían en desacuerdo con los de la mayoría de los hermanos Estadounidenses. No puede aceptar conscientemente el uso de recipientes individuales para la comunión y se sentiría más obligado a impedir que personas no bautizadas participen de la Cena del Señor que la mayoría de los Estadounidenses. También se opone a cualquier contribución a la ofrenda por parte de una persona no Cristiana.

Aunque no se opone a apoyar a un hombre para "hacer la obra de un evangelista" en una comunidad, siente que el apego de tal hombre a la Iglesia no debe considerarse permanente y que, incluso entonces, la exhortación en el "partimiento del pan" debe rotarse entre los miembros. Estas convicciones son comunes entre los hermanos de Inglaterra.

El hermano Scott, sin embargo, no ha permitido que sus convicciones le impidan tener comunión con personas de otras tendencias, siempre y cuando no impongan su voluntad a la Iglesia donde él adora. Aunque pasó un tiempo en prisión durante la Primera Guerra Mundial en lugar de participar en el servicio militar, fue de gran ayuda para numerosos militares estacionados en Inglaterra durante la Segunda Guerra Mundial.

Aunque algunos lo han considerado "Antiamericano" debido a su desacuerdo con algunas prácticas Estadounidenses, posiblemente él ha sido quien más ha proporcionado hospedaje a muchos Estadounidenses como ningún otro en Inglaterra. Foy Short cuenta cómo se quedó en la casa de Scott mientras viajaba a África hace muchos años. Los Estadounidenses que se dirigían a Europa para establecer Iglesias a finales de los años 40 y principios de los 50 eran con frecuencia hospedados por la familia Scott.

John Allen Hudson vivió con él mientras preparaba su libro, Las Iglesias de Cristo en Gran Bretaña, y varios hermanos Estadunidenses que han predicado en Londres los últimos años han recibido gran ayuda de su compañerismo.

En realidad, la Iglesia de Kentish Town ha "vivido de" Roy Scott; la Iglesia habría cerrado sus puertas o habría entrado en total apostasía hace mucho tiempo si no fuera por él. Sin embargo, nunca le han "pagado por sus servicios". Está perfectamente dispuesto a que "los que predican el evangelio vivan del evangelio", pero su sentimiento respecto así mismo es el mismo que el de Pablo: "y en todo me guardaré y me guardaré de seros gravoso" (2 Cor.11:9).

# Andando por Fe, no por Vista

A principios de la década de 1970, un joven Inglés alto, inteligente y culto se dirigió a Sudáfrica, donde las oportunidades laborales parecían más prometedoras que en su tierra natal. En 1977, estaba de regreso en Londres total e inesperadamente ciego. Sin embargo, justo antes de que la oscuridad descendiera sobre sus ojos físicos, se encontró con el Señor que abrió sus ojos espirituales. Ahora, el "Sol de justicia" brilla con un brillo cada vez mayor en su vida.

En Londres, Peter Bentley buscó a los discípulos reunidos en Kentish Town. Lo reducido de su número aumentó la calidez de su bienvenida y le dio la oportunidad de utilizar sus talentos a medida que se desarrollaban. Charles T. y Sara Jones, Estadounidenses empleados en Londres, le ofrecieron a Peter hospitalidad frecuente y aliento constante.

Cuando Peter descubrió las ayudas disponibles para los ciegos, las utilizó primero en su búsqueda del conocimiento Bíblico. La Iglesia tenía la Biblia en Braille y un hermano de Ghana, que también había sido ciego, le transcribió los himnos en ese medio. Luego utilizó una grabadora para escuchar las Escrituras, los sermones y los comentarios que estaban disponibles en cinta.

Fue un día feliz para Peter cuando obtuvo un mapa tridimensional del mundo y pudo trazar con sus ansiosos dedos las montañas, los ríos y las fronteras de las antiguas tierras donde el pueblo de Dios vivía. La más notable de todas sus adquisiciones fue un escáner que magnifica y eleva las letras de un libro común y corriente para que puedan palparse y leerse con los dedos.

Era evidente que Peter consideró que valía la pena su inversión cuando lo utilizó en el Diccionario Expositivo de Palabras del Nuevo Testamento de W. E. Vine y exclamó victoriosamente: "Ahora puedo verlo por mí mismo". A partir de ese momento empezó a coleccionar una biblioteca de libros religiosos.

Un evangelista que vivía a treinta y cinco millas de Londres ofreció su ayuda y, como era de esperar, Peter insistió en realizar el viajar. Al terminar su trabajo como fisioterapeuta en un hospital cada Lunes, viajaba en metro hasta la terminal ferroviaria y luego en tren el viaje de ida y vuelta de setenta millas.

Las tareas realizadas la semana anterior siempre estaban preparadas y la mayor parte de las horas de estudio las dedicaba a discutir las numerosas preguntas que hacen reflexionar que había anotado cuidadosamente en Braille. Durante los meses que esto continuó, se revisó el Antiguo Testamento y se estudiaron en detalle muchos libros del Nuevo Testamento.

El transporte público más una caminata de media milla llevaron a Peter a todos los servicios de la Iglesia. Una mañana de domingo nevada, cuando la mayor parte de Londres no pensaba en asistir al servicio de adoración, se vio a Peter caminando con su bastón blanco por las aceras heladas para reunirse con los Santos. Un taxista Londinense, profundamente impresionado, se detuvo y le proporcionó transporte, negándose a aceptar su pago.

Los conocimientos incrementados de Peter se pusieron en práctica a medida que se le ofrecieron oportunidades. Poco a poco, la profundidad de sus presentaciones aumentó. Ahora imparte la clase de adultos del Domingo por la mañana y participa eficazmente en la rotación de predicaciones en Kentish Town. Además, predica cada dos domingos para una nueva congregación que se reúne los domingos por la tarde más cerca de su casa.

Desde el principio, Peter ha sido manso pero firmemente independiente. Contribuye generosamente y no acepta pago de la Iglesia por sus servicios. No sólo ha comprado sus propios libros y equipo, sino que con frecuencia provee para las necesidades de otros. Ahora empleado en el campo de la informática, mantiene a su familia — una esposa a la que convirtió antes de casarse con ella y con su hermosa hija.

Él es la prueba viviente de que uno todavía puede mantener un empleo y al mismo tiempo desarrollar un excelente conocimiento de las Escrituras y ejercer ese conocimiento al enseñar a otros, tanto en público como en privado. La razón principal de su éxito es que no pierde el tiempo con tantas cosas no esenciales como la mayoría de nosotros. La discapacidad de la ceguera parece con frecuencia permitir a los individuos desarrollar, a través de la debilidad física, una conciencia de la necesidad espiritual. Aquellos de nosotros que vemos necesitamos desesperadamente desarrollar la actitud tan bellamente manifestada en Peter y tan sorprendentemente expresada por Fanny J. Crosby, que también era ciega:

> Sostén mi mano, tan débil e indefenso estoy
> que no me atrevo a dar un paso sin tu ayuda;
>
> Sostén mi mano, porque entonces,
> oh amoroso Salvador,
> No temeré a ningún mal que atemorice a mi alma.
>
> Toma mi mano, el camino está oscuro ante mí
> Sin la luz del sol de Tu rostro divino;
>
> Pero cuando por la fe capto su radiante gloria,
> ¡Qué alturas de gozo, qué cantos arrobadores son
>     los míos!

# Luces en el Aire

En esta página hemos hablado de luces en autobuses y luces en trenes. Esta es la historia de una luz en un avión. Es la historia de un predicador cuya luz normalmente se esperaría que brillara en el púlpito. Pero "una ciudad asentada sobre un monte no se puede esconder" (Mat.5:13).

A muchos de nosotros nos gusta sentarnos y relajarnos lo más posible cuando abordamos un avión. Más bien esperamos que nuestro compañero de asiento no quiera hablar, especialmente sobre nietos u otros asuntos que tenemos poco interés. Así se sintió Jeb Reaves al abordar el avión en Tampa después de asistir a las conferencias del Colegio Florida en Febrero pasado. Estaba cansado y deseaba tomar una agradable siesta durante el viaje de dos horas hasta su casa cerca de St. Louis.

Sin embargo, antes de quedarse dormido decidió leer la Biblia durante unos minutos. Al notar que el hombre sentado a su lado estaba leyendo, pensó que podría provocar algún intercambio espiritual preguntándole qué estaba leyendo. Como Jeb esperaba, no sólo respondió sino que devolvió la pregunta, preguntándole qué estaba leyendo. Jeb explicó que estaba leyendo una porción de las Escrituras que se había analizado durante una de las conferencias a las que había asistido. Mientras Jeb describía lo que había oído en la conferencia, la luz en los ojos de su compañero indicaba suficiente interés como para que Jeb inmediatamente se diera cuenta de que debía olvidar la idea de una siesta y buscar la oportunidad de enseñarle el Evangelio.

El nuevo conocido de Jeb era Jeff Miller de Omaha, Nebraska. Durante las siguientes dos horas hablaron de cosas espirituales y Jeff hizo algunas preguntas que invitaban a la reflexión y que mostraban un interés sincero en lo que estaba escuchando por primera vez. Era evidente que las cosas empezaban a quedar muy claras.

Sin embargo, en ese momento el avión comenzó a descender hacia St. Louis y Jeb supo que tendría que cerrar el estudio para que Jeff pudiera tomar su vuelo de conexión a Omaha.

Hablaron hasta el final del vestíbulo, donde Sheila, la esposa de Jeb, lo estaba esperando. Intercambiaron números de teléfono y Jeff dijo: "Te llamaré mañana". Por lo general, uno no esperaría una llamada de tal promesa, pero Jeb tuvo la sensación de que esto era diferente.

Efectivamente, Jeff llamó la noche siguiente y hablaron durante aproximadamente una hora sobre la fe en Cristo y la obediencia que la fe requiere. Jeff estaba progresando rápidamente, quería la verdad y los pasajes que estaban estudiando encajaban en un plan inteligible. Pidió todas las Escrituras que Jeb conocía sobre el bautismo para poder estudiarlas antes de su siguiente conversación telefónica. Jeb le dio una larga lista de Escrituras y le dijo que lo llamaría nuevamente al día siguiente para ver a qué había concluido.

Jeb llamó y hablaron nuevamente durante una hora, y al final de la hora Jeff exclamó: "Necesito ser bautizado". También dejó claro que quería bautizarse lo antes posible.

Después de unas seis llamadas telefónicas, Jeb se puso en contacto con Jeff Hamilton, un predicador del evangelio en Omaha, quien estuvo más que feliz de ayudar. Jeb le dio el número de teléfono de Jeff Miller y luego llamó a Jeff para informarle que pronto alguien se comunicaría con él para ayudarlo en el bautismo.

Alrededor de las 11:30 P.M., Jeb recibió una llamada confirmando que no solo Jeff, sino también su esposa Amy, habían sido bautizados en Cristo. Jeb inmediatamente llamó a Jeff para celebrar con él. Al día siguiente, esa alegría también aumentó con el bautismo de uno de los compañeros de trabajo de Jeff. Según el último reporte, todos estaban sirviendo fielmente al Señor.

En esta historia se reflejan maravillosamente tres ejemplos Bíblicos de "obra personal".

1. Así como Felipe había iniciado una conversación con un hombre en un carro haciendo referencia a lo que
estaba leyendo, Jeb había hecho lo mismo con un hombre en un avión (Hech. 8:27-31).

2. Así como Jesús olvidó su cansancio y hambre cuando encontró a una mujer perdida, Jeb olvidó su necesidad de una siesta cuando descubrió que su compañero de viaje estaba interesado en la salvación (Jn. 4:6 y 4:31-38).

3. Así como Juan el Bautista identificó al Salvador ante Andrés y Andrés quienes se sintieron impulsados para decírselo a Pedro, de la misma manera Jeb le enseñó a Jeff el camino de la salvación en Cristo, Jeff estaba ansioso por llevar a su esposa y a su compañero de trabajo al Señor también (Jn. 1:35-42).

Estas son algunas de las reflexiones de Jeb sobre su experiencia: "Se me ocurren muy pocos lugares u oportunidades en los que puedas hablar con alguien acerca del Señor durante dos horas o más con muy poca distracción y muy poca interrupción. Supongo que tienes una audiencia cautiva por así decirlo, así que habla, y si están sinceramente interesados nunca sabes lo que puede resultar de tus intentos. ¡Qué oportunidad desperdiciar sin hacer algún tipo de esfuerzo!"

# Luces que Adornan la Doctrina

Recientemente una familia muy impresionante visitó nuestros servicios por primera vez. Escucharon con tanta atención y mostraron una aprobación tan obvia que asumimos que eran miembros de otra congregación que nos visitaban. Sin embargo, resultó que su visita con nosotros era la primera a una Iglesia de Cristo.

El varón buen conocedor de las Escrituras y estaba completamente desencantado tanto del Protestantismo evangélico como del movimiento Carismático.

"¿Cómo llegaron a nuestros servicios?" pregunté.

Respondió que cuando llegó por primera vez a Atlanta, observó a las personas con las que trabajaba en un esfuerzo por encontrar a una Iglesia era más obviamente Cristiana. Una destacaba por encima de los demás: Mark Etheridge. Le pidió a Mark que le recomendara un lugar para adorar y Mark, miembro de una congregación del otro lado de la ciudad, le recomendó que nos visitara porque estamos ubicados cerca de su casa.

Nadie puede saber lo que le deparará el futuro a esta joven familia, pero si la doctrina de Cristo es plenamente aceptada, será a causa de un Cristiano cuya conducta en el trabajo la adornó a los ojos de su compañero de trabajo.

Hace dos años, mi esposa y yo visitamos un hogar en Nueva Jersey. Aunque la casa era atractiva y la comida agradable, lo que más nos impresionó fue el amor que había en el hogar y el deseo de los padres de ver a sus cuatro hijas fieles al Señor. Estaban activos en la Iglesia en Washington, Nueva Jersey, pero nuestra conversación reveló que no habían estado en el Señor por mucho tiempo.

"¿Qué le trajo al Señor?" Yo pregunté.

Su respuesta involucró un nombre que podría aparecer en la respuesta de muchos otros Cristianos en esa parte del país si se les hiciera la misma pregunta. Habían vivido al lado de Marlene y Eddie Jinks, que eran miembros de la Iglesia de East Orange. Semana tras semana, durante varios meses, habían visto a Marlene preparar a sus siete hijos y a una variedad de visitantes para asistir a los servicios todos los Domingos por la mañana, los Domingos por la noche y los Miércoles por la noche, así como todas las noches de alguna semana ocasional.

"¿Qué les pareció tan atractivo en esa Iglesia?" se preguntaron. Comenzaron a asociarse más con la familia Jinks, a hablar con ellos sobre su religión y luego a ir con ellos en ocasiones. No pasó mucho tiempo hasta que aceptaron el evangelio— adornado para ellos por lo que habían visto en el hogar de sus vecinos de al lado.

Hace algún tiempo, Rich y Terry Kucharzyk fueron a acampar a la Isla Jekyll. Terry había estado estudiando con los "Testigos de Jehová" pero no estaba satisfecho. Una pareja mayor, que acampaba cerca, atrajo su atención por su evidente buen carácter y su bondad Cristiana. Siguieron discusiones religiosas y la pareja mayor reveló, justo antes de separarse, que eran miembros de la Iglesia de Cristo.

Meses después, un Domingo por la mañana, deseando un lugar para adorar, Terry recordó a esta pareja. Buscó en el periódico y encontró un anuncio de la Iglesia en Lilburn, Georgia. Ella asistió, quedó impresionada, trajo a su marido y pronto ambos se convirtieron. Observará nuevamente que la doctrina ya había sido adornada por la conducta de una pareja *en Vacaciones*.

En Birmingham, Alabama, hay una dama que es Cristiana por lo que vio mientras trabajaba en un hospital infantil. Ella estaba consciente de su necesidad del Señor, pero las voces religiosas conflictivas que escuchó fueron más confusas que esclarecedoras. Ella optó por un curso de acción inusual. Observaba a los padres en su relación con sus hijos para identificar a aquellos cuya conducta se parecía más a la de un Cristiano.

Luego iba a la oficina para ver qué Iglesia tenían como preferencia. De los que observó, la mayoría dio como preferencia la Iglesia de Cristo. Asistió a la Iglesia más cercana a su casa, le enseñaron el evangelio y lo obedeció. La doctrina fue buscada y aceptada más fácilmente porque había sido adornada por las vidas de Cristianos en *circunstancias difíciles y probatorias*.

No sé los nombres de aquellos cuya conducta dirigió por primera vez a esta enfermera hacia el Señor; probablemente ella no lo sepa. De hecho, ellos mismos no lo saben, porque no estaban conscientes de que ella estaba mirando.

Quizás fue a usted alguien a quien la enfermera observó. O tal vez usted fue uno observado en el trabajo, en el hogar, en vacaciones o en tiempo de angustia, adornando la doctrina de Dios nuestro Salvador (Tito 2:10). Es posible que nunca aparezcas en esta columna; es posible que no obtengas ningún crédito en esta vida; pero podéis alegraros de que Dios sea glorificado. Jesús dijo: "Así alumbre vuestra luz delante de los hombres, para que vean vuestras buenas obras y glorifiquen a vuestro Padre que está en los cielos" (Mat. 5:16). También dijo: "y tu padre que ve en lo secreto te recompensará en público" (Mat. 6:6).

# Tres Adolescentes

El año pasado, a tres adolescentes, David, Aaron y Damaris Alamilla, se les dijo que la supervivencia de la Iglesia local en Chetumal, México, dependía de ellos. Su padre, Felipe, y su madre, Lupe, se habían trasladado a la ciudad de 120, 000 habitantes en busca de mejores oportunidades educativas para sus hijos. Se inició una congregación en su casa y algunos familiares se convirtieron, pero Felipe y Lupe se dieron cuenta de que se necesitaban conversos de la comunidad para que la Iglesia sobreviviera.

Se llevó a cabo una reunión familiar y se les dijo a los adolescentes que debían esforzarse más para hablar con sus amigos de la escuela sobre Jesús. Estuvieron de acuerdo, oraron pidiendo la ayuda del Señor y comenzaron a aumentar sus esfuerzos. Como resultado de su trabajo, tres de sus amigos —Andrés, Luz Carmen y Blanca— se han convertido en Cristianos en los últimos meses. Se están enseñando a más.

En una época en la que algunos sienten que los adolescentes deben ser mimados o entretenidos si quieren permanecer "fieles", es bueno saber acerca de los jóvenes Cristianos que no quieren ser tratados con condescendencia, sino que son pilares de la Iglesia.

David, que ahora tiene 20 años, es el mayor y el más curioso. Cuando visité Chetumal, David me siguió y me bombardeó con preguntas sobre la Biblia, intercaladas con preguntas más típicas de "adolescentes": "¿A qué se parece volar en avión?" "¿Cuál sería la diferencia entre una típica ciudad americana y Chetumal?" Cuando por un momento pareció que tendría que salir temprano debido a la pérdida de mi pasaporte, David se sintió extremadamente decepcionado y, aunque trató de ocultarlo, creo que noté un brillo en sus ojos.

Luz Carmen, de 16 años, fue bautizada por David en Abril. Carmen proviene de un hogar disfuncional y teme que su madre la envíe de regreso a vivir con familiares en su ciudad natal de Veracruz si se filtra la noticia de su bautismo.

Por eso, los hermanos han decidido mantener en secreto el bautismo de Carmen para su familia. La madre, sin embargo, sospecha porque Carmen está cambiando de vestuario. Se han descartado las minifaldas y los pantalones cortos en favor de ropa más modesta.

Aarón, el segundo hijo, es alto en comparación con otros de la península de Yucatán y bastante guapo. Es más tranquilo e introspectivo que David. Sin embargo, sus ojos brillantes y sus ocasionales comentarios ingeniosos revelan un excelente sentido del humor seco.

Aarón es un estudiante de primer año en la Universidad y, según su padre, está cerca de ser el mejor de su clase. Fue el primer adolescente en Chetumal en convertir a uno de sus amigos. Ese converso fue Andrés, un joven muy serio, atento y estudioso.

Una noche, después de una serie de clases particularmente agotadoras, Aaron preguntó: "¿No cree que podríamos tener un estudio más?" Al recibir una respuesta afirmativa, se subió a su bicicleta para ir al otro lado de la ciudad a recoger a una chica, Elsi, con quien había estado estudiando. Después de pedalear con Elsi, leímos juntos la historia de la conversión de Saulo de Tarso.

Damaris, de 15 años, ha tenido dificultades en la escuela. "Muchos de mis amigos me han rechazado porque soy Cristiana, pero todavía tengo algunos, dice. "Mi madre es mi mejor amiga". A pesar de las dificultades que ha afrontado, Damaris se ríe rápidamente y es muy orgullosa de su colección de unas 15 gorras de béisbol.

Aunque Damaris aún no ha visto a ninguno de sus amigos de la escuela obedecer el evangelio, ayudó a su madre a convertir a Blanca, una joven de 19 años muy divertida e inteligente. Blanca y Damaris se rieron tan fuerte que debieron dolerles los costados ante mis torpes esfuerzos por entrar y luego descansar en una hamaca Maya. (¡No es fácil!) En todos los lugares a los que íbamos, hablaban de "el Gringo y la hamaca", para diversión de todos.

La mayoría de las personas diría que la familia Alamilla es muy pobre. Algunos incluso se compadecerían de ellos. Los ingresos del hermano Felipe por la apicultura y el cultivo del maíz son mínimos.

Su "casa" se construyó simplemente colocando ramas entre los techos de dos casas de bloques de concreta propiedad de familiares y luego cubriendo esas ramas con techos de hojalata. El cartón atado a las ramas tejidas de la "pared" frontal brinda un poco de privacidad.

"Sé que podríamos vivir mejor si mis hijos trabajaran como la mayoría de los adolescentes de aquí", dice el hermano Alamilla. "Sin embargo, quiero que tengan una buena educación".

Una tarde calurosa y humeante me tomé uno o dos minutos para observar a los hijos de Alamilla y sus amigos mientras uno de ellos leía durante una clase bíblica. Aunque la única bombilla proporcionaba poca luz a través de los enjambres de polillas, y los tenaces mosquitos hacían todo lo posible por distraernos, los ojos de los jóvenes nunca se desviaron de las páginas de la Biblia mientras se concentraban intensamente en comprender la voluntad de Dios.

"No, la familia Alamilla no es pobre", pensé mientras contemplaba las figuras acurrucadas a mi alrededor en el suelo de tierra bajo la luz parpadeante. "Son ricos, extremadamente ricos". ¡Y soy rico por conocerlos!

Este artículo fue escrito por Gardner Hall

# Un Reino sobre el que Nunca se Oculta el Sol

De vez en cuando escucho a hermanos orar por la Iglesia "en toda esta nación". Ésta es una visión muy limitada de la Iglesia del Señor. En el sueño de Nabucodonosor, el reino de Dios era "una piedra que hirió a la imagen fue hecha un gran monte y llenó toda la tierra" (Dan. 2:35,44).

Hoy en día, el reino de Dios es en verdad un reino en el que el nunca se oculta el sol. En un determinado el Día del Señor, el pueblo de Dios está adorando en algún lugar cada hora del día. Es fascinante pensar en las diferentes circunstancias bajo las cuales se encuentran y los diferentes idiomas en los que adora.

Las congregaciones se reúnen a diferentes horas el Día del Señor. En Arabia Saudita, por ejemplo, el Domingo es un día laboral normal y los servicios deben celebrarse en un lugar secreto por la noche. En otros lugares, las 11 a. m. pueden ser la hora más común de reunión, pero incluso si todos se reunieran a esa hora, seguirían reuniéndose cada hora de las 24 horas del día.

Los Cristianos de las Islas Fiji o de Nueva Zelanda serían los primeros en reunirse, ya que se encuentran en la zona del horario de la línea de cambio de fecha Internacional. Si los hermanos se reúnen allí a las 11 a. m. del Domingo por la mañana, todavía son solo las 6 p. m. del Sábado donde vivo en Atlanta, Georgia, Estados Unidos. A las 8 p.m. El sábado por la noche, Rollie McDowell y sus hermanos del este de Australia se reunirán. Si Robert Nichols y sus hermanos en Japón se reúnen a las 11 a. m. del Domingo por la mañana, todavía son las 9 p. m. Sábado por la noche en Atlanta.

A las 10 pm. El Sábado por la noche en Atlanta, son las 11 a. m. en Filipinas y los hermanos de numerosas congregaciones se están reuniendo para adorar allí. A la misma hora, los hermanos en China se reunirán secretamente en sus Iglesias domésticas, suponiendo que alguno de ellos se reúna a las 11 a.m.

Si estamos despiertos a medianoche, cuando el Día del Señor comienza en la zona de horario del Este de los EE. UU., podemos imaginar a los hermanos en la India preparándose para reunirse solo 30 minutos más tarde en una tierra donde el tiempo está 30 minutos menos de lo habitual.

A las 2 a. m., hora de Atlanta, Robert Smith se reúne con Cristianos en las Islas Seychelles sobre el Océano Indico frente al país Africano de Somalia. Mientras dormimos en la costa Este de los EE. UU., los hermanos que sufren la hambruna en Etiopía, así como los que están en Rusia, se reúnen para adorar al mismo Señor a quien nosotros adoramos, en la próspera nación de los Estados Unidos, estaremos adorando 8 horas después.

Una hora más tarde (4 am en Atlanta), numerosos hermanos de todas las razas se reunirán en el sur de África, mientras que en el hemisferio norte otros en Rumania y Bulgaria se reunirán en lugares de reunión muy diferentes y adorarán en diferentes idiomas, pero sirviendo al mismo Señor.

Son las 5 de la mañana en Atlanta, y en Nigeria los jóvenes ya están saliendo corriendo para golpear con un martillo la llanta suspendida de una rueda— una tosca campana de la Iglesia para recordar a la gente que es hora de ir al servicio. Cuando finalmente lleguen en cientos de congregaciones, algunas de ellas con membrecías de más de cien miembros, adorarán, algunas en edificios de adobe y otros en grandes edificios de bloques de concreto.

Más al norte de Europa: en Alemania, Suiza, Noruega y otras naciones, se reunirán otros Cristianos, algunos de los cuales habrán conocido en esta página. Si se levanta tan temprano como las 6 a.m. del día de Londres, se está levantando tal como los hermanos en Inglaterra e Irlanda se reúnen "para partir el pan".

A las 9 a.m., Tom Holley y Dennis Allan probablemente se reunirán a las 11 a.m. en algún lugar de Argentina o Brasil respectivamente, a menos que Tom esté en Chile, donde se reunirá con sus hermanos una hora más tarde.

Una hora después de que se reúnan los hermanos en Chile, serán las 11 a.m. en Atlántico, y la mayoría de las Iglesias en el Este de Estados Unidos y Canadá estarán reunidas. Pero aquellos en la zona de horario central y en México y Centroamérica solo se reúnen para estudiar la Biblia si mantienen el horario habitual. Luego serán las Iglesias en el Tiempo de las Montañas, luego los hermanos en la Costa Oeste. A las 3 p.m.

En Atlanta, los Cristianos de Alaska se reúnen y son las 4 p.m. en Atlanta si los santos se reúnen a las 11 a.m. en Hawaii. Cualquier hermano en Samoa o Midway (en el Mar Pacífico arriba de Hawaii) serán los últimos en reunirse.

> El día que Tú diste, Señor, ha terminado.
> La Tinieblas caen por Tu mandato;
> A Ti ascendieron nuestros cantos matutinos:
>
> Tu alabanza no cesará tampoco nuestro descanso.
> Te damos gracias porque Tu Iglesia, que no duerme;
>
> Mientras la tierra avanza hacia la luz,
> Por todo el mundo vela,
> Y no descansa ni de día ni de noche.

El sol que nos invita a descansar en la vigilia.
Nuestros hermanos bajo el cielo Occidental;

Y hora tras hora labios frescos están haciendo
Tus maravillas obras se escuchen de cerca.

— John Ellerton

# Luz del Pasado

# Confusión y Transgresión

¿Alguna vez ha escuchado a alguien decir, como explicación de alguna acción pecaminosa: "Estoy tan confundido que ya no sé qué es lo correcto"? Por regla general, quien dice tal cosa es aquel que ha tenido convicciones claras pero ha actuado o está a punto de actuar en contra de ellas.

Esto debe ser lo que el Espíritu Santo estaba diciendo acerca de Eva en 1 Timoteo 2:14: "y Adán no fue engañado, sino que la mujer, siendo engañada, incurrió en transgresión".

Decir que fue engañada no es decir que era ignorante. Ella citó perfectamente lo que Dios había dicho: "del fruto de los árboles del huerto podemos comer; pero del fruto del árbol que está en medio del huerto, Dios ha dicho: No comeréis de él, ni le tocarás, para que no muráis" (Gén. 3:2-3). Fue engañada cuando pensó que podía haber alguna razón válida para desobedecer a Dios.

No podemos saber cuánto tiempo Adán y Eva evitaron el árbol prohibido. Con tantos otros árboles de los cuales ellos podían comer, no había necesidad de comer de él. No hay evidencia de confusión con respecto a lo bueno y lo malo de comer o la sabiduría de abstenerse. Estaban felices ignorándolo.

Pero llegó Satanás para llamar la atención de Eva sobre el árbol que había estado evitando. Llamó su atención sobre la belleza de la fruta y de alguna manera la convenció, tal vez comiéndola él mismo, de que era buena como alimento. Si comió de él, el hecho de que no muriera seguramente respaldaba su afirmación de que ella no moriría. Se puede ver cómo aumenta la confusión en Eva. Los argumentos que ella había considerado concluyentes en contra de comer estaban siendo rápidamente igualados por argumentos a favor de hacerlo. ¿Qué argumentos eran válidos? Ambos parecían serlo.

Si Dios hubiera hablado de nuevo, ella podría haber recordado una vez más las poderosas razones para rechazar el fruto. Pero la voz de Dios se fue debilitando en su memoria a medida que las mentiras simplistas de Satanás magnificaban el atractivo del fruto. Todo lo que se necesitaba para inclinar la balanza era la sugerencia final de una *aparente* virtud al comer—la idea de que ella llegaría a ser como Dios. No importa la prohibición legalista; Seguramente no se le puede culpar a uno por querer ser como Dios.

"y tomó de su fruto, y comió" (Gén. 3:6). ¡Palabras trágicas! ¡Consecuencias trágicas! ¡Consecuencias que se extienden a través de innumerables generaciones, incluso hasta nosotros!

El gran error de Eva fue permitirse siquiera empezar a pensar en la desobediencia. Este fue el error de Acán cuando vio por primera vez el manto babilónico (Jos. 7:21), de David cuando vio por primera vez a su hermosa vecina bañándose (2 Sam. 11:2) y de Judas cuando pensó por primera vez en traicionar a Jesús (Mat.26:14-16). Es el *mismo* error que cometemos cada uno de nosotros— tanto hombres como mujeres— cada vez que pecamos.

La Biblia dice lo siguiente: "sino que cada uno es tentado, cuando de su propia concupiscencia es atraído y seducido. Entonces la concupiscencia, después que ha concebido, da a luz el pecado; y el pecado, siendo consumado, da a luz a la muerte" (Stg.1:14-15).

Hay una amplia defensa disponible. Si somos lo suficientemente sabios para meditar en las leyes de Dios en tales circunstancias (Sal. 119:11) y pedirle liberación (Mat. 6:13), Él, junto con la tentación, dará también "la salida" (1 Cor. 10:13).

Pero con demasiada frecuencia, en nombre de la mentalidad abierta y la objetividad, nos sentimos obligados a mirar al otro lado, a considerar los argumentos a favor del pecado. Incluso podemos ser tan necios como para repetir como un loro la frase existencial: "Debo escaparme de mi mismo y arreglar las cosas a mi manera". Si esto significa alejarse para estudiar la Biblia, meditar y orar, ¡bien! Pero esto rara vez es lo que significa. Como regla general, lo que significa es: "Quiero que me dejen solo (a) para racionalizar mi camino a través del pecado que me seduce sin tener que razonar con aquellos que lógica o Bíblicamente expondrían mi necedad".

Semejante conflicto entre conciencia y pasión, entre lógica y emoción, entre autoridad y anarquía, entre carne y espíritu producirá ciertamente confusión—una confusión que raya en la locura. Pero es una confusión de la que somos *responsables*. Es el mal peculiar de los "no recibieron el amor de la verdad para ser salvos" y que "no creyeron en la verdad, sino que se complacieron en la injusticia" (2 Tes. 2:10,12). Nunca es sorprendente cuando una persona como esta, "siendo engañada", cae en transgresión.

En los días de Jesús, "había disensión entre la gente a causa de él" (Juan 7:43). Estaban confundidos por las contradicciones entre Sus afirmaciones y las acusaciones de sus gobernantes. Jesús declaró claramente quién no se confundiría: "El que quiera hacer la voluntad de Dios, conocerá si la doctrina es de Dios, o si yo habló por mi propia cuenta" (Juan 7:17). Querer hacer la voluntad de Dios nos salva de la confusión, el engaño y la transgresión en la que cayó nuestra madre Eva.

# "¿Por qué ha decaído tu Semblante?"

¡Con qué frecuencia escuchamos hoy en día a las personas quejarse de depresión! A veces la queja se presenta como excusa por el pecado —para faltar a los servicios, por ataques de su temperamento, por beber o por inmoralidad sexual. La suposición es que nuestros sentimientos no se pueden controlar; por lo tanto, los pecados causados por nuestros sentimientos son inevitables y excusables. En realidad, nuestros sentimientos de depresión suelen ser el *resultado* del pecado y del manejo inadecuado de la culpa que lo acompaña.

Caín es un excelente ejemplo. Génesis 4:5 describe a Caín muy enojado, con su semblante (rostro) decaído —un cuadro clásico de depresión. Dios le pregunta en el versículo 6: "¿Por qué te has ensañado? ¿Y por qué ha decaído tu semblante?" Entonces Dios hace una declaración significativa: "Si bien hicieres, ¿no serás enaltecido?, y sino hicieres bien, el pecado está a la puerta; con todo esto, a ti será su deseo, y tú te enseñorearás de el"

Hay al menos cuatro cosas que están claramente implícitas en estas palabras de Dios: (1) El semblante caído (depresión) de Caín fue el resultado del hecho de que no había obrado el bien. (2) Su semblante y su depresión podrían mejorarse si se arrepintiera y cambiara su rumbo para "hacer el bien". (3) Si no se arrepentía, su depresión resultaría en más pecado, comenzando una espiral descendente de pecado, culpa, depresión, pecado, culpa, etc. (4) La elección era suya —podía ir en cualquier dirección. Todos nosotros hemos pecado, con tanta seguridad como lo hizo Caín. Pero se nos advierte contra "el camino de Caín" al tratar con nuestro pecado (Judas 11). Por tanto, debemos estudiar cuidadosamente sus errores para evitarlos.

Primero, trató de expiar su pecado a su manera y no a la manera de Dios. Desde los tiempos de Caín, tal vez la mayoría de la humanidad haya seguido su ejemplo. El intento de Israel de lograr esto lo describe el apóstol Pablo: "Porque ignorando la justicia de Dios, y procurando establecer la suya propia, no se han sujetado a la justicia de Dios" (Rom. 10:3). Ésta es la esencia misma de la incredulidad. Cualquier individuo hoy que ignore el plan de salvación de Dios e intente hacer su propia propiciación o formular sus propias condiciones del perdón está cometiendo el mismo error de incredulidad hecho por Caín.

En Segundo lugar, cuando Caín fue reprendido, se enojó y se deprimió. Millones de personas en nuestra sociedad están precisamente donde estaba Caín. Han pecado y han sido condenados — quizás por los padres, por los maestros, por los compañeros, por los mayores, o quizás por sus propias conciencias, sin importar la fuente, ellos se han dado cuenta de su culpa. Pero, al no querer arrepentirse, se enojan y se deprimen. Esta reacción es evidente en el chico o chica del hogar que permanece encerrado en una habitación sin querer comunicarse con el resto de la familia, o en el marido o la mujer que en amargo silencio trata con desprecio a su compañero. Se ve en la Iglesia en aquellos que dejan de asistir y se vuelve cada vez más difícil contactar, o que se van enojados a otra congregación. La ociosidad, el orgullo, la amargura, las bebidas fuertes, las malas compañías, la pornografía, la codicia y muchos otros pecados promueven la depresión y nos llevan a la misma encrucijada en la que Dios desafió a Caín.

En Tercer lugar, Caín manejó mal su depresión. Como ya se señaló, podría haberse arrepentido del pecado que lo causó y su rostro habría sido levantado. Pero en cambio, tenía envidia de su hermano, cuyo único delito era superarlo en justicia. Permitió que su envidia se convirtiera en odio y su odio en asesinato. Aún impenitente y amargado, mintió a Dios cuando le preguntaron sobre el paradero de su hermano. Caín estaba en esa espiral descendente de la que le habían advertido, una espiral de la que aparentemente nunca escapó. Aún más tristemente, al menos ocho generaciones continuaron en el mismo deslizamiento hasta que llegó el diluvio y destruyó a todos los descendientes de Caín.

No tenemos que seguir "el camino de Caín". Cuando nos encontramos deprimidos, enojados, con el rostro caído, Dios nos dice como le dijo a Caín: "El pecado está a la puerta, con todo esto a ti será su deseo, y tú te enseñorearas de el" Y, con la ayuda de Dios, podemos dominarlo. Podemos identificarlo, arrepentirnos, confesarlo y ser perdonados con toda la alegría que trae el perdón.

> "Mientras callé, se envejecieron mis huesos
> En mi gemir todo el día.
> Porque de día y de noche se agravó
> Sobre mi tu mano;
> Se volvió mi verdor en sequedales de verano.
> Mi pecado te declaré, y no encubrí mi iniquidad.
> Tu eres mi refugio; me guardarás de la angustia;
> Con cánticos de liberación me rodearas"
> (Sal.32:3-5, 7).

# Lecciones del "Proyecto—Torre"

El esfuerzo por construir una torre "cuya cúspide llegue al cielo", como es descrito en Génesis 11:1-9, es el único evento de importancia detallado por las Escrituras entre Noé y el llamado de Abraham. La mayoría de los lectores estarán familiarizados con la historia, pero se anima a todos a leerla nuevamente. Contiene mucha información que es históricamente valiosa, pero su mayor valor está en los principios revelados acerca de Dios y el hombre. Consideremos al menos tres.

1. *Lo Grande no siempre es bueno*. De todas las personas que han existido, los Estadounidenses bien pueden ser los más intoxicados por la grandeza. Estamos orgullosos de vivir en la ciudad más grande, de asistir a la escuela más grande y de operarnos en el hospital más grande; por no hablar de tener la casa más grande, conducir el coche más grande y ser dueño de la granja más grande. Con demasiada frecuencia, esas normas se aplican religiosamente. Algunos juzgan la verdad de una proposición por la cantidad de personas que la aceptan. Juzgan una Iglesia por la amplitud de su edificio, la magnitud de sus programas y la multitud de sus miembros. Algunos incluso llegan a suponer que el crecimiento de una Iglesia prueba necesariamente que Dios está con ellos y aprueba sus acciones.

El proyecto de la torre en la llanura de Sinar fue una gran empresa. Es muy posible que haya involucrado a toda la humanidad y los planes eran realmente visionarios. Pero Dios *no* lo aprobó. Estaba mal por al menos dos razones: Primero, era el producto de la ambición humana y tenía como objetivo la gloria del hombre en lugar de la gloria de Dios. En Segundo lugar, fue diseñada para lograr lo opuesto a la voluntad expresada de Dios. Dios había dicho: "Fructificad y multiplicaos, y llenad la tierra" (Gén. 9:1). El propósito declarado de construir la torre era "y hagámonos un nombre, por si fuéremos esparcidos sobre la faz de la tierra" (Gén. 11:4).

La consolidación de Cristianos en congregaciones más grandes y la construcción de grandes edificios no está mal si se puede demostrar que resultará en la salvación de más almas o la transformación de más individuos a la semejanza de Cristo; pero hacer tales cosas "para hacernos un nombre" es seguramente una abominación a Dios, tal como lo fue la torre de Babel. En el primer siglo, la evangelización fue acelerada por la dispersión de la Iglesia de Jerusalén y éste suele ser el método más eficaz hoy en día. Después de todo, también a nosotros se nos ha ordenado "Id por todo el mundo" (Mar. 16:15).

2. *La Unidad y la Cooperación no siempre son deseables.* El entusiasmo de la gente del proyecto de la torre es evidente en gran parte por lo que dijeron. Casi podemos sentir la emoción de tener a tantas personas unidas y cooperando en el esfuerzo. Debieron haber estado diciendo: "¿No es maravillosa esta comunión?"

¡Dios no lo consideró maravilloso! Le habría agradado que alguien hubiera perturbado esa unidad —si alguien se hubiera levantado para oponerse, recordándoles las instrucciones de Dios. Si tales objeciones hubieran resultado inútiles, a Dios le habría agradado ver a uno o más alejarse y desvincularse de sus hermanos. Alguien, por fe, debería haber escuchado a Dios decir: "Salid de en medio de ellos y apartaos". Pero nadie estaba escuchando.

Dios desea la unidad, pero sólo *en verdad.* Él desea cooperación, pero sólo para hacer Su voluntad. La verdadera unidad y cooperación no requieren proximidad física. No tenemos que sentarnos en la misma plataforma o escribir para el mismo periódico para tener comunión en Cristo. Aquellos antiguos pueblos del Génesis habrían estado cooperando con Dios y entre sí si hubieran tomado caminos separados y llenado la tierra como Dios había dicho. Esta habría sido una comunión aceptable —esa unidad buena y agradable para hacer la voluntad de Dios que es tan deseable. Sin embargo, ellos se unieron en rebelión y cooperaron para la gloria humana; en semejante unidad Dios nunca se ha complacido.

3. *¡Hágase la voluntad de Dios!* Estas personas no obedecieron voluntariamente las instrucciones de Dios de llenar la tierra. Pero la voluntad de Dios sería hecha. Al confundir su idioma, Él "los esparció desde allí sobre la faz de toda la tierra, y dejaron de edificar la ciudad" (Gen.11:8) —precisamente sucedió lo que ellos habían tratado de evitar. Se hizo la voluntad de Dios, pero no hubo bendición para ellos.

Estoy convencido de que si fallamos en lograr "id por todo el mundo y predicar el evangelio", de alguna manera se hará la voluntad de Dios. Como Mardoqueo le dijo a Ester: "Si callas absolutamente en este tiempo, respiro y liberación vendrá de alguna otra parte para los judíos; mas tú y la casa de tu padre pereceréis" (Ester 4:14). Aquellos que escuchan el evangelio pueden rechazarlo y negarse a reconocer a Jesús ahora, pero algún día lo harán. "Por lo cual Dios también lo exaltó hasta lo sumo, y le dio un nombre que es sobre todo nombre, para que en el nombre de Jesús se doble toda rodilla de los que están en los cielos, y en la tierra, y debajo de la tierra; y toda lengua confiese que Jesucristo es el Señor, para gloria de Dios Padre" (Fil. 2:9-11). ¡Cuánto mejor es hacer la voluntad de Dios ahora, voluntariamente por la recompensa que Él ha prometido, que ser obligados contra nuestra voluntad y para nuestra vergüenza eterna!

# "Levantaos, Salid de Aquí"

A las personas les gusta vivir en una ciudad conocida por su orgullo cívico, su alto nivel de vida y sus abundantes oportunidades de descanso y recreación. Quizás esta sea la razón por la que Lot, el sobrino de Abraham, "habitó en las ciudades de la llanura, y fue poniendo sus tiendas hasta Sodoma" (Gén. 13:12). Este era el tipo de ciudad que era Sodoma. Ezequiel, el profeta, lo expresó de esta manera: "soberbia, saciedad de pan, y abundancia de ociosidad tuvieron ella y sus hijas" (Ezeq.16:49).

Sin embargo, como suele ocurrir en una ciudad así, "los hombres de Sodoma eran malos y pecadores contra Jehová en gran manera" (Gén. 13:13). Jeremías insinuó que eran culpables de cometer adulterio, andar en mentiras y fortalecer las manos de los malhechores (Jer. 23:14). "Entonces Jehová le dijo: Por cuanto el clamor contra Sodoma y Gomorra se aumenta más y más, y el pecado de ellos se ha agravado en extremo, descenderé ahora, y veré si han consumado su obra según el clamor que ha venido hasta mí; y si no, lo sabré" (Gén.18:20-21).

Lo que el Señor encontró cuando Sus ángeles visitaron Sodoma explica por qué los profetas, más de mil años después, todavía estaban conmocionados. El pecado de la homosexualidad era practicado universalmente por los hombres de la ciudad (Gén. 19:4). Trataban de imponerse descara y violentamente a las víctimas renuentes que visitaban la ciudad (19:4-11). Los Sodomitas estaban tan impulsados por su lujuria antinatural que no pudieron ser disuadidos de atacar a los mensajeros de Dios a pesar de las súplicas de su anfitrión, e incluso cuando los ángeles los cegaron, continuaron sus esfuerzos por entrar en la casa hasta que "se fatigaban buscando la puerta" (19:11). ¿Quién sería ser el anfitrión sino Lot, sobrino de

Abraham, descrito en las Escrituras como un "hombre justo" (2 Ped. 2:8)?

Lot era un hombre justo. Era un hombre hospitalario que "sin saberlo, hospedaron ángeles" (Heb. 13:2). Lejos de aprobar la conducta de sus vecinos, "afligía cada día su alma justa, viendo y oyendo los hechos inicuos de ellos" (2 Ped. 2:8).

Cuando se decretó la destrucción de Sodoma, "salió y habló a sus yernos, los que habían de tomar sus hijas, y les dijo: "Levantaos, salid de aquí, porque Jehová va a destruir esta ciudad" (Gén. 19:14). También es evidente que Lot no era culpable del pecado del que Sodoma se había convertido en símbolo.

Pero, cuidado, uno no tiene que participar en el más grave de los pecados de una sociedad para contaminarse por ella. Lot se *involucró* demasiado en la vida de Sodoma. Además de exponerse innecesariamente a su influencia maligna, desposó a algunas de sus hijas con hombres de Sodoma e imprudentemente puso en peligro la pureza de las que permanecieron solteras. Sin duda, su conducta posterior y la propia embriaguez y posterior inmoralidad de Lot fueron el resultado del efecto debilitante del ambiente *impío* en el que habían vivido.

¡Qué precio pagó Lot por su traslado intempestivo a Sodoma! Aunque fue designado hombre justo, ¡Su nombre queda empañado para siempre por las experiencias relacionadas con Sodoma! Perdió a parte de sus hijos y con las dos que salvó, engendró dos naciones impías (Moab y Amón; cf. Gén.19:30-38) que fueron una espina constante en el costado del pueblo de Dios y un monumento a la locura de Lot. (Incluso hoy en día, el nombre de Ammón se conserva en el nombre de la ciudad capital de Jordania, Ammán). Perdió a su esposa cuando, desafiando las instrucciones de los ángeles, ella miró hacia atrás (y posiblemente regresó) a la ciudad donde su casa y sus hijos estaban en peligro. Es significativo que Lot perdió la misma fortuna que había ganado gracias a la codicia que lo llevó a elegir las llanuras bien regadas del Jordán cuando su tío, que tenía todo el derecho a la mejor tierra, le dio el privilegio de elegir. "Entonces Lot escogió para sí toda la llanura del Jordán; y se fue Lot hacia el oriente, y se apartaron uno del otro" (Gén.13:11).

Estas cosas "escritas en otro tiempo" proporcionan la mejor ilustración posible de la enseñanza del Nuevo Testamento proveniente del Espíritu Santo a través de Pablo: "Porque los que quieren enriquecerse caen en tentación y lazo, y en muchas codicias necias y dañosas, que hunden a los hombres en destrucción y perdición; porque raíz de todos los males es el amor al dinero, el cual codiciándolo algunos, se extraviaron de la fe, y fueron traspasados de muchos males" (1 Tim.6:9-10).

Cuando Lot hizo su elección, no previó las consecuencias; no podía ver nada más que lo verde de la hierba. Muchos hombres hoy en día hacen una elección similar de ocupación y residencia, viendo sólo lo verde de los dólares. Muchos están sufriendo las mismas consecuencias que sufrió Lot.

Al vivir en Atlanta, espero que no sea un error vivir en una ciudad orgullosa, próspera y profana: pero mudarse a una ciudad por esos motivos sí que es un error. Quien esté considerando mudarse a una ciudad así debería sopesar cuidadosamente los peligros para él y su familia y preguntarse si es capaz y está dispuesto a resistir las presiones de esa sociedad.

Aquel que se ve influenciado por su entorno y siente que no puede resistirlo debe hacer lo que hizo Lot al salir de la ciudad; sólo que no debe esperar hasta que realmente experimente las tristes consecuencias. ¡El momento es ahora, sin importar el costo! Nada de lo que ofrece ninguna ciudad terrenal vale la pena para poner en peligro nuestra esperanza de aquella ciudad mejor que Dios ha preparado para nosotros, "porque esperaba la ciudad que tiene fundamentos, cuyo arquitecto y constructor es Dios" (Heb.11:10).

# La Mujer Juez

¿Podría una mujer ser el instrumento usado por Dios para salvar a Su Iglesia del desastre? Las respuestas a esta pregunta variarían.

Quienes están influenciados por el movimiento feminista responderían rápidamente: "¡Sí! Una mujer puede hacer lo mismo que un hombre si se le da la oportunidad". Desde su punto de vista, el único obstáculo sería la negativa machista de los hombres al permitir que las mujeres se afirmen plenamente en la predicación, el debate o el servicio como autoridades de la Iglesia.

Los individuos más conservadores bien podrían responder "No". Al no estar dispuestos a permitir que las mujeres ocupen puestos de liderazgo público, asumirían que sería imposible que una mujer fuera un factor importante en la salvación del pueblo de Dios.

Pero consideremos a Débora. En una época en la que las mujeres estaban más restringidas que ahora, ella fue una de los jueces de Israel, empleada por Dios para liberar a Su pueblo de los Cananeos.

Deborah siempre me ha inquietado un poco. Era una buena mujer—una que obviamente contaba con la aprobación de Dios. Sin embargo, su papel como "juez" parece un poco fuera de armonía con ese "incorruptible ornato de un espíritu afable y apacible, que es de grande estima delante de Dios" (1 Ped. 3:4). ¿Fue colocada ella en esta posición como una excepción a Su regla general? Una mirada más cercana a Débora puede revelar más armonía con el ideal divino de la feminidad de lo que esperaríamos.

Al impartir sabiduría en los juicios, Débora no recorrió un circuito como lo hizo Samuel. Más bien, "acostumbraba sentarse bajo la palmera de Débora, entre Ramá y Betel, en las montañas de Efraín; y los hijos de Israel subían a ella a juicio" (Jue. 4:5) Al responder a sus solicitudes de juicio, ella no comprometió su mansedumbre o modestia. Los indicios son que estas sesiones ni siquiera interfirieron con sus deberes domésticos y no dependía de ellos para tener una buena "auto imagen". Cuando se designa a sí misma en su conocido cántico, lo hace, no como juez en Israel, sino como "madre en Israel" (Jue. 5:7).

Cuando se requirió liderazgo público, Débora no lo asumió ella misma, sino que se puso en contacto con un hombre llamado Barac. Ella no le ordenó actuar, pero dijo: "¿No te ha mandado Jehová Dios de Israel, diciendo: "¿Ve, junta a tu gente en el monte de Tabor?" (Jue. 4:6). Ni siquiera pensaba ir con Barac hasta que él le indicó que no iría sin ella. Entonces ella voluntariamente fue.

Deborah era el tipo de persona que siempre es valiosa para lograr cualquier cosa buena. Tuvo la dedicación y el valor de hacer todo lo necesario para el éxito de la causa, pero no la motivaba ni la ambición de la participación personal ni la preocupación por quién recibía el crédito.

El cántico de Débora, registrado en Jueces 5, revela una ausencia total de cualquier espíritu de rivalidad o envidia. Ella elogia con entusiasmo a Barac, a los líderes del pueblo y al pueblo que se ofreció voluntariamente. Aunque había predicho que si iba con Barac una mujer recibiría la gloria por la muerte del comandante Cananeo, revela en su cántico que no estaba pensando en ella misma, sino en Jael, la esposa de Heber ceneo. Débora rinde un elogioso tributo a esta otra mujer, sin revelar ningún tipo de celos y atribuyendo el mérito únicamente a Dios por encima de ella.

Cuando se considera todo esto, ¿Qué hay en el registro de la vida de Débora que sería impropio de una mujer Cristiana hoy? ¿Es inconcebible que alguna mujer Cristiana de nuestro tiempo pueda llegar a ser tan y sabia y conocedora que en tiempos de crisis los predicadores, los ancianos u otras personas en puestos de responsabilidad busquen su consejo? ¿No podría una mujer así alentar y ayudar a un esposo, a un hijo o algún otro hombre piadoso a reconocer el deber que Dios le ha encomendado de luchar contra los enemigos de la Verdad? De hecho, ¿Acaso las mujeres no han servido frecuentemente de esta manera?

Es posible que estas mujeres no reciban crédito por lo que han logrado; pero el crédito no es lo que buscan. No sólo están dispuestas a que otros se lleven el crédito, sino que incluso pueden liderar cantando alabanzas a los demás. Pero cuando se escribe el registro de las grandes batallas de Dios, nos sorprenderá saber que el factor humano más significativo en muchas victorias de la Verdad fue a causa de "madre en Israel" no reconocida.

# Trate con Gentileza al Joven

Las instrucciones de David a Joab (2 Sam. 18:5) de tratar con gentileza a un líder militar opositor parecen extrañas. No fue así como como él trató con Goliat; o con las ciudades de los Gesuritas, los Gerzitas y los Amalecitas (1 Sam. 27:8-9); o con los reyes y generales de los Filisteos, los Moabitas, los Amonitas y los Sirios (2 Samuel 8-10). De hecho, a los Cristianos encuentran a veces dificultades explicar algunos de los Salmos imprecatorios de David, como el Salmo 109, en el que ora para que los días de un enemigo sean pocos, su esposa viuda, sus hijos huérfanos y sus bienes embargados por los acreedores sin que nadie les conceda misericordia.

¿Por qué entonces el llamado a la gentileza? La respuesta está en la identidad del enemigo. El joven era Absalón, hijo de David. Y cuando llegó la noticia de que Absalón había sido asesinado, "el rey se turbó, y subió a la sala de la puerta, y lloró; y yendo, decía así: ¡Hijo mío, Absalón!, hijo mío, hijo mío, Absalón. ¡Ojalá me diera que muriera yo en lugar de ti, Absalón, hijo mío, hijo mío" (2 Sam. 18:33)!

¡Qué diferencia hay cuando un joven es "mi hijo!" Puedo entender el llamado de David a la gentileza. Tengo un hijo —una de las ricas bendiciones de Dios. Mientras se enfrenta a los "peligros de la ciudad" al predicar el evangelio a los hispanohablantes de Nueva York, con frecuencia recuerdo las palabras de Salomón: "El hijo sabio alegra al padre" (Prov. 10:1).

Supongamos que en una de esas raras ocasiones en que lo escucho predicar en Inglés, escucho alguna enseñanza que considero errónea. ¿Qué esperaría de mí? ¿Puedes creer que acudiría a otros predicadores para informarles de su error antes de hablar con él? ¿Esperaría que lo acusara de aceptar todas las doctrinas falsas que pueden haber estado asociadas con su posición errónea en el pasado, o todas las consecuencias lógicas que podría sacar de lo que ha dicho? ¿Concluiría inmediatamente que "él es uno de ellos en lugar de uno de nosotros, lo desafiaría a un debate público o me apresuraría a publicar una advertencia a la hermandad? Cuestionarías mi amor por él si lo hiciera.

El amor, por supuesto, demandaría que discutiera con mi hijo cualquier error en su enseñanza. Sin embargo, me preocuparía en la forma de acercarme a él. Primero determinaría si realmente cree lo que dijo; si no, eso terminaría el asunto. Pero en un caso afirmativo, entonces podría señalar algunas de las consecuencias de sus enseñanzas y sugerirle que vuelva a estudiar el asunto, considerando cualquier pasaje adicional que pueda ofrecerle. No le presionaría a que se defendiera de inmediato para evitar que se comprometiera demasiado rápido con su enseñanza; Preferiría proponer que ambos lo estudiemos más a fondo y lo discutiéramos más adelante.

Si Pablo le escribió a un joven predicador sugiriéndole que "no reprendas al anciano, sino exhórtale como a un padre" (1 Tim. 5:1), ¿No es correcto que los predicadores mayores traten a todos los predicadores más jóvenes y a los Cristianos más jóvenes como lo harían con sus propios hijos? Algunos jóvenes que comienzan un camino de error no pueden ser salvos sin importar el enfoque, pero es posible que estemos tan ansiosos por "salvar la hermandad" que sacrificamos a algunos jóvenes que podrían ser rescatados mediante el tipo de trato amable practicado Aquila y Priscila quienes, al oír a Apolos enseñar el error, "lo tomaron aparte y le más exactamente el camino de Dios" (Hech. 18:26).

Recuerde al joven Juan Marcos. Es posible que Pablo tuviera razón al creer que el viaje que él y Bernabé planeaban se vería comprometido por un joven que había mostrado cierta inestabilidad en el pasado (Hech. 15:36- 41). Pero ese joven necesitaba un amigo y

¿No nos alegramos de que Bernabé estuviera allí para tratarlo con amabilidad? De lo contrario, es posible que no tengamos ese librito útil que lleva su nombre y que tanto revela sobre Jesús.

El hecho es que la gentileza es apropiada al tratar con cualquiera que esté en el error, ya sea joven o viejo. "Porque el siervo del Señor no debe ser contencioso, sino amable para con todos, apto para enseñar, sufrido; que con mansedumbre corrija a los que se oponen, por si quizá Dios les conceda que se arrepientan para conocer la verdad a los que se oponen, si tal vez Dios les conceda el arrepentimiento, para que conozcan la verdad y escapen del lazo del diablo, en que están cautivos a voluntad de él" (2 Tim. 2:24-26).

Permítanme hacer un llamado a todos los predicadores jóvenes, pero especialmente a uno que se llama Gardner Hall. Si algún piadoso soldado de la cruz lo escucha predicar algo erróneo, tengo dos peticiones. Primero, llévelo aparte y explíquele el camino de Dios con mayor precisión. En Segundo lugar, por favor, "traten con gentileza al joven con causa de mi"—Él es mi hijo.

# "Cuando Los Malos Tienen la Razón y los Buenos se Equivocan"

La división siempre es traumática, especialmente cuando involucra al pueblo de Dios y cuando nos vemos obligados a decidir entre dos bandos opuestos. La manera más fácil de tomar esa decisión es evaluar a las personas de cada lado: ¿Cuáles nos gustan más, cuáles parecen ser más amables, más gentiles y más libres de amargura? En esos momentos, debemos recordar que la verdad o el error no deben estar determinados por el carácter de las personas que los defienden. Un ejemplo de ello es la división que tuvo lugar en Israel tras la muerte de Salomón.

Si hubiera vivido en aquellos tiempos, creo que mi elección personal habría sido estar con Jeroboam y a las diez tribus separatistas. Puede que no hayan tenido toda la razón, pero basta con mirar la alternativa.

Según 1 Reyes 12, Roboam era un hombre detestable cuya mala actitud parecía causar división. Cuando las tribus se reunieron para coronarlo rey, le hicieron una petición muy razonable de que aligerara la carga de trabajo e impuestos que su padre les había impuesto. Los consejeros mayores que habían trabajado con su padre lo instaron a responder favorablemente a la solicitud. Pero con el orgullo de una juventud descarriada, rechazó el consejo de sus mayores y eligió el consejo de sus iguales. No sólo rechazó la petición del pueblo, sino que mostró un espíritu altivo e insolente, indicando total desprecio por sus mejores intereses y amenazándolos con una carga aún mayor que la que su padre les había impuesto. Cuando las diez tribus se separaron, él se negó a aceptar la realidad de la situación, envió un recaudador de impuestos para hacer cumplir su autoridad y reunió un ejército para luchar contra el propio pueblo de Dios.

Por otro lado, Jeroboam fue defensor de los derechos del pueblo; estaba protestando por la extravagancia y la opresión del reinado de Salomón; y un profeta de Dios realmente había predicho que arrancaría 10 tribus de la casa de David. Jeroboam era claramente el mejor de los dos hombres y su causa era justa.

¿Por qué no apoyar a Jeroboam? Sólo una razón: estaba religiosamente equivocado.

No fue sólo una elección entre Roboam y Jeroboam. Fue una elección entre Jerusalén y Betel como lugares de adoración. Era una elección entre adorar a Dios a través del ojo de la fe o adorarlo a través de la imagen visible de un becerro. Era una elección entre el sacerdocio Levítico y "sacerdotes de entre el pueblo" y entre las fiestas que Dios había ordenado y las que Jeroboam "había inventado en su propio corazón" (vea 1 Reyes 12:25-33).

Dios se agradó cuando los Levitas en Israel "se juntaron a él desde todos los lugares donde vivían. Porque los levitas dejaban sus ejidos y sus posesiones, y venían a Judá y a Jerusalén; pues Jeroboam y sus hijos los excluyeron del ministerio de Jehová. Y él designó sus propios sacerdotes para los lugares altos, y para los demonios, y para los becerros que él había hecho. Tras aquellos acudieron también de todas las tribus de Israel los que habían puesto su corazón en buscar a Jehová Dios de Israel; y vinieron a Jerusalén para ofrecer sacrificios a Jehová, el Dios de sus padres" (2 Crón. 11:13-16). Estar con el Señor puede haberlos puesto en compañía del "malo", pero siempre es correcto estar con el Señor.

## Acontecimientos Posteriores

La división siguió siendo amarga. Resumiendo, el reinado de Roboam, se dice: "Y hubo guerra entre Roboam y Jeroboam todos los días de su vida" (1 Rey. 15:6). Durante los 43 años que siguieron, se dice que ambos reyes de Judá guerrearon contra los reyes de Israel. Pero finalmente llegó a Judá un rey que "hizo la paz con el rey de Israel" (1 Rey. 22:44). El nombre de este rey era Josafat. Por fin había un "buen tipo" en el lado correcto. Había "dejado de luchar" contra Israel.

El pueblo de Judá debió estar cansado de luchar. Seguramente se sintieron aliviados cuando el hijo de Josafat se casó con la hija de Acab, el rey de Israel, y Josafat viajó a Samaria para una visita de estado. Cuando Acab propuso un ataque conjunto contra Ramot-Galaad, la respuesta de Josafat fue una notable declaración de hermandad: "Yo soy como tú, y mi pueblo como tu pueblo; iremos contigo en la guerra" (2 Crón. 18: 1-3).

Josafat fue, en verdad, un buen rey. Pero esta empresa conjunta con Acab no formó parte de ello. De hecho, fue una mancha en su historial. Cuando regresó de la campaña, "Y le salió al encuentro el vidente Jehú hijo de Hanani, y dijo al rey Josafat: ¿Al impío das ayuda, y amas a los que aborrecen a Jehová? Pues ha salido de la presencia de Jehová ira contra ti por esto" (2 Cron.19:2). Judá sufrió durante más de una generación las consecuencias de esta tregua con Israel.

Las personas con mentalidad espiritual aman la paz y disfrutan de la comunión de quienes aman la paz, pero estas preferencias nobles pueden convertirse fácilmente en una tentación de compromiso.

Las personas con mentalidad espiritual también reconocen la verdadera fuente de un espíritu de "facciones, divisiones y partidos", pero si lo son de realidad, se adhieren a la verdad, independientemente de la aparente carnalidad de algunos de los que puedan resultar sus defensores. Entienden también que no hay nada anti es-

piritual en luchar fervientemente por la fe; de hecho, la espirituali-
dad lo requiere (Judas 3).

# Luz del Texto

# La Luz del Mundo

Jesus dijo: "Yo soy la luz del mundo" (Jn. 8:12). "En él estaba la vida, y la vida era la luz de los hombres" (Jn. 1:4).

En esta columna, hemos presentado decenas de personas que resplandecen "como luces ("luminares"—RV) en el mundo" (Fil. 2:15). Pero Juan dice además de Jesús: "Aquella luz verdadera, que alumbra a todo hombre que venía a este mundo" (Jn. 1:9). La medida en que cada uno de nosotros brilla como luces es la medida en que reflejamos la luz de Jesús.

¿Qué esperaríamos de alguien cuyo propósito era dar "luz a todo hombre que viene al mundo"? Podríamos esperar que una persona así se postule para cargos electivos, viaje ampliamente, comience una universidad, construya bibliotecas, acumule dinero para un fondo de donación, escriba libros o comience periódicos.

Pero Jesús no hizo nada de esto. Sin embargo, durante los treinta y tres cortos años que vivió en una parte relativamente remota del mundo, influyó en el mundo en mayor grado que cualquier otro individuo que haya vivido en cualquier lugar y en cualquier momento.

¿Qué explica su éxito?

## Jesús Enseño la Verdad

La verdad misma es poderosa. Hace libres a los hombres (Jn. 8:32). Salva (2 Tes. 2:13). Vuelve a los hombres hijos de Dios (San. 1:18) y santifica (Jn. 17:17).

Jesús no sólo habló la verdad, sino que la habló poderosamente. "Y cuando terminó Jesús estas palabras, la gente se admiraba de su doctrina; porque les enseñaba como quien tiene autoridad, y no como los escribas" (Mat. 7:28,29). Los oficiales enviados para arrestarlo regresaron sin que él exclamando: "¡Jamás hombre alguno ha hablado como este hombre!" (Jn. 7:46).

Jesús vivió lo que enseñó. Lucas dijo de Él que "comenzó a hacer y a enseñar" (Hech. 1:1). Su vida fue tan consistente con la verdad que enseñó que podía decir: "Yo soy... la verdad" (Jn. 14:6). Sin embargo, ésta no es la explicación completa de Su influencia.

## Jesús Enseñó a Otros a Enseñar

Jesús nunca permitió que la obra de milagros o el clamor de las multitudes obstaculizaran su programa de formación de discípulos para enseñar. Incluso eligió doce para una atención más exclusiva. Especialmente hacia la última parte de Su ministerio, llevó a esos doce a lugares remotos para recibir instrucción especial.

Jesús fue el gran maestro. Enseñó a sus discípulos los hechos que necesitaban saber y les hizo aplicaciones que no podían pasar por alto. Respondió a sus preguntas y les explicó lo que no entendían. Sin embargo, sabiamente, no profundizó más de lo que ellos podían comprender (Jn. 16:12). Después de haberles enseñado, los envió a practicar la enseñanza (Mat. 10). Los animó diciéndoles que harían obras mayores que Él (Jn. 14:12), refiriéndose probablemente a su esfera más amplia de enseñanza.

La habilidad de Jesús se demuestra en las acciones de los apóstoles después de que Él los dejó. Viajaron a las partes más remotas de la tierra, escribieron libros y sus vidas reflejaban tanto su naturaleza que la gente en todas partes "les reconocían que habían estado con Jesús" (Hech. 4:13).

Sin embargo, ni siquiera esto explica completamente Su influencia en nuestro mundo actual.

## Jesús Enseñó a los Enseñados a Enseñar a otros a Enseñar

Sus últimas instrucciones antes de partir fueron: "Id, y haced discípulos a todas las naciones..., enseñándoles que guarden todas las cosas que os he mandado" (Mat. 28:19-20). Cuando hacían discípulos por medio de la enseñanza, debían enseñarles a hacer exactamente lo que Jesús les había ordenado que hicieran.

Ellos hicieron eso. Enseñaron en Jerusalén de tal forma que convirtieron 3,000 discípulos en un día (Hech. 2:41), y diariamente aumentaban ese número (Hech. 2:47). Poco después, cuando esos miles de discípulos fueron esparcidos de Jerusalén "iban por todas partes anunciando el evangelio" (Hech. 8:4). Se les había enseñado a enseñar.

## La Medida de los Maestros Exitosos Maestros Hoy

La medida de los maestros exitosos hoy es su semejanza con Jesús. Pablo siguió el ejemplo de Jesús. Después de enseñar a Timoteo, le escribió: "Lo que has oído de mí ante muchos testigos, esto encarga a hombres fieles que sean idóneos para enseñar también a otros" (2 Tim. 2:2).

Un error que cometen muchos evangelistas es sentir que su obra ha terminado cuando varios han sido bautizados. Algunos sí entienden la necesidad de formar maestros. Pero con mucha frecuencia los que están capacitados sienten que es su obra es hacer *toda* la predicación, enseñar *todas* las clases y tomar la delantera en *todo*. Si va a existir liderazgo en la próxima generación, los que han sido enseñados a enseñar deben enseñar a otros a enseñar.

Los padres más exitosos son aquellos que no sólo enseñan a sus hijos, sino que también les enseñan a sus hijos a enseñarles el camino del Señor. Al hacer esto, podemos depositar nuestra confianza en "el Dios fiel que guarda el pacto y la misericordia a los que le aman y guardan sus mandamientos, hasta mil generaciones" (Deut. 7:9).

"Pero cuando venga el Hijo del Hombre, ¿hallará realmente fe en la tierra?" (Luc. 18:8). Mucho depende de la manera en que enseñemos a otros a "brillar como lumbreras en el mundo, asidos de la palabra de vida" (Fil. 2:15-16).

# Volúmenes de Sabiduría en 31 Palabras

Una prueba de la divinidad de Jesús es Su habilidad para declarar o implicar tanta sabiduría en pocas palabras. Considere Su declaración a los apóstoles la noche que terminó Su ministerio personal entre ellos: "Aun tengo muchas cosas que deciros, pero ahora no las podéis sobrellevar. Pero cuando venga el Espíritu de verdad, él os guiará a toda verdad; porque no hablará por su propia cuenta, sino que hablará todo lo que oyere, y os hará saber las cosas que habrán de venir" (Jn.16:12-13). Observe los siguientes hechos de este texto:

**Jesús Enseñó a las Personas.** No "impartió clases" ni "presentó lecciones". No vino del cielo con un maletín lleno de sermones bien pulidos que estaba decidido a pronunciar, fueran entendidos o no. Estaba totalmente preocupado por influir en sus oyentes y esta preocupación por ellos determinó los temas, el contenido, el método y la profundidad de sus presentaciones.

**Jesús evaluó a Sus Estudiantes.** "Porque él conoce nuestra condición; Se acuerda de que somos polvo" (Sal.103:14). También sabe que incluso entre los humanos existen variaciones en la capacidad y rapidez para comprender. Jesús tomó la medida de sus alumnos —su inteligencia natural, sus prejuicios culturales y sus antecedentes religiosos) e impartió sus enseñanzas estando siempre consiente de sus limitaciones.

Cuán desesperadamente necesitamos esta lección de Jesús. Ya sea que nos dirijamos a una audiencia, a una clase a la que instruyamos o a un individuo al que enseñemos, necesitamos *saber* de dónde vienen y dónde están si queremos influir hacia dónde van. Jesús sabía estas cosas de manera sobrenatural (Jn. 2:25) pero nosotros debemos aprenderlas con esfuerzo. Ésta es una de las razones por las que los predicadores necesitan salir de sus estudios con mayor frecuencia y estudiar a las personas en lugar de los libros.

Las conversaciones personales sobre la Biblia con quienes están en el mundo, e incluso con muchos en la Iglesia, nos impresionarán con lo poco que la persona promedio sabe acerca de la Biblia. Muchos de nosotros estamos tan ansiosos por "lanzarnos a las profundidades" que dejamos a una buena parte de nuestra audiencia ahogada en un lenguaje y conceptos que no están en absoluto preparados para comprender. Jesús *no* hizo esto.

**Jesús No dijo Todo lo que Sabía.** Si lo hubiera hecho, todavía estaría aquí porque sabía todo acerca de todo. Podría seguir dando conferencias sobre los lirios del campo y las aves del cielo, pero nadie estaría escuchando, porque incluso los botánicos y ornitólogos modernos escucharían cosas tan por encima de sus cabezas que perderían el interés. Jesús no estaba tratando de impresionar a la gente con lo mucho que sabía; Les estaba enseñando lo que podían aprender en cada ocasión.

Estoy convencido de que no hay mejor método para enseñar a los perdidos (especialmente a aquellos que no tienen un trasfondo Bíblico) que leer las Escrituras con ellos. Dejemos que el Espíritu Santo a través de Juan los convenza de que Jesús es el Cristo, el Hijo de Dios (Jn. 20:30-31). Dejemos que los relatos inspirados de las conversiones en Hechos les enseñen cómo ser salvos y cómo servir a Dios en la Iglesia. Nuestra mayor dificultad al utilizar este método es nuestra tendencia a hablar demasiado. Si nos detenemos a analizar cada versículo que alguna vez hemos usado para derrotar un error religioso que hemos encontrado en alguna parte, no sólo nos estancaremos en un estudio interminable, sino que nuestro estudiante se distraerá del mensaje inspirado por todo el material extraño que introducimos.

Si estamos razonablemente seguros de que nuestro estudiante tiene una pregunta, podemos ofrecerle una explicación, pero debemos tener cuidado de no plantear preguntas que no esté formulando sólo para mostrar lo inteligentes que somos a la hora de responderlas.

**Jesús dependió del Espíritu Santo para terminar sus instrucciones.** Se dio cuenta de que, debido a sus limitaciones, les había enseñado a los apóstoles sólo una parte de la verdad. Para completar la enseñanza que había dado, prometió que el Espíritu Santo los guiaría a toda la verdad (cf. Jn. 16:13).

Cuando nos damos cuenta de que nuestro tiempo con nuestros prospectos es limitado, debemos evitar la tentación de intentar decirles toda la verdad que sabemos de una vez. Es mucho mejor hacer lo que hizo Jesús: enseñarles lo que pueden recibir y luego ofrecerles la guía del Espíritu, no directamente sino en la palabra escrita.

Si solo tenemos una sola lección que enseñar, lo mejor que podemos hacer es convencer al alumno de que Jesucristo es el Señor y que el Nuevo Testamento es Su mensaje para nosotros. Si podemos transmitir esa lección, nuestro prospecto tendrá acceso a toda la verdad sobre cualquier otro tema sobre el que podamos enseñarle. Si realmente creemos, como afirmamos creer, que cualquier alma honesta y de mente abierta puede comprender la voluntad de Dios en el Nuevo Testamento, podemos separarnos de esa persona con la confianza de que, de hecho, "será salvo y vendrá al conocimiento de la verdad", incluso sin nuestra ayuda.

# Nobleza en el Reino

En la Biblia, la palabra traducida "noble" generalmente se refiere a alguien de nacimiento aristocrático o de alto rango gubernamental. Sin embargo, la conversación de nuestro Señor con Nicodemo (Juan 3:1- 5) demuestra claramente que el nacimiento físico no tiene importancia en el reino, y su encuentro con el joven gobernante rico prueba que la posición en el gobierno no ofrece ningún privilegio espiritual. La nobleza en el reino está determinada por otras cualidades.

Según Hechos 17:10-11, Pablo y Silas, después de salir de Tesalónica, encontraron personas que tenían esas cualidades. "Inmediatamente, los hermanos enviaron a Pablo y a Silas hasta a Berea. Y ellos, habiendo llegado, entraron en la sinagoga de los judíos. Y éstos eran más nobles que los que estaban en Tesalónica, pues recibieron la palabra con toda solicitud, escudriñando cada día las Escrituras para ver si estas cosas eran así" Si podemos determinar qué cualidades poseían estas personas, sabremos qué es lo que determina la nobleza en el reino de Dios.

## Los Bereanos:

Ya estaban Practicando lo que Sabían. Se les habían enseñado los diez mandamientos, uno de los cuales era: "Acordaos del día de reposo para santificarlo". Aunque vivían en un país Gentil donde no se observaba el Sábado, hacían lo que les había enseñado la palabra de Dios. La mayoría de los conversos que leemos en las Escrituras eran personas como estos Bereanos—que ya hacían lo mejor que podían lo que creían era correcto.

Pero un día aparecieron en la sinagoga dos desconocidos—Pablo y Silas. El mensaje que Pablo había predicado en Tesalónica fue sin duda el que predicó en Berea: "declarando y exponiendo por medio de las Escrituras, que era necesario que Cristo padeciese, y resucitase de los muertos, y que Jesús, a quien yo os anuncio; decía él, es el Cristo" (Hech. 17:3). Esto era nuevo y diferente. Ni siquiera se les había ocurrido que el Cristo (el Mesías) pudiera sufrir y ser asesinado. Si no hubieran tenido una mentalidad noble, habrían rechazado tal mensaje instantáneamente y eso lo habría terminado.

*No Tenían Prejuicios.* Cuán diferentes eran estos Bereanos de los incrédulos de Tesalónica que reunieron una turba para atacar a Pablo (Hech. 17:5), y de los Atenienses que, tan pronto como escucharon algo con lo que no estaban de acuerdo, se burlaron y se alejaron (Hech. 17:32). Demostraron la humildad y mansedumbre necesarias para recibir la palabra implantada (Sant. 1:18). Reconocieron que podían estar equivocados; que podría haber algunas cosas que no sabían.

*No eran Crédulos.* A veces existe una línea muy delgada entre la ausencia de prejuicios y la credulidad. En la parábola del sembrador, la tierra al borde del camino era un corazón lleno de prejuicios; el pedregoso era crédulo, creyendo pero sin saber por qué. Dios nunca le ha pedido a nadie que crea sin pruebas. Como Cristianos y como padres, nunca debemos demandar que nadie crea en algo sin dar una buena razón para tal fe. Los Bereanos necesitaban pruebas antes de creer en las enseñanzas de Pablo.

*No eran Relativistas.* Si Pablo visitara algunas Iglesias hoy predicando algo diferente de lo que se había enseñado, algunos probablemente descartarían su mensaje diciendo: "Ese es un punto de vista interesante y nos alegra escuchar su opinión, pero eso no es lo que creemos". Los Bereanos creían que existían la verdad y el error. Si Pablo tenía razón acerca del Mesías, ellos estaban equivocados. Ambas opiniones no podían ser ciertas y no podían descansar hasta descubrir la verdad.

*Sabían adónde ir en busca de la Verdad.* No juzgaron las enseñanzas de Pablo por su propia sabiduría, ni acudieron a sus padres, a las tradiciones de la sinagoga, a su rabino favorito o a su revista religiosa preferida. Sabían, como Jesús, que la palabra de Dios es verdad (Jn. 17:17). Cualquier predicador, sea quien sea o de cualquier comunidad religiosa de la que provenga, que predique lo que enseñan las Escrituras, está predicando la verdad sobre ese tema; quienquiera que predique cualquier otra cosa está predicando error, sin importar quién sea o la comunidad de la que provenga.

*Ellos Escudriñaron las Escrituras.* Incluso aquellos de nosotros que afirmamos creer que las Escrituras son el depositario infalible de la verdad podemos ser culpables de rechazar una enseñanza simplemente porque es diferente de lo que siempre hemos creído que las Escrituras enseñan sobre ese tema. Cuando se nos presenta una nueva posición, no podemos darnos el lujo de rechazarla simplemente porque la conclusión es diferente de nuestra visión anterior. Al igual que los Bereanos, debemos examinar cualquier prueba que se presente a la luz de las Escrituras.

## ¿Somos Nobles?

El suelo en el que dará fruto la semilla del reino es "un corazón bueno y recto" (Luc. 8:15). Un corazón así no se detendrá en escudriñar las Escrituras para determinar qué se debe hacer para ser salvo. Continuará "escudriñando las Escrituras diariamente" para ver si alguna doctrina desconocida es cierta. ¿Cuánto tiempo hace que no escudriñamos las Escrituras con una mente tan abierta, decididos a saber qué es la verdad, sin importar las consecuencias? La respuesta a esta pregunta bien puede ser una medida de nuestra nobleza en el reino de Dios.

# Encontrando el Pueblo de Dios

En nuestra sociedad moderna, los esfuerzos por salvar a los perdidos han sido cada vez más desalentadores. Las personas parecen estar demasiado ocupadas, demasiado ávidas por el entretenimiento, demasiado deportistas, con demasiados prejuicios religiosamente, demasiado orgullosas intelectualmente o demasiado inmorales para interesarse en el evangelio sencillo.

En todo caso, las actitudes que Pablo encontró en la antigua Corinto eran peores de lo que son hoy. Podemos identificarnos fácilmente con él cuando observa: "Porque los judíos piden señales, y los griegos buscan sabiduría; pero nosotros predicamos a Cristo crucificado, o para los judíos ciertamente tropezadero, y para los gentiles locura" (1 Cor. 1:22-23). Quizás lo que lo mantuvo en marcha fue un mensaje especial del Señor registrado en Hechos 18:9-10.

"No temas, sino habla, y no calles; porque yo estoy contigo, y ninguno pondrá sobre ti mano para hacerte mal, porque yo tengo mucho pueblo en esta ciudad" (Hech.18:9-10). En ese mensaje Pablo recibió una revelación, una exhortación y un consuelo.

En verdad debe haber sido una *revelación* que el Señor tenía mucho pueblo en Corinto. Impresionado como estaba Pablo por la flagrante inmoralidad de la ciudad, debe haberse preguntado dónde estaban. El Señor no quiso decir que ya había Cristianos allí; mucho menos que hubiera algunos que estuvieran irrevocablemente predestinados a la salvación. Simplemente le estaba asegurando a Pablo que había muchos en Corinto que aceptarían el evangelio.

Las Escrituras identifican claramente dos tipos diferentes de personas perdidas. Algunos son buena tierra que recibirán la semilla y darán fruto, mientras que otros nunca producirán fruto (Mat. 13:19-23). Algunos vienen a la luz mientras que otros odian la luz (Jn. 3:20-21). Algunos quieren hacer la voluntad de Dios (Jn. 7:17), mientras que otros "amaban más la gloria de los hombres que la gloria de Dios" (Jn. 12:43). Algunos ya tienen naturaleza de ovejas y lo prueban al seguir la voz del Pastor (Jn. 10:27). Otros no lo seguirán.

El pueblo del Señor en Corinto eran aquellos que escucharían el llamado del Pastor. La tarea de Pablo era encontrarlos. ¿Cómo se iba a lograr esto? La exhortación del Señor fue la clave: "No temas, sino habla y no calles" (Hech.18:9b) ¡Que se oiga la voz del Pastor! Pablo obedeció y el resultado fue que los que eran el pueblo del Señor oyeron Su voz y salieron del resto a seguirlo. Pablo descubrió que "mas para los llamados, así judíos como griegos, Cristo poder de Dios y sabiduría de Dios" (1 Cor. 1:24).

La separación lograda por la predicación no siempre fue pacífica. En las ciudades donde Pablo había predicado previamente a Cristo, tanto Judíos como Griegos habían reaccionado violentamente. Qué consuelo debió haber sido para Pablo las palabras del Señor: "yo estoy contigo, y ninguno podrá sobre ti la mano para hacerte mal" (Hech.18:10a).

## El Mensaje para Nosotros

Sin duda, la experiencia de Pablo fue registrada para nuestro beneficio. En cualquier lugar que estemos, podemos estar seguros de que el Señor tiene pueblo allí. Nos corresponde a nosotros encontrarlos de la misma manera que lo hizo Pablo: Predicando a Cristo crucificado a cada persona de la comunidad. Esto no sólo llamará al pueblo del Señor; sino también salvará a los que creen (1 Cor. 1:21).

Una vez que entendemos este principio, esa persistente sensación de fracaso que tan frecuentemente nos agobia desaparece de nuestros esfuerzos. Si el propósito del evangelio es repeler a los que no pueden ser salvos, así como salvar a los que sí pueden serlo, ya no somos nosotros los que estamos siendo probados— sino el oyente. Si rechaza el mensaje no hemos fracasado; sino él. Con su rechazo demuestra que no es uno del pueblo del Señor. Sólo podemos fallar si no logramos confrontarlo con el evangelio.

El imperativo, entonces, es hacer llegar el mensaje a cada criatura. El "cómo" no es tan importante como lo hemos hecho. Nos hemos preocupado demasiado por los edificios bonitos y las buenas relaciones públicas de la Iglesia; sobre una manera suave y una apariencia profesional para nuestros predicadores; y por capacitar a los obreros personales para que sean vendedores pulidos que puedan llevar a las personas al agua con un "cierre" irresistible al final de una exposición. Todo esto sugiere que el poder está en nosotros.

El poder está *en* el evangelio y éste salvará solamente a una clase de persona. Ninguna habilidad que podamos poseer o técnica que podamos aprender no salvará ni siquiera a uno de los "no recibieron el amor de la verdad para ser salvos" (2 Tes. 2:10). Por otro lado, la única forma en que podríamos evitar que una oveja escuche la voz del Pastor sería distorsionar Su voz con nuestras propias actitudes o comportamientos no Cristianos.

Parece que ahora más Iglesias e individuos están haciendo más para llegar a cada individuo en sus comunidades que en muchos años anteriores. Se utilizan cada vez más los mensajes telefónicos, el correo directo, los cursos por correspondencia, la publicidad en los periódicos, las visitas a las puertas, los programas de radio y televisión, los estudios en el hogar y varios otros métodos. Sin embargo, apenas hemos comenzado a cumplir nuestra comisión. A medida que nos volvamos más conscientes de las palabras de nuestro Señor: "Yo estoy con ustedes", seguramente aumentaremos en nuestro celo hasta que todos lo hallan escuchado.

# Un Ejemplo Perfecto de Evangelismo Personal

Se venderían muy pocas pólizas de seguro si las empresas dependieran enteramente de conferencias en asambleas públicas, programas de radio y televisión, publicidad en periódicos o material enviado por correo para hacer llegar su mensaje al público. Utilizan estos medios, pero los complementan con ese contacto personal tan importante por parte de un vendedor capacitado. Él realiza la venta.

Muy pocos conversos provienen de Iglesias que dependen enteramente de los medios de comunicación de masas para la difusión del evangelio. Las únicas congregaciones que realmente están alcanzando a las almas pérdidas son aquellas en las que un número significativo de miembros han aceptado personalmente la responsabilidad de hacer ese acercamiento cara a cara, persona a persona.

Muchos más Cristianos estarían dispuestos a adoptar tales enfoques si sintieran que saben cómo hacerlo. En el cuarto capítulo de Juan, versículos 1 al 35, Jesús nos mostró cómo hacerlo.

## El Prospecto — Uno pobre

El hecho mismo de que la persona que se acercaba fuera una mujer colocaba una barrera formidable entre ella y Jesús, especialmente en aquellos tiempos. Pero ella no era una mujer ordinaria; ella era una mujer pecadora, un hecho que habría repelido completamente a otros maestros religiosos de esa época. Y ella era Samaritana (Jn.4:4-5). Agregue a todo esto el hecho de que su mente estaba completamente ocupada con sus asuntos —lo último para lo que tuvo tiempo ese día fue para discusiones religiosas —y se tiene a uno de los prospectos más pobres jamás abordadas por alguien.

# La Ocasión — Una no Planificada

El contacto con esta mujer no fue parte de un gran Serie evangélica. Jesús no había venido a predicar. Era un turista que viajaba de Jerusalén a Galilea. Ni siquiera participaba en una "Campaña de Obra Personal". Los viajes de predicación y la evangelización personal planificada tienen su lugar, pero quien quiera seguir a Jesús debe ver cada encuentro con un alma perdida como una oportunidad para el evangelio. Jesús estaba cansado y se sentó junto al pozo; La mujer vino por su provisión diario de agua (Jn.4:6-7). Este fue un encuentro casual como el que todo Cristiano experimenta casi a diario, pero fue el escenario de uno de los acontecimientos verdaderamente significativos en la vida de Aquel que vino "a buscar y a salvar lo que se había perdido" (Luc.19:10).

# El Método — Uno Perfecto

Jesús ignoró las barreras. Siempre podemos pensar en excusas para no acercarnos a un alma perdida o al menos para retrasar ese acercamiento. Pero en las circunstancias descritas en nuestro texto, fue entonces o nunca. Si se adoptaba una actitud inmediata, había mucho que ganar y nada que perder. Jesús no dudó en introducir un tema espiritual, aunque ella obviamente no estaba interesada (Jn.4:7-15).

Pero observe cómo Jesús introdujo ese tema espiritual. Lo hizo con referencia a la cosa material que más le interesaba en ese momento —el agua. Jesús usó con frecuencia este recurso. Llamó "pescadores de hombres" a los que estaban interesados en pescar peces. Ofreció a quienes se interesaban por el pan perecedero "el pan de vida". A la mujer junto al pozo le ofreció el agua de la vida— agua viva. Pero, por desgracia, su mente estaba tan ocupada con las cosas materiales que le resultaba imposible pensar en términos espirituales. ¡Qué parecido a nuestra propia generación! Sin embargo, Jesús fue paciente con ella y buscó otro enfoque.

Lo que esta mujer necesitaba desesperadamente era una sed de salvación tan fuerte como su sed por el agua física. Se le debe hacer consciente de sus pecados, pero esto debe hacerse con suficiente tacto para conservar su buena voluntad y su continuo interés. Jesús logró esto pidiéndole que trajera a su marido (Jn.4:16).

Ella no podía enfadarse por esto, sin embargo, obtuvo de ella una confesión de pecado de parte de ella con la que Jesús sólo tuvo que estar de acuerdo. Ella misma fue acusada. Que esto se hizo sin resentimiento contra Jesús se desprende claramente de la siguiente palabra que ella le dirigió: "Señor..."

La mujer rápidamente planteó una "cuestión teológica" muy trillada (Jn.4:19-24). Como personas de todas las edades, ella evitaba hablar de sus propios pecados. Qué parecido con aquellos de nuestros tiempos que, cuando sienten el foco de la verdad de Dios explorando los rincones de sus vidas pecaminosas, de repente preguntan: "¿Qué piensas de la batalla de Armagedón?" o "¿De dónde sacó Caín a su esposa?" Jesús no la regañó por cambiar de tema ni se negó a responder a su pregunta, pero señaló que la pregunta que ella había planteado tenía consecuencias temporales y la utilizó simplemente como una introducción a una discusión sobre lo que era verdaderamente vital. Y Jesús no consideró a esta única mujer Samaritana indigna de su mayor sermón registrado sobre el tema de la adoración.

Jesús cerró su discusión con una identificación al Mesías y apelando a Su autoridad (Jn.4:25-26). Sólo por este medio podemos legítimamente ganar amigos e influir en las personas para Cristo. En nuestros tiempos, demasiadas personas han sido ganadas por la abrumadora personalidad del mensajero y no por la Persona de Su mensaje. Estas personas son ganadas para el vendedor más que para el Salvador. El apóstol Pablo dijo, "Porque no nos predicamos a nosotros mismos, sino a Jesucristo como Señor, y a nosotros mismos como vuestros siervos por amor de Jesus" (2 Cor.4:5).

## La Conclusión — Uno Feliz

**El Éxito:** La mujer pasó del escepticismo irreligioso e inmoral a una fe confiada; y en su entusiasmo por compartir sus conocimientos, se olvidó por completo de los cántaros de agua que hasta entonces habían sido su único interés.

**El Secreto:** La mujer quedó tan absorta con el mensaje que se olvidó de sus cántaros de agua al mismo tiempo que Jesús estaba tan absorto en ella que se olvidó de su hambre. Los apóstoles, que habían dejado a Jesús para ir a comprar comida, regresaron y encontraron que ya no estaba interesado en la comida. Se preguntaban si alguien le habría dado algo de comer. Él les explicó: "Yo tengo una comida para comer, que vosotros no sabéis... Mi comida es haga la voluntad del que me envió, y acabe su obra" (Jn.4:32, 34). Con demasiada frecuencia, nuestra explicación del fracaso en la conversión de un alma perdida es que era demasiado materialista, cuando en realidad el verdadero problema era nuestro propio materialismo.

**Aplicación:** "Alzad vuestros ojos y mirad los campos, porque ya están blancos para la siega" (Jn. 4:35).

# Acercándose la Apostasía

Hechos 20:17-35 registra las palabras de despedida de Pablo a los ancianos de la Iglesia en Éfeso. Había establecido la Iglesia allí; los ancianos eran sus queridos amigos y su amor por ellos es evidente. La inclusión de sus palabras en las Escrituras es prueba de su valor para edificar a todos los Cristianos, especialmente a los ancianos y evangelistas.

## Lo que nos Espera en el Futuro

"Yo sé" dijo Pablo, "que después de mi partida entrarán en medio de vosotros lobos rapaces, que no perdonarán al rebaño. Y de entre vosotros se levantarán hombres que hablen cosas perversas, para arrastrar tras de sí a los discípulos" (29). ¡Falsos maestros de fuera y de dentro! ¡Qué perspectiva tan terrible! Pero este no era el futuro de la Iglesia de Éfeso únicamente. Pablo advirtió sobre una apostasía general en 2 Tesalonicenses 2:3-12, en 1 Timoteo 4:1-3 y en 2 Timoteo 4:3-4. Pedro y Juan emitieron advertencias similares, y la historia registra el triste cumplimiento de estas profecías.

Hasta donde sabemos, toda Iglesia local establecida por los apóstoles a la que se le permitió continuar durante muchos años entró en apostasía.

Si el Señor demora Su venida, este será probablemente el futuro de todas las Iglesias que existen hoy. Nuestra tarea es retrasar esa apostasía tanto como sea posible.

## Lo que se había hecho en el Pasado

¿Qué había hecho Pablo para preparar a la Iglesia para el ataque de los lobos? Primero, había puesto un buen fundamento, "testificando a judíos, y también a gentiles, acerca del arrepentimiento para con Dios y de la fe en nuestro Señor Jesucristo" (v. 21). Su enseñanza no se había limitado a asambleas públicas, porque había enseñado "rehuido de anunciaros y enseñaros, públicamente y de casa en casa" (v. 20). Él no había ocultado nada que fuera útil" (v. 20), y "no he rehuido anunciaros todo el consejo de Dios" (v. 27). Esto significaba que no había limitado su enseñanza a "temas de actualidad", sino que había dado a la Iglesia una presentación equilibrada del "evangelio de la gracia de Dios" (v. 24). Al mismo tiempo, "no cesaba de amonestar a todos, de noche y de día", y de hacerlo "con lágrimas a cada uno" (v. 31). Incluso en esta última reunión con los ancianos, nuevamente les estaba advirtiendo de los peligros que se avecinaban.

## Lo que se Debe hacerse en el Presente

Primero, "mirad por vosotros mismos" (v. 28). "Así que, el que piensa estar firme, mire que no caiga" (1 Cor. 10:12). No sólo nosotros mismos podemos caer en el error, sino que incluso en defensa de la verdad podemos perder el control de nuestras pasiones y rebajarnos a tratos engañosos y a políticas partidistas—métodos carnales que son tan repulsivos para el Señor como las falsas enseñanzas.

Luego, Pablo instruyó a estos ancianos a cuidar "por vosotros, y por todo el rebaño en que el Espíritu Santo os ha puesto por obispos, para apacentar la iglesia de Dios" (v. 28). Tenían que preocuparse por todas las ovejas del Señor que les habían sido asignadas: apacentarlas, guiarlas y protegerlas con sus vidas.

Si los ancianos se preguntaban cómo proteger a las ovejas que les habían sido asignadas, Pablo los animó a recordar cómo se había comportado él entre ellos (vers. 18,31-35). Las cosas que Pablo había hecho (discutidas anteriormente) eran un ejemplo apostólico aprobado que los ancianos y predicadores del evangelio de hoy harían bien en seguir.

Además, Pablo los encomendó a Dios (v. 32), lo que sin duda significa que debían depender de Dios, demostrando esa dependencia mediante la oración ferviente y frecuente. Los apóstoles en Jerusalén estaban entregados "a la oración y en el ministerio de la palabra" (Hech. 6:4). De todos los miembros de una congregación, los ancianos deben ser los que más oran en vista de su gran responsabilidad como pastores de las ovejas de Dios.

Finalmente, Pablo los encomendó a "Dios y a la palabra de su gracia, que puede poder para sobreedificaros y daros herencia entre todos los santificados" (v.32). Al decirles dónde buscar edificación, Pablo no sugirió que seleccionaran a uno de los suyos para que sirviera como obispo sobre ellos; no les dijo que se mantuvieran en contacto con Timoteo o algún otro evangelista notable; no nombró una congregación del área para que sirviera como Iglesia madre; no recomendó ningún periódico religioso en el que pudieran confiar para mantenerlos en la verdad; tampoco los animó a permanecer atentos para determinar el consenso de la hermandad. La palabra de Dios era la norma por la cual debían determinar la verdad.

## Conclusión

Sin embargo, por importante que sea la sana doctrina, no es el único factor de solidez. Apocalipsis 2:2-3 indica que Éfeso prestó atención a la advertencia de Pablo acerca de los falsos maestros, pero en ese momento fueron amenazados con quitarles el candelero porque habían abandonado su primer amor. Esta es una advertencia para nosotros de que debemos estar alerta en todas las cosas, tanto en nuestros afectos como en nuestra doctrina.

# Aguijones

Una falacia común persiste en nuestros días: que las personas verdaderamente buenas *no* sufren. El hecho es que todas las personas sufren; y las personas buenas pueden en realidad sufrir más porque son buenas. Numerosos ejemplos, desde Job hasta Jesús, prueban que este hecho es verdadero.

En 2 Corintios 12:7-10, Pablo habla de "un aguijón en la carne" que le causó un sufrimiento considerable. "Y para que no me exaltase desmedidamente, me fue dado un aguijón en mi carne, un mensajero de Satanás que me abofetee, para que no me enalteciera sobremanera. respecto a lo cual tres veces he rogado al Señor, que lo quite de mí. Y me dijo: Bástate mi gracia; porque mi poder se perfecciona en la debilidad. Por tanto, de buena gana me gloriaré más bien en mis debilidades, para que repose sobre mí el poder de Cristo. Por lo cual, por amor a Cristo me gozo en las debilidades, en afrentas, en necesidades, en persecuciones, en angustias; porque cuando soy débil, entonces soy fuerte"

Quizás haya más opiniones diferentes entre los comentaristas sobre la naturaleza del aguijón de Pablo que sobre cualquier otro tema de las Escrituras. Algunos hechos son evidentes. El problema fue doloroso; algunos traductores sugieren que se trataba de una "espina en la carne". Era algo crónico; había estado con él durante mucho tiempo. Y era un problema que él personalmente no podía resolver; no pudo quitárselo.

Nadie sabe con certeza qué fue. Algunos lo consideran principalmente físico —tal vez problemas oculares, estomacales o dolores de cabeza. Otros sugieren que fue espiritual—tal vez un temperamento difícil de controlar o el recuerdo de sus tiempos de persecución. Aún otros piensan que fue una persona que fue un problema para él—alguien como Alejandro el calderero que le hizo mucho daño (2 Tim. 4:14). Algunos dicen que fue la "preocupación por todas las iglesias" (1 Cor.11:28) y el problema de los Judaizantes que perseguían sus pasos, negando incluso su apostolado. Un comentario sugiere que fue el rechazo que constantemente enfrentaba, especialmente entre los judíos.

## Nuestros Aguijones

Me he preguntado si tal vez la naturaleza exacta del aguijón de Pablo podría haberse dejado intencionalmente incierta para que pudiéramos aplicar el pensamiento inspirado de Pablo a cualquier aguijón que nos esté causando dolor.

Todos tenemos nuestros aguijones. Puede ser una debilidad física de la que estamos conscientes y sentimos que es una gran desventaja para nosotros. La mayoría de nosotros tenemos alguna debilidad espiritual con la que tenemos que luchar continuamente. También hay personas que nos irritan constantemente, en nuestro trabajo, en nuestros vecindarios o incluso en nuestros hogares. Y los problemas en la Iglesia son un desánimo para todos nosotros. Estas son algunos de nuestros aguijones: dolorosas, crónicos y más allá de nuestro poder de control.

## Cómo trató Pablo con su Aguijón

**1. No culpó a Dios por ello.** Lo llamó "un mensajero de Satanás". Dios puede permitir que Satanás nos ataque, tal como lo hizo con Job, pero Dios no es responsable de ningún mal que pueda perturbarnos. Satanás sí lo es. No había sufrimiento en el mundo hasta que Satanás introdujo el pecado.

**2. Oró por su eliminación.** Tres veces Pablo oró. ¡Seguramente no fue como si un día diera gracias por sus tres comidas! De hecho, es probable que en tres ocasiones diferentes apartara un día o más

Luz del Texto | 113

para orar durante el cual no interrumpiera su oración para comer. Es muy posible que hayan sido tres períodos de ayuno y oración (cf. Hech.9:9).

**3. Aceptó el hecho de que tendría que vivir con ello.** Nuestra generación ha sido educada con la idea de que existe una solución rápida para cada problema humano; que no deberíamos tener que sufrir ningún inconveniente, incomodidad o incluso aburrimiento; que tenemos derecho a hacer todo lo necesario para evitar cualquier tipo de aguijón que nos pueda molestar. Esto explica el hecho de que muchas personas no trabajan para mantenerse. Explica la ruptura de matrimonios cuando surgen los primeros problemas. Da cuenta de la idea popular de que el Cristianismo no se adapta a nuestros tiempos porque requiere autodisciplina. Si podemos aprender a vivir con impedimentos físicos que no podemos eliminar, podemos aprender a vivir con aguijones de naturaleza espiritual o social que no pueden ser removidas de una manera que agrade a Dios.

**4. Buscó bendiciones en su Aguijón.** Vio que, aunque provenía de Satanás, Dios podía usarlo para bien —para mantenerlo humilde. Cualquier desventaja que lo mantuviera humilde era una bendición, porque lo hacía más parecido a Cristo. También le hizo buscar a Dios en busca de gracia y fortaleza, y darle a Dios la gloria por todo lo que logró en su debilidad. De hecho, con la ayuda de Dios fue más fuerte cuando estaba débil.

**5. Aprendió incluso a regocijarse en sus aguijones.** Al ver que Dios podía usarlos para bien, se regocijó en ellos en lugar de quejarse de ellos. Consideraba que cualquier beneficio espiritual proporcionado por los aguijones era una compensación más que suficiente por el dolor de los aguijones.

¡Que Dios nos ayude a ver nuestras propias aguijones como Pablo vio las suyos!

# "Pero el Señor Estuvo a mi Lado"

Cualquiera que haya visto la televisión recientemente está familiarizado con el perfil de O. J. Simpson. Pero él nunca estuvo solo. En la sala del tribunal siempre hay una batería de abogados a su lado, y cuando sale de la sala una multitud de fanáticos gritan en su apoyo. Este es el honor que se le concede a un atleta.

En 2 Timoteo 4:16-18 se representa otra escena ante la sala del tribunal. La sala es una enorme basílica llena de cientos de espectadores que se agolpan lo más cerca posible para satisfacer su insaciable curiosidad. El prisionero es uno más grande, alguien que ha entregado su vida no para entretener a las multitudes que lo adoran sino para salvar a los perdidos en cada rincón del mundo Mediterráneo. Sin embargo, el gran apóstol de los Gentiles permanece como una figura solitaria en medio de una multitud hostil. Él informa con sus propias palabras: "En mi primera defensa ninguno estuvo a mi lado, sino que todos me desampararon" (4:16).

¿Dónde estaban los Cristianos en Roma? Pablo había saludado anteriormente a muchos de ellos en una epístola, y un grupo grande de ellos en una ocasión anterior había caminado hasta 43 millas para encontrarse con él mientras se acercaba a la ciudad (Hech. 28:15). Pablo había enviado a algunos a otros lugares de servicio (2 Tim.4:12). Quizás algunos habían sido expulsados de Roma por la misma persecución que provocó el arresto de Pablo. Pero sabemos que algunos, como Demas, lo habían abandonado por haber "amado a este mundo" (v.10). En esto pecaron, porque Pablo oró, casi con las palabras de aquel primer mártir en cuyo asesinato lamentablemente había participado: "no les sea tomado en cuenta" (v.16).

Algunas de las mayores batallas de la historia no las libraron grandes ejércitos, sino *un solo soldado*. Piense en José seducido por la esposa de Potifar, en Moisés emprendiendo solo la liberación de Israel, en David completamente solo con el gigante en el barranco entre los ejércitos, en Daniel orando en su ventana abierta mientras sus enemigos observaban, en Ester entrando a la sala del tribunal de Asuero —la única esperanza para la preservación de Israel.

De hecho, la batalla más importante de la historia fue librada por una figura solitaria en una cruz, rodeada por Sus enemigos y abandonada por enemigos y abandonada por Sus amigos, clamando en Su lucha agonizante: "Dios mío, Dios mío, ¿por qué me has desamparado?" (Mat.27:46).

Todos los Cristianos fieles se encuentran a veces solos frente a la oposición. A veces es en un salón de clases o en una reunión; a veces en una oficina o en un viaje de negocios. Puede ser en el hogar o incluso en la Iglesia donde uno esperaría apoyo. El verdadero Cristiano, sin embargo, defenderá lo que es correcto, ya sea rodeado de amigos o solo, como Pablo.

¿Pero como Pablo realmente está solo? En el versículo 17 dice: "Pero el Señor estuvo a mi lado., y me dio fuerzas" Pablo estaba consciente de la presencia del Señor en todo lo que hacía. Entró solo en la ciudad más malvada en la que jamás predicó, pero fue animado en su lucha por una visión del Señor que le habló diciendo: "porque yo estoy contigo" (Hech.18:10). Pablo confesó la fuente de su fortaleza en Filipenses 4:13 "Todo lo puedo en Cristo que me fortalece".

Este es el secreto de toda defensa significativa a favor de lo correcto —ver al Señor junto a nosotros. José dijo, "¿cómo, pues, haría yo este grande mal, y pecaría contra Dios?" (Gen.39:9). Moisés "se sostuvo viendo al invisible" (Heb.11:27). David le gritó al gigante, "Jehová te entregará hoy en mi mano, y yo te venceré" (1 Rey.17:46).

Nuestra esperanza de victoria en nuestras propias tentaciones es recordar la promesa de nuestro Señor, "y he aquí yo estoy con vosotros todos los días, hasta el fin del mundo" (Mat.28:20).

¿Cuál fue el resultado de esa prueba en la que sólo el Señor apoyó a Pablo? Él fue librado "de la boca del león" (v.17). Varias explicaciones han sido dadas sobre el león, pero la mejor parece ser que Pablo fue librado de Satanás "como león rugiente, anda alrededor buscando a quien devorar" (1 Ped.5:8). Esa era su mayor preocupación.

Pablo expresó la confianza de que el Señor lo libraría en el futuro "de toda obra mala" (v.18). Obviamente, no se refería a la muerte física, porque en este mismo capítulo, él dijo, "Porque yo ya estoy para ser sacrificado, y el tiempo de mi partida está cercano" (v.6). Estaba hablando de que el Señor preservaría su alma "para su reino celestial" (v.18). Esta es la victoria, independientemente de lo que le pueda suceder al cuerpo.

Cuando nos encontremos enfrentando tentaciones solos, veamos en nuestra mente a ese anciano soldado de Jesucristo, mutilado por muchos azotes y encorvado por muchos años de servicio, completamente solo en presencia de sus acusadores.

Mantengámonos firmes como él, confiados en que el Señor está con nosotros; y digamos como él "Por lo cual asimismo padezco esto; pero no me avergüenzo, porque yo sé a quién he creído, y estoy seguro que es poderoso para guardar mi deposito para aquel gran día" (2 Tim.1:12).

# Luz sobre Asuntos Morales

# El Adulterio—"Un Crimen Atroz"

Si se le pidieran que nombrara un "crimen atroz", ¿En qué pensaría primero? ¿Cianuro en Tylenol? ¿Un reciente asalto sin sentido a un niño inocente? ¿El asesinato de un millón de Judíos en Alemania? Seguramente todos esos son "crímenes atroces". ¿Cuántos de nosotros, sin embargo, identificaríamos el adulterio como "un crimen atroz"?

Job lo llamó así en Job 31:11 (en la versión Inglesa KJV. La versión Castellana Reina-Valera emplea dos calificativos para adulterio: "maldad e iniquidad" –ARP).

Hemos visto tanta evidencia de adulterio a nuestro alrededor que nos hemos anestesiado ante su gravedad. Se dramatiza en la pantalla, se glamoriza en la música y se inmortaliza en la prensa.

Se ha convertido en una forma de vida para multitudes de personas respetables, hasta el punto de que muchos han llegado a creer que cualquiera que se abstenga es anormal.

La designación de Job sigue siendo exacta. Consideremos algunas cosas de las que uno es culpable cuando comete adulterio.

**Incumplimiento de Contrato Matrimonial.** Cuando nos casamos, prometemos ante Dios y a los testigos que nos mantendremos solos con nuestro cónyuge "mientras ambos vivamos". ¿Nuestra palabra no significa nada? Nos enojaríamos si nuestro compañero violara ese pacto; ¿Qué derecho tenemos a romperlo? Si no tenemos el honor y la integridad de cumplir esta promesa, ¿Qué promesa se puede esperar que cumplamos?

**Robo Mayor.** Nada de lo que posee mi compañera en el matrimonio es tan valioso para ella como la confianza que tiene en mí de que cumplo nuestro contrato matrimonial. Ninguna cantidad de dinero que pudiera quitarle podría dolerle tanto como quitarle esa confianza al demostrar que soy infiel. Robarle eso es robarle la seguridad y la estabilidad a las que sus propios sacrificios e inversiones claramente le dan derecho.

**Invasión Ilegal.** Webster dice: "Invasión implica una entrada ilegal o injustificada a la propiedad, derechos, etc., de otra persona" Si la persona con quien uno comete adulterio está casada, entonces el derecho al cuerpo de esa persona pertenece a su cónyuge (1 Cor. 7:4) y cualquier otro está traspasando la propiedad. Incluso si la persona no está casada, el cargo de trasgresión se mantiene, porque el *único* que tiene derecho sobre alguien es el cónyuge.

**Traición.** Los Cristianos son ciudadanos del reino del amado Hijo de Dios (Col. 1:13). El adulterio es una de las artimañas de Satanás en su guerra contra Dios. Si un Cristiano comete adulterio, está otorgando ayuda y consuelo al enemigo y permitiendo que lo utilicen para sus propósitos. La figura es diferente pero el mensaje es el mismo en 1 Corintios 6:15: "¿No sabéis que vuestros cuerpos son miembros de Cristo? ¿Quitaré, pues, los miembros de Cristo y los haré miembros de una ramera? De ningún modo"

**Profanación de un lugar de Adoración.** El argumento contra la inmoralidad sexual en 1 Corintios 6 continúa en los versículos 19 y 20: "¿O ignoráis que vuestro cuerpo es templo del Espíritu Santo, el cual está en vosotros, el cual tenéis de Dios, y que no sois vuestros? Porque habéis sido comprados por precio; glorificad, pues, a Dios en vuestro cuerpo y en vuestro espíritu, los cuales son de Dios."

**Desacato al Tribunal.** El desacato al tribunal es "cualquier desobediencia intencional o desprecio de una orden judicial o cualquier mala conducta en presencia del tribunal" (*Compton's En-cylopedia*).

Dios es "Juez de toda la tierra" (Gén. 18:25) y "no hay cosa oculta que no sea manifestada en su presencia; antes bien todas las cosas están desnudas y abiertas a los ojos de aquel a quien debemos dar cuenta" (Heb. 4:13). Por lo tanto, todo acto de adulterio se produce "en presencia del tribunal" y es una violación directa de su mandato: "No adulterarás" (Rom. 13:9).

**Juego de Azar.** Quien comete adulterio está poniendo en riesgo todo lo que tiene valor en su vida. Está jugando con su honor, su riqueza, su salud, su conciencia y su capacidad para controlar sus pensamientos (Prov. 5:9-14). Está jugando con las relaciones eclesiásticas, las relaciones familiares e incluso con su derecho a casarse. No conozco ningún pasaje que dé a una persona divorciada por adulterio el derecho a casarse con otra persona.

**Asesinato.** El adulterio mata algo bueno en una persona que es casi imposible de restaurar. Esto debe haber sido lo que el Espíritu Santo estaba diciendo en 1 Corintios 6:18: "Huid de la fornicación. Cualquier otro pecado que el hombre cometa, está fuera del cuerpo, mas el que fornica, contra su propio cuerpo peca" (1 Cor. 6:9- 11). Pero una cosa es cierta: si no se perdona, el alma es asesinada. Apocalipsis 21:8 advierte que "los fornicarios... tendrán su parte en el lago que arde con fuego y azufre, que es la muerte segunda".

¿Qué otro pecado implica tantas ofensas contra Dios, contra el hombre y contra uno mismo? Debemos estar de acuerdo con Job en que el adulterio es un "crimen atroz; que han de castigar los jueces" (Job 31:11b). Incluso si los jueces humanos lo pasan por alto, "el Señor es vengador de todo esto" (1 Tes. 4:6).

# ¡Huye!

Corinto, como Atenas, estaba totalmente entregada a la idolatría. La participación era difícil de evitar. Los templos paganos eran los centros sociales y de entretenimiento de la ciudad. Allí se ofrecían sacrificios regulares a los ídolos y los adoradores consumían la carne en banquetes desenfrenados.

La comida iba acompañada de juergas licenciosas y orgías de borracheras. La carne que quedaba se vendía en el mercado y se consumía en casas particulares en honor a las deidades paganas. Las organizaciones tenían sus dioses y diosas protectores cuyas bendiciones se invocaban en sus reuniones.

A esta ciudad llegó el apóstol Pablo proclamando que no había dioses hechos de manos y que el Dios verdadero se había revelado en la persona de Jesucristo. "Y muchos de los Corintios, oyendo, creían y eran bautizados" (Hech. 18:8).

Entonces surgió la pregunta: "¿Deberían continuar yendo al templo de los ídolos y comer la carne sacrificada a los ídolos?" Algunos sostenían que podían continuar como en el pasado, excepto que ahora comerían sin pensar en el ídolo. Ahora tenían conocimiento de que un ídolo no es nada.

Otros se oponían, diciendo que los Cristianos no deberían tener nada que ver con la idolatría. Buscando una respuesta a esta pregunta, escribieron a Pablo como se indica en 1 Corintios 8.

En los versículos 4-6, Pablo está de acuerdo con quienes insistían en que "un ídolo no es nada". Quizás pensaron que él estaba de acuerdo en que podían continuar yendo a los templos paganos y comer carne.

Si lo hicieron, el versículo 7 debe haber sido una sorpresa. "Pero", dice, "no en todos hay este conocimiento; porque algunos, habituados hasta aquí a los ídolos, comen como sacrificado a ídolos, y su conciencia, siendo débil, se contamina"

Desde este punto hasta el final del capítulo, Pablo sostiene que por amor a los hermanos débiles, incluso aquellos que tienen conocimiento deben abstenerse de comer para que tales hermanos débiles no sigan su ejemplo y perezcan en pecado.

## Algunos Paralelos Modernos

No es raro que los Cristianos hoy en día practiquen una conducta cuestionable porque defienden su derecho a no verse afectados por ella. Pueden ir a un bar, dicen, y sentarse con los que están bebiendo y nunca caer en la tentación. Pueden bailar y nunca tener pensamientos lujuriosos. Pueden asistir a ver las películas más obscenas y no verse afectados por las malas palabras, la violencia y las lascivias retratadas en la pantalla. Pueden escuchar la música más obscena y no prestar atención a las palabras.

Pueden ir a la playa y estar rodeados de gente que está casi completamente desnuda y ni siquiera se dan cuenta de ello. Pueden tomarse todo tipo de libertades durante el noviazgo y no experimentar la tentación de fornicar. Eso dicen.

Si son tan fuertes, tan puros de corazón, es digno de elogio. ¿Pero son todos tan fuertes? ¿No han sido muchos los que han sido inducidos al pecado por cosas como estas? Todos estarían de acuerdo en que así es.

Los propios hijos de uno pueden ser inducidos a pecar por tales cosas. 1 Corintios 8 enseña que esta es razón suficiente para evitar estas prácticas. Si alguien sigue mi ejemplo al hacer tales cosas y es llevado a pecar, entonces yo peco (versículo 12).

Pablo parece anticipar lo que algunos calificarían esto de extremo. En el capítulo 9, habla de tres derechos que había sacrificado por el bien de los demás. Había sacrificado el derecho de "traer una hermana por mujer" (v.5); ser sostenido financieramente (vers. 6-18); y mantener su cómodo estilo de vida Judío.

Se había hecho "siervo de todos" al hacerse "todo para todos" para "para que de todos modos salve a algunos" (19-21).

Estos sacrificios, aunque grandes, eran poco más que los que hacían los atletas cuya única recompensa era una corona perecedera (vers. 24-25).

## Otra Consideración

El capítulo 10, sin embargo, pasa a otra consideración. El corazón de este capítulo es el versículo 12: "Así que, el que piensa estar firme, mire que no caiga".

Es peligroso para nosotros asumir que somos tan fuertes. Israel parecía fuerte cuando fue liberado de Egipto y Dios le proveyó en su marcha hacia la tierra prometida. "Pero de los más de ellos no se agradó Dios; por lo cual quedaron postrados en el desierto. Mas estas cosas sucedieron como ejemplo para nosotros, para que no codiciemos cosas malas, como ellos codiciaron" (vers. 5-6).

Dios prometió a los Corintios una vía de escape cuando fueran tentados a la idolatría (v. 13), pero dependía de que huyeran de la idolatría (v. 14). Tenían que evitar los lugares, prácticas y personas que pertenecían a la idolatría.

Los bares, los bailes, las malas palabras, las películas violentas y obscenas, la música lasciva, la desnudez pública, las caricias promiscuas y cosas similares pertenecen al mundo. Algunos Cristianos niegan esto, pero todo lo que uno necesita hacer es preguntarle a alguna persona que admite ser mundana si tales cosas pertenecen a la mundanalidad o a la piedad.

Si queremos ser piadosos y escapar de las tentaciones de ser mundanos, debemos huir de las cosas que pertenecen a la mundanalidad. "El que piensa estar firme, mire que no caiga" (1 Cor. 10:12).

# Falso Testimonio

El noveno de los diez mandamientos es: "No hablarás contra tu prójimo falso testimonio" (Exo.20:16).

Cuando pensamos en dar falso testimonio, tendemos a pensar en un testimonio en un tribunal, y pocos de nosotros hemos cometido perjurio allí. Sin embargo, es probable que todos nos sintamos culpables por otras palabras que se usan en la Biblia para describir la misma ofensa: chismes, murmuraciones y calumnias.

Los rumores falsos difundidos de boca en boca (o de computadora en computadora) son tan seguramente "falso testimonio" como el perjurio en el tribunal, y pueden ser igualmente dañinos para la víctima.

Incluso si los rumores que circulamos son ciertos, podemos ser condenados por nuestro *motivo* al repetirlos. Nuestro motivo puede ser malicioso. Deberíamos tener especial cuidado con los informes sobre personas que no nos agradan, porque nuestra tendencia es creer lo peor de esas personas y disfrutar informando sobre cualquier cosa que los ponga en una mala posición.

Incluso cuando no hay malicia, existe el peligro de deleitarse tanto en "contar la noticia" que hiera a las personas, a veces incluso a los desconocidos. "En las muchas palabras no falta pecado; Mas el que refrena sus labios es prudente" (Prov. 10:19).

"Sin leña se apaga el fuego, Y donde no hay chismoso, cesa la contienda. El carbón para brasas, y la leña para el fuego; Y el hombre rencilloso para encender contienda. Las palabras del chismoso son como bocados suaves, Y penetran hasta las entrañas. Como escoria de plata echada sobre el tiesto son los labios lisonjeros y el corazón malo. El que odia disimula con sus labios; Mas en su interior maquina engaño" (Prov.26:20-24).

## Tipos de Falso Testimonio

**Falsedad Intencional:** La esposa de Potifar mintió intencionalmente cuando dijo que José había intentado seducirla (Gén. 39:14-17). Era exactamente lo contrario y ella lo sabía muy bien. Estaba enojada con José y quería lastimarlo. Lamentablemente, algunas personas todavía mienten, ya sea para protegerse a sí mismos o para castigar a alguien que creen que necesitan. Independientemente del motivo, es pecado.

**Verdad Parcial:** Cuando Abraham les dijo a Faraón y a Abimelec que Sara era su hermana, les dijo la verdad, pero no toda. Más importante aún, ella era su esposa; pero no quiso que esto se supiera por temor a que alguien lo matará para casarse con ella (Gén.12:10-20). Sólo la intervención de Dios lo protegió de las consecuencias de sus mentiras.

**Palabras Sobrecargadas:** Debido a que Jesús, a diferencia de Juan, comía y bebía socialmente, fue acusado de ser "un hombre comilón y bebedor de vino" (Mat. 11:19). Había un germen de verdad en lo que decían, pero las palabras que usaban estaban tan cargadas que sugerían mucho más de lo que era verdad. El uso de tales calificativos reflejaba su antipatía por Jesús. Nunca habrían usado tales palabras para describir las acciones de sus amigos.

**Palabras Ligeramente Cambiadas:** Los testigos, por cuyo testimonio Jesús fue condenado en el tribunal, informaron que Él dijo: "Yo derribaré este templo hecho de manos, y en tres días edificaré otro hecho sin mano" (Mar. 14:58). Lo que en realidad dijo fue: "Destruid este templo, y en tres días lo levantaré" (Jn 2:19). No es una gran diferencia, pero sí lo suficiente para condenarlo.

**Palabras utilizadas de Manera Diferente:** Ante Pilato, Jesús fue acusado de pretender ser rey (Luc. 23:1-2). Jesús sí afirmó ser rey, pero no el tipo de rey que implicaba su acusación, uno que competiría con César (Jn. 18:37).

**"Malas Sospechas"** (1 Tim. 6:4). Los Judíos acusaron a Pablo de profanar el templo "Porque antes habían visto con él a Trófimo, de Éfeso, a quien pensaban que Pablo había metido en el templo" (Hech. 21:29). Casi lo matan como resultado de esta suposición que no tenía base en la verdad.

**Acusaciones Falsas** basadas en lo que creemos que son las consecuencias de las creencias de un hombre. Los Judíos acusaron a Pablo de enseñar que uno debe continuar en el pecado para que la gracia abunde. Esto les pareció la consecuencia de sus enseñanzas. Pablo no enseñó eso; llamó a su acusación "calumnia y predijo su condenación por ello (Rom. 3:8).

**Juicio de motivos:** Los falsos maestros acusaron a Pablo de enseñar lo que enseñaba para agradar a los hombres (Gál. 1:10). Este fue un testimonio falso porque no era verdad.

**Falsedad Ignorante:** Algunos Judíos hablaron contra Jesús como el Mesías porque pensaban que no nació en Belén (Jn 7:42). Probablemente no fue una mentira intencionada, pero un poco de investigación habría corregido este informe falso.

## Tres Puertas

Si tengo la tentación de revelar
Una historia que alguien ha contado sobre otro.
Que pase antes que hable, tres puertas de oro.

Tres puertas estrechas: Primero, "¿Es verdad?"

Luego, "¿Es necesario?" En mi mente da una respuesta veraz;

Y lo siguiente es lo último y más limitado: "¿Es amable?"


Y si al fin llega a mis labios,

Habiendo pasado por estas tres puertas,

Entonces puedo contar mi historia,

Sin temer cual será el resultado de mis palabras.


—Autor desconocido

# ¿Qué sobre la Natación Mixta?

Es la "temporada de natación". Pero esto ya no significa que un grupo de jóvenes o un grupo de jovencitas vayan por separado a la alberca. Ahora todos van juntos con trajes que no están muy lejos de la "desnudez" Algunas personas buenas aparentemente no han sabido reconocer el significado de estos cambios. Déjame desafiarte a volver a examinar la práctica.

Los trajes de baño son cada año más corto. Algunos son tan breves y endebles que apenas se pueden usar para nadar. Están diseñados para el atractivo sexual. Esto se desprende de la forma en que se publicitan y de su uso en los concursos de belleza.

Dios no planeó que los Cristianos aparezcan públicamente con ropa que despierte deseos ilícitos en otros. Jesús dijo: "Pero yo os digo que cualquiera que mira a una mujer para codiciarla, ya adulteró con ella en su corazón" (Mat. 5:28).

Cuando una mujer o un hombre aparece con un atuendo que fomenta una mirada lujuriosa, esa persona comparte la responsabilidad por el pecado. El descuido de Betsabé al bañarse llevó a David a cometer el error más vergonzoso de su vida, un error que tuvo muchas consecuencias desagradables.

Cuando Adán y Eva eran inocentes de pecado, "ambos estaban desnudos, el hombre y su mujer, y no se avergonzaban" (Gén. 2:25). Pero cuando se volvieron pecadores, su sentido de vergüenza requirió ropa. Se vistieron lo mejor que pudieron con hojas de higuera.

Dios aprobó sus esfuerzos y los ayudó proporcionándoles prendas de piel más adecuadas. Dios también aprobó su sentido de vergüenza, porque más tarde condenó la insensibilidad moral de los que "Ciertamente no se han avergonzado en lo más mínimo, ni supieron avergonzarse" (Jer. 8:12). Él ordena que "las mujeres se atavíen de ropa modesta, con pudor y modestia" (1 Tim. 2:9).

Incluso los trajes de baño conservadores no son nada modestos y parecen más sugestivos de desvergüenza que de vergüenza. Apenas son mejor que las hojas de higuera que Dios consideró.

De vez en cuando escuchamos argumentar que las personas acostumbradas a la natación mixta no piensan en absoluto en su casi desnudez. Esto puede ser cierto en algunos casos. Pero eso no significa que los observadores no le den importancia.

Los hombres y las mujeres están hechos de tal manera que la vista (y el contacto con) la carne desnuda del sexo opuesto es excitante. Nos gustaría que algunos que "no piensan en ello" nos explicarán la extrema popularidad de la edición de trajes de baño de la revista *Sports Illustrated*. ¿Es más excitante ver a una mujer en traje de baño en una revista que en persona?

El hecho de que amigos cercanos vayan a nadar juntos no es un seguro contra miradas lujuriosas y contra consecuencias aún más graves. En todo caso, tales prácticas son más peligrosas entre parejas amigas que entre extraños. Más de un matrimonio arruinado se debe a la falta de vestimenta y a una intimidad excesiva entre las parejas.

Algunas mujeres argumentan que son "demasiado viejas y gordas" para ser seductoras. ¿Significa esto que existe una doble norma? ¿Está bien que las personas viejas y gordas aparezcan en traje de baño, pero está mal que las que son jóvenes y bonitas? El ejemplo es una forma en que las mujeres mayores pueden enseñar a las más jóvenes a ser discretas y castas (Tito 2:3-5).

El hecho es que nuestra generación ha sido tan bombardeada con estímulos sexuales que casi hemos llegado a la condición descrita por Jeremías y citada anteriormente: no tenemos vergüenza en absoluto, ni podemos sonrojarnos.

No es que pensemos que nada es lujurioso; es que no pensamos en nada de lo pecaminoso de pensar con lujuria. Se acepta como algo normal.

Un Cristiano, sin embargo, reconociendo la autoridad de Jesús, nunca podría considerar aceptable una apariencia lujuriosa. Y al darse cuenta de que su cuerpo es el templo del Espíritu Santo en el cual glorifica a Dios (1 Cor. 6:19-20), no lo usaría voluntariamente para hacer que otro peque.

Conocimos a una buena señora en Australia que, antes de su conversión y poco después, disfrutaba mucho de ir a la playa con el traje habitual. Pero a medida que maduró espiritualmente, se sintió cada vez menos cómoda allí.

No fue el resultado de escuchar a "predicadores del sur", porque ella no escuchó predicaciones ni leyó artículos sobre el tema. Fue el resultado de su propio estudio y su influencia sobre ella.

La vergüenza y la sobriedad pueden desarrollarse en un adulto maduro. ¡Pero cuánto mejor si se aprenden en la juventud! Por un lado, por triste que sea, hoy en día hay padres que se sienten tentados al ver a niñas y niños con ropa reveladora.

Pero además, los niños que han empezado a usar este tipo de ropa les resulta difícil desarrollarse. Ellos cambian y apenas pueden entender por qué de repente en un año está mal usar lo que usaron inocentemente el año anterior.

Ésta es una discusión que los padres rara vez ganan. Puede parecer cruel obligar a los niños a ser diferentes de sus compañeros cuando no parece estar involucrado ningún principio moral. Pero ser diferentes es una lección que tendrán que aprender eventualmente de todos modos, y es mucho más fácil enseñarla en la infancia que en la adolescencia.

"Examinadlo todo; retened lo bueno" (1 Tes. 5:21)

# Beber o no Beber

Durante muchos años, las controversias han sido comunes entre los Cristianos con respecto al uso de bebidas alcohólicas.

Todos los que creen en la Biblia deben estar de acuerdo en que la embriaguez es pecado (ver Rom. 13:13; 1 Cor.5:11; 6:9-10; Gál. 5:19-21; et.al.). Pero ¿Qué pasa con el consumo moderado de alcohol?

La mejor manera de avanzar hacia un acuerdo total es donde estamos de acuerdo ahora. Dado que todos están de acuerdo en que la embriaguez es pecado, exploremos otra pregunta: "¿Por qué es pecado la embriaguez?"

Quizás baste decir que Dios lo ha prohibido; sin embargo, debe haber alguna razón para ese hecho. ¿No podemos estar de acuerdo en que la embriaguez es una condición incompatible con la sobriedad impuesta a todos los Cristianos? (Vea Rom. 12:3; 1 Tim. 2:9; 3:11; Tito 2:2; 1 Ped. 1:13; et.al.)

Ahora bien, ¿Cuánto alcohol se requiere para producir las características indeseables? Esa es la cuestión.

A medida que aumenta el contenido de alcohol en la sangre, diferentes partes del cerebro se ven afectadas. Un folleto publicado por la Liga Unida de Tennessee enumera las siguientes consecuencias que se producen cuando las distintas partes del cerebro se ven afectadas. Tenga en cuenta que estos no están en orden.

A.  Una pérdida de la percepción del color.
    Distorsión
    Visión doble
    Pérdida de la percepción de la distancia.

B.  Apatía
    Depresión respiratoria
    Fallo de circulación
    Temperatura subnormal
    Estupor
    Choque
    Muerte

C. Sensibilidades embotadas o distorsionadas
    Inestabilidad del movimiento
    Incapacidad para escribir
    Alteración del habla
    Pérdida de la habilidad técnica.

D.  Eliminación de las inhibiciones
    Pérdida de autocontrol
    Debilitamiento de la fuerza de voluntad
    Sensación de bienestar
    Falsa confianza
    Alteración de juicio Locuacidad
    Embotamiento de la atención

E.  Alteración del equilibrio y la coordinación

¿Cuál de ellas amenazaría más seriamente el carácter de un Cristiano? ¿Dirías B? Incluye la muerte; Beber hasta este extremo sería un suicidio —destruir la vida que Dios nos ha dado.

Esta es la última etapa de la embriaguez, el efecto de un contenido alcohólico en la sangre de 0,25 a 0,50 por ciento. Algunas personas no consideran que una persona esté realmente ebria hasta que llega a este punto. De los demás, ¿Cuál amenaza más seriamente el carácter de un Cristiano? ¿Qué pasa bajo el encabezado D?

Las inhibiciones, el autocontrol, la fuerza de voluntad, una estimación adecuada de la verdadera fuerza espiritual de uno, el juicio —todo esto es extremadamente importante para mantener el buen carácter frente a la tentación. ¿En qué momento estos se ven afectados por el alcohol? La respuesta es extremadamente significativa.

El lóbulo frontal del cerebro es esa parte del cerebro que controla estas funciones y es la *primera* afectada por el alcohol. Tan solo 0,01 por ciento en la sangre comienza a afectar estas funciones tan importantes para una vida piadosa.

En otras palabras, el primer efecto del alcohol es hacer que uno se sienta un poco *más libre* para hacer cosas que de otro modo no haría y un *poco menos* capaz de decir "No" a cosas que normalmente uno rechazaría; para que sea un poco más difícil defender lo que es correcto o incluso saber qué es lo correcto.

Bajo la menor influencia, la vulgaridad parece un poco menos vulgar, la obscenidad un poco menos obscena, el pecado un poco menos pecaminoso y la moralidad un poco menos urgente. El temperamento es más difícil de controlar, la lujuria es más difícil de evitar y uno se siente un poco más capaz de resistir la tentación de lo que realmente es.

Sin embargo, a estas alturas, ni el Estado ni la sociedad lo considerarían una persona ebria. Por supuesto, cuanto más se bebe, más se acentúan estas tendencias. Pero, ¿Puede el Cristiano permitirse el más mínimo debilitamiento de su armadura moral en estos días de tentaciones tan poderosas y comunes?

El Estado no considera a nadie ebrio hasta que alcanza el siguiente conjunto de condiciones, es decir, las descritas en el último punto de la letra C.

Su preocupación es la capacidad física y mental para conducir un vehículo de manera segura. Para entonces la capacidad de tomar decisiones morales ya se ha visto afectada y es esto lo que más preocupa al Cristiano.

Hay otras buenas razones para evitar el alcohol: quien no bebe ahorrará un montón de dinero durante toda su vida; su salud mejorará; nunca se convertirá en un "bebedor problemático"; es mucho menos probable que se involucre en problemas por estar mal acompañado.

Entonces, independientemente de lo que la Biblia pueda decir sobre el alcohol per se, es bueno evitarlo por completo. "El vino es escarnecedor, la sidra alborotadora, Y cualquiera que por ellos yerra no es sabio" (Prov. 20:1).

# Luz sobre Asuntos Religiosos

# Las Preguntas que Muchos se Plantean

Recientemente, un amigo me escribió preguntándome mis reacciones a una pregunta: "Si los Cristianos de buen corazón, en un espíritu de honestidad y verdad, razonan juntos sobre el mismo Nuevo Testamento, pero llegan a conclusiones diferentes sobre lo que desafortunadamente divide a los Cristianos (por ejemplo, una vez salvos, siempre salvos; el bautismo es imprescindible para la salvación; hablar en lenguas; etc.),

¿Cómo determinarán estos mismos Cristianos quién tiene razón en estos temas? ¿Podrían todos estar equivocados? ¿Podrían todos tener razón? ¿Podrían todos estar equivocados excepto uno; y si es así, ¿Cuál es el que tiene la razón y por qué?" A esto se añadió: "Recuerden, nuestros hermanos Cristianos pueden y citarán las Escrituras para respaldar cada una de sus diferentes conclusiones".

La respuesta que uno dé a estas preguntas estará determinada por si uno acepta o no la realidad de la verdad absoluta. Muchos hoy lo niegan. Nos han vendido la idea de que la verdad no es absoluta — que lo que es verdad para ti puede no serlo para mí, y viceversa. En consecuencia, se supone que nadie debe decir que una forma es correcta y todas las demás incorrectas. La mayoría de las personas aceptará la idea de absolutos en aritmética. "Si alumnos de segundo grado de buen corazón, con un espíritu de honestidad y verdad, razonan juntos a partir del mismo libro de aritmética, pero llegan a conclusiones diferentes sobre lo que desafortunadamente son divisores entre los alumnos de segundo grado (por ejemplo, si 2+2=4, etc.). ¿Cómo determinarán estos mismos estudiantes quién tiene razón en estos temas? ¿Podrían estar todos equivocados? ¿Podrían todos tener

Luz sobre Asuntos Religiosos | 139

razón? ¿Podrían estar todos equivocados excepto uno; ¿y si es así, cuál tiene razón y por qué?"

Las respuestas a estas preguntas son obvias. Si no están de acuerdo (unos dicen 2+2=4 y otros lo niegan), no pueden estar todos equivocados, porque quienes afirman que 2+2=4 tienen razón. Tampoco todos pueden tener razón si no están de acuerdo. Si solo uno dice que 2+2=4 y todos los demás no están de acuerdo, entonces uno tiene razón y todos los demás están equivocados; y ese tiene razón porque 2+2 es igual a cuatro. ¿Te imaginas a esos estudiantes insistiendo al maestro que todos tienen la razón?

Si la verdad religiosa es absoluta, las respuestas serán las *mismas* que en el párrafo anterior. O el que "una vez salvo" es "siempre salvo" o no lo es. Sólo puede ser de una manera. Si algunos dicen que lo es y otros dicen que no, no todos están equivocados; ni todos pueden tener razón. Los que están de acuerdo con la verdad tienen razón. Si sólo *uno* está de acuerdo con la verdad, ese tendrá la razón y todos los demás están equivocados.

Quizás sería útil analizar alguna verdad más básica. O Dios existe o no existe. Si Él existe, entonces todos los que lo niegan están equivocados —la Biblia los llama "necios". Si Dios existe, entonces o Él es digno de confianza o no. "antes sea Dios veraz, y todo hombre mentiroso" (Rom.3:4).

O la Biblia es la palabra de Dios o no lo es. Si es sólo palabra de hombres falibles, entonces no debería sorprender que las personas que la lean lleguen a conclusiones diferentes.

Pero si es la palabra de Dios, y Dios siempre es veraz, entonces Su palabra es verdad. Esto afirmó Jesús en su oración de Juan 17: "Tu palabra es verdad" (v. 17). Cualquiera que no esté de acuerdo con esta verdad inspirada recurre a fábulas, no a alguna otra verdad (2 Tim. 4:4).

Si la palabra de Dios es verdad, ésta no se contradice. Sólo hay un mensaje en ella —"Una fe" (Efe. 4:5). Dios no tenía la intención de que llegáramos conclusiones diferentes de esto. Su deseo se expresa en 1 Corintios 1:10, "que todos habléis todos una misma cosa, y que no haya entre vosotros divisiones, sino que estéis perfectamente unidos en una misma mente y en un mismo parecer".

Si llegamos a conclusiones diferentes, es que Dios no pudo darnos un libro con el que pudiéramos estar de acuerdo, o que el problema está en nosotros en nuestro estudio del mismo. Prefiero echarnos la culpa a nosotros antes que a Dios. "Recuerde", sin embargo, "que nuestros hermanos Cristianos pueden y citarán las Escrituras para respaldar cada una de sus diferentes conclusiones". Sí, y también lo hizo el Diablo (Mat. 4:6). Tenía algo que quería probar y, ignorando todas los demás Escrituras sacó los versículos fuera del contexto para que dijeran lo que él quería que dijeran. Pedro advirtió sobre aquellos que "tuercen" las Escrituras "para su propia destrucción" (2 Ped. 3:16).

Si dos de nosotros llegamos a conclusiones opuestas, *uno* de nosotros está equivocado. Si cada uno de nosotros cita las Escrituras para respaldar su posición, uno de nosotros está torciendo las Escrituras. Las Escrituras no enseñan "verdades" opuestas sobre este tema.

De hecho, la palabra *verdad* nunca está en plural en las Escrituras. Debo hacer lo mejor que pueda para aprender la verdad de la palabra de Dios, y si otros no pueden estar de acuerdo conmigo, debo permanecer humildemente *solo*. Preferiría estar equivocado en mi práctica como resultado de un fracaso honesto para entender la verdad de Dios que estar en lo correcto porque he cedido mi conciencia a mis compañeros.

# ¿Por qué Tantas Interpretaciones Diferentes?

El mes pasado, discutimos una pregunta planteada por un amigo a quien le preocupaba que "los Cristianos de buen corazón, en un espíritu de honestidad y verdad, razonan juntos a partir del mismo Nuevo Testamento, pero llegan a conclusiones diferentes". Esta cuestión es de un interés común.

Sobre el tema de la interpretación, G.H. Schodde escribe:

> Una persona ha interpretado los pensamientos de otra cuando tiene en su propia mente una reproducción o fotografía correcta del pensamiento tal como fue concebido en la mente del escritor o hablante original. Se trata, pues, de un proceso puramente reproductivo, que no implica originalidad de pensamiento por parte del intérprete. Si éste añade algo propio es eisegesis y no exégesis. En el momento en que el estudiante de la Biblia tiene en su propia mente lo que estaba en la mente del autor o autores de los libros Bíblicos cuando estos fueron escritos, ha interpretado el pensamiento de las Escrituras (I.S.B.E.).

Si Dios es el autor de las Escrituras, entonces todos los verdaderos intérpretes llegarán a la misma conclusión. No está en la mente de Dios que un hijo de Dios *pueda* y *no pueda* pecar de tal manera que se pierda. Dios no dice en un lugar que el bautismo es esencial para la salvación y en otro que *no lo es*.

No confiaríamos en un hombre que enseñara cosas opuestas en diferentes circunstancias. ¿Cómo podemos creer en un Dios que se contradice así Mismo? Esta noción de que las interpretaciones válidas de las Escrituras pueden producir doctrinas contradictorias es una de las razones por las que muchos han dejado de creer que la Biblia es la palabra de Dios.

Si sostenemos que la Biblia es la palabra inspirada de Dios, debemos insistir en que el problema no está en el Nuevo Testamento sino en los intérpretes. Esto no necesariamente cuestiona la honestidad de los intérpretes, pero sí tiene en cuenta que las personas honestas pueden equivocarse sinceramente.

## Razones de las Diferencias

Tanto Jesús como los Saduceos aceptaron el Antiguo Testamento como la palabra de Dios, pero no estaban de acuerdo sobre el tema de la resurrección. Jesús les dijo: "Erráis, ignorando las Escrituras y el poder de Dios" (Mat. 22:29). Aunque eran líderes religiosos, ignoraban las Escrituras (en los versículos 31 y 32 (Jesús citó un pasaje que ellos nunca habían considerado) y subestimaron el poder de Dios. Muchos supuestos eruditos religiosos hoy en día sólo conocen ciertas Escrituras que parecen enseñar lo que ya creen, pero no han considerado el contexto de esos pasajes ni han tomado nota de otros pasajes que aclararían y revelarían toda la verdad. Muchos también ignoran el poder de Dios. Esto explica las muchas interpretaciones diferentes sobre Génesis 1, así como los ridículos intentos de racionalizar todos los milagros de la Biblia.

El apóstol Juan y muchos hermanos no estuvieron de acuerdo sobre si Jesús prometió o no que Juan nunca moriría (Jn. 21:22-23). Juan explica: "Pero Jesús no le dijo que no moriría, sino: Si quiero que él quede hasta que yo venga, ¿qué a ti?" ¿Por qué algunos pensaron que Jesús había prometido que Juan no moriría? Obviamente, eran sensacionalistas. El amor al sensacionalismo explica muchas de las llamadas interpretaciones de la profecía. Grandes multitudes vendrán a escuchar "Lo que dice la Biblia sobre Rusia" o "El significado del 666", a pesar de que tales "interpretaciones" sensacionales han demostrado ser erróneas una y otra vez en la historia posterior.

De acuerdo a Mateo 4:5-7, Jesús y Satanás llegaron a conclusiones diferentes del Salmo 91:11-12. Satanás lo "interpretó" en el sentido de que Jesús podía saltar desde el pináculo del templo y no sufrir daño. ¿Por qué Satanás interpretó este pasaje de esta manera? Tenía algo que quería demostrar. Jesús, por otro lado, usó las Escrituras para identificar la voluntad de Dios, no la suya (Jn. 6:38).

Hoy en día hay personas que no aman la verdad. "Por esto Dios les enviará un poder engañoso, para que crean la mentira, a fin de que sean condenados todos los que no creyeron a la verdad, sino que se complacieron en la injusticia" (2 Tes. 2-9-12). Este fuerte engaño puede consistir en Escrituras que ellos fácilmente "tuercen para su propia destrucción" (2 Ped. 3:16).

Sin embargo, la mayoría de los desacuerdos en religión no son el resultado de diferencias en la interpretación de una determinada Escritura, sino más bien de diferentes *actitudes* hacia la autoridad exclusiva de las Escrituras. No existe ninguna Escritura que la gente "interprete de manera diferente" para producir los diferentes nombres que los hombres usan en la religión, o las diferentes organizaciones eclesiales que adoptan o la multitud de actividades en las que participan las Iglesias modernas.

En la mayoría de los casos no se haría ningún esfuerzo por justificarlos mediante las Escrituras. Y aquí es donde existen muchas de las diferencias. Estas diferencias no tienen que ver con lo que enseñan las Escrituras, sino a cosas que han sido añadidas por la autoridad humana. Cuando los hombres comienzan a agregar y agregar cosas diferentes, esas diferencias no deben atribuirse a diferentes interpretaciones de la Biblia.

El requerimiento principal para una interpretación correcta es un deseo obsesivo de conocer y cumplir la voluntad de Dios. Jesús dijo: "Bienaventurados los que tienen hambre y sed de justicia, porque ellos serán saciados" (Mat. 5:6).

# Interpretaciones Diferentes

"Bueno, usted tiene su interpretación y yo la mía". Así terminan muchas discusiones religiosas. La idea aceptada es que si diferimos en nuestra interpretación de las Escrituras, lo único que importa es que seamos sinceros y actuemos en armonía con lo que creemos.

No debería sorprendernos que las interpretaciones de las Escrituras difieran. Encontramos ejemplos de tales diferencias en el Nuevo Testamento. Por ejemplo, Malaquías 4:5 había prometido: "He aquí, yo os envío el profeta Elías, antes que venga el día del Señor, grande y terrible". Los escribas interpretaron esto literalmente y esperaban una venida personal de Elías (Mat. 17:10). Jesús lo interpretó en sentido figurado, diciendo de Juan el Bautista: "Y si queréis recibirlo, él es aquel Elías que había de venir" (Mat. 11:14). Cada interpretación podría ser defendida.

La mujer Samaritana observó una diferencia de interpretación entre Judíos y Samaritanos: "Nuestros padres adoraron en este monte, y vosotros decís que en Jerusalén es el lugar donde se debe adorar" (Jn. 4:20). Los Samaritanos, cuyas únicas escrituras eran su propia versión del Pentateuco, pudieron señalar, como lo hizo esta mujer, en la antigüedad de la zona del monte Gerizim como lugar de culto: fue el primer lugar en el que Abraham construyó un altar cuando llegó a Canaán, un lugar donde adoraron tanto Isaac como Jacob. Incluso Moisés, que nunca mencionó a Jerusalén por su nombre, dirigió a los Israelitas: "Y cuando Jehová tu Dios te haya introducido en la tierra a la cual vas para tomarla, pondrás la bendición sobre el monte Gerizim, y la maldición sobre el monte Ebal" (Deut. 11:29).

Los Judíos, por supuesto, responderían que Dios había ordenado a Jerusalén a través de David y que los profetas la habían aprobado por inspiración. En verdad, ambas partes podían presentar argumentos —era una cuestión de interpretación.

## Interpretación o Mala Interpretación

¿El hecho de que fuera una cuestión de interpretación y de que ambas partes pudieran presentar argumentos demostraba que ambas partes tenían razón? Enfáticamente, no. El hecho de que Jesús interpretara la referencia de Malaquías a Elías como una profecía de Juan resuelve el asunto para todos los creyentes; los escribas estaban equivocados. Jesús dijo lo mismo acerca de las interpretaciones Samaritanas: "Vosotros adoráis lo que no sabéis; nosotros sabemos; porque la salvación viene de los judíos" (Jn. 4:22).

En Juan 21:18-22, se interpretó ampliamente que una declaración de Jesús significaba que el apóstol Juan no moriría. El propio Juan rechazó esa interpretación, observando: "Pero Jesús no le dijo que no moriría, sino: Si quiero que él quede hasta que yo venga, ¿qué a ti?" La interpretación común era errónea—una mala interpretación. Es imposible que dos interpretaciones contradictorias de la palabra de Dios sean correctas, a menos que Dios tuviera dos ideas contradictorias en mente cuando habló —una posibilidad que no podemos permitir. Considere la siguiente excelente discusión sobre interpretación de la *International Standard Bible Enciclopedia*:

> Una persona ha interpretado los pensamientos de otra cuando tiene en su propia mente una reproducción o fotografía correcta del pensamiento tal como fue concebido en la mente del escritor o hablante original. Se trata, pues, de un proceso puramente reproductivo, que no implica originalidad de pensamiento por parte del intérprete... En el momento en que el estudiante de la Biblia tiene en

su propia mente lo que estaba en la mente del autor o autores de los libros Bíblicos cuando fueron escritos, ha interpretado el pensamiento de las Escrituras (Pág. 1489).

Si Dios tenía un solo pensamiento en mente cuando inspiró un pasaje, solo lo hemos interpretado cuando tenemos ese pensamiento claro en nuestra mente. Cualquier otro pensamiento es una mala interpretación; es un error; ¡es falso!

## ¿Es Seria la Mala Interpretación?

Dado que Jesús condenó tan severamente a los Fariseos, tendemos a pensar que eran malvados y rebeldes, sin preocuparse por la palabra de Dios. Algunos de ellos, sin embargo, como Saulo, eran sumamente sinceros y estaban completamente preocupados por la ley de Dios. Tenían argumentos plausibles e interpretaciones de las Escrituras que ofrecían para justificar todas sus tradiciones extrañas y objetables.

Sin embargo, Jesús los llamó "necios y ciegos" porque sus interpretaciones eran erróneas (Mat. 15:3-14; 23:16-22). Permitieron que sus propios prejuicios y preferencias personales afectaran sus esfuerzos de interpretación. ¡Qué advertencia para nosotros! Pedro observó que en los escritos de Pablo "entre las cuales hay algunas cosas difíciles de entender, las cuales los indoctos e inconstantes tuercen... para su propia destrucción" (2 Ped. 3:16).

Mucho de lo que hoy en día se denomina interpretación es en realidad "una torcedura" para adaptarse a nociones preconcebidas. Si caemos en tal acercamiento a las Escrituras, lo hacemos para nuestra propia destrucción. Cada advertencia en las Escrituras contra la falsa doctrina es una advertencia contra la mala interpretación.

Aquel que está decidido a conocer y hacer la voluntad de Dios luchará con esos pasajes "difíciles de entender" hasta que encuentre, no una interpretación plausible, ni siquiera una interpretación defendible, sino la única interpretación correcta — lo que está en "la mente del Señor".

# Amor Versus Aceptación

Hace varios años, en la *Revista Parade*, un artículo que presentaba la "Semana de la Hermandad" comenzaba con las siguientes líneas:

> Él trazó un círculo que me dejó fuera
> Hereje, rebelde, algo para despreciar.
> Pero el amor y yo tuvimos el ingenio para ganar;
> Trazamos un círculo que lo incluyó.

El artículo continuaba con la observación de que el amor universal de Dios debería ser el ideal que todos deberíamos tratar de alcanzar.

## El Círculo del Amor de Dios

Sin embargo, decir que Dios ama a todos los hombres no es decir que aprueba o acepta a todos los hombres tal como son. Su círculo de aceptación y compañerismo es mucho más estrecho y mucho más exclusivo.

El círculo de aceptación de Dios excluye a quienes no lo conocen. "...cuando el Señor Jesús sea revelado desde el cielo con Sus poderosos ángeles en llama de fuego, dando retribución a los que no conocen a Dios y a los que no obedecen al evangelio de nuestro Señor Jesús. Y estos pagarán la penalidad de eterna destrucción, lejos de la presencia del Señor y de la gloria de su poder" (2 Tes. 1:7-9—NASB).

El círculo de aceptación de Dios excluye a aquellos que no creen en Jesús. Jesús dijo: "...porque no creéis que yo soy, en vuestros pecados moriréis" (Jn. 8:24). El círculo de aceptación de Dios excluye a aquellos que no se arrepientan. Jesús dijo: "...antes si no os arrepentís, todos pereceréis igualmente" (Luc. 13:3). El círculo de aceptación de Dios excluye a aquellos que han nacido solamente una vez. "Jesús respondió: De cierto, de cierto os digo, que el que no naciere de nuevo, no puede ver el reino de Dios... El que no naciere de agua y del Espíritu, no puede entrar en el reino de Dios" (Jn. 3: 3,5).

El círculo de aceptación de Dios excluye a aquellos que no logran dar fruto. "Todo pámpano que en mí no lleva fruto, lo quitará" (Jn. 15:2). El círculo de aceptación de Dios excluye a los inmorales. "¿No sabéis que los injustos no heredarán el reino de Dios? No erréis; ni los fornicarios, ni los idólatras, ni los adúlteros, ni los afeminados, ni los que se echan con varones, ni los ladrones, ni los avaros, ni los borrachos, ni los maldicientes, ni los estafadores, heredarán el reino de Dios" (1 Cor. 6:9-10).

El círculo de aceptación de Dios excluye a todos los que caminan en las tinieblas. "Dios es luz y no hay ningunas tinieblas en él. Si decimos que tenemos comunión con Él, y andamos en tinieblas, mentimos y no practicamos la verdad" (1 Jn. 1:5-6). De estos pasajes se desprende claramente que el círculo de aceptación de Dios abarca sólo una pequeña porción de la población mundial. Jesús afirmó este hecho cuando dijo: "porque estrecha es la puerta, y angosto el camino que lleva a la vida, y son pocos los que la hallan" (Mat. 7:14).

## Nuestros Círculos

Debemos trazar nuestro círculo de amor tan grande como Dios ha trazado Él suyo. Debemos ir más allá de amar a la familia y a los amigos y amar incluso a nuestros enemigos. "Pero yo os digo: Amad a vuestros enemigos, bendecid a los que os maldicen, haced bien a los que os aborrecen, y orad por los que os ultrajan y os persiguen; para que seáis hijos de vuestro Padre que está en los cielos; que hace salir su sol sobre malos y buenos, y hace llover sobre justos e injustos... Sed pues, vosotros perfectos, como vuestro Padre que está en los cielos es perfecto" (Mat. 5:44-45,48). Al mismo tiempo, debemos evitar cualquier apariencia de aprobar, tolerar o aceptar actitudes o conductas que Dios rechaza.

El mundo, algunos hermanos e incluso miembros de nuestra propia familia pueden llamarnos faltos de amor si nos negamos a aceptar un estilo de vida impío. Puede que nos llamen críticos, intolerantes o de mente estrecha, pero que así sea. Pero debemos "Sed, pues, imitadores de Dios como hijos amados" (Efe. 5:1), no debemos tener "participación con las obras infructuosas de las tinieblas, sino más bien reprendedlas" (Efe. 5:11). Tenga en cuenta, sin embargo, que Dios "no se complace en la muerte de los impíos" (Ezeq. 33:11). Nos corresponde aún menos, como pecadores salvados por la gracia, ser moralistas o deleitarnos o complacernos en condenar o negar la comunión con aquellos que persisten en el pecado. El amor divino, aunque rechaza la aceptación de los pecadores en su pecado, se acerca sacrificialmente para tratar de salvarlos. "Amados, si Dios nos ha amado así, debemos también nosotros amarnos unos a otro" (1 Jn.4:11).

# Predicación Balanceada sobre Gracia y Obras

Mantener el equilibrio es uno de los mayores desafíos que enfrenta un predicador. Cuando la predicación es principalmente una reacción al error de un lado, existe un grave peligro de error del otro lado—al menos en la percepción de los oyentes. Un buen ejemplo es la predicación sobre la gracia y las obras.

Las reformas Protestantes reaccionaron contra la doctrina Católica de la salvación por obras. Juan Calvino, especialmente, reaccionó hasta el punto de enseñar que lo que uno hacía y cómo vivía no tenía nada que ver con su salvación. Este error es tan grave como el error Católico.

En los últimos años muchos de nosotros hemos sido acusados de predicar la salvación por obras en lugar de por gracia. Debo decir que nunca escuché un sermón que afirmara que la salvación es por obras sin gracia. He escuchado muchos (y prediqué algunos) que enfatizaban la necesidad de la obediencia sin mencionar la gracia.

Hay muchas razones para nuestro énfasis en la obediencia. Una es que la obediencia es responsabilidad del hombre, mientras que la gracia es responsabilidad de Dios. Tenemos que suplicar a los hombres que hagan lo que deben hacer, pero Dios extiende su gracia voluntaria y libremente.

Además, casi toda la predicación Protestante enfatiza la gracia, mientras dice poco sobre las obras; si se mencionan las obras y la obediencia, generalmente es para decir que no tienen nada que ver con la salvación—que la salvación es sólo por gracia. Debido a que los demás enfatizan constantemente la gracia, es posible que sintamos poca o ninguna necesidad de siquiera mencionarla. Esto es un error.

Es un error intentar contrarrestar la doctrina de la gracia sin obras predicando obras y descuidando la gracia. Si bien los predicadores del evangelio nunca predican que uno es salvo por obras sin gracia, los Cristianos profesos a veces parecen tener este concepto. Y puede que simplemente sea el resultado de una predicación desequilibrada.

Por otro lado, enfatizar la gracia y descuidar la necesidad de la obediencia es igualmente desbalanceado y conducirá al error opuesto. Me temo que ahora algunos están cometiendo este error. Una dieta constante de predicación tan desbalanceada llevará a una congregación a concluir que la obediencia no es muy importante, y demasiadas personas muestran prueba de ese concepto.

Los predicadores que hacen este tipo de predicaciones están muy a la defensiva y preguntan: "¿Estoy predicando un error cuando predico la gracia de Dios?" ¡Por supuesto que no! El problema no es lo que se dice, sino lo que no se dice.

Si los Cristianos fieles y de obediencia viven con el temor constante de perderse, es posible que no estén escuchando suficientes predicaciones sobre la gracia. Pero cuando las personas que practican el pecado a sabiendas todavía se sienten bien consigo mismas, probablemente no están escuchando suficientes enseñanzas sólidas sobre la obediencia y la vida piadosa.

Alguien que quiera predicar la verdad sobre la gracia de Dios y la responsabilidad humana debe predicar exactamente lo que predicó Pablo: la salvación por gracia mediante la fe (Efe. 2:8). Él predicó sobre la gracia de Dios y una condición que el hombre debe cumplir—la fe.

Alguien que quiera predicar la verdad acerca de la fe y las obras debe predicar lo que predicó Santiago: "Vosotros veis, pues, que el hombre es justificado por las obras, y no solamente por la fe" (Stg.2:24). Santiago dejó claro que la fe era necesaria, pero señaló que "la fe sin obras está muerta" (Stg. 2:26).

Predicar que somos salvos por guardar la ley y por lo tanto no necesitamos gracia es un error. Pero dejar la impresión de que porque estamos bajo la gracia ya no estamos sujetos a ninguna ley es igualmente erróneo. Estamos "bajo la ley de Cristo" (1 Cor. 9:21); debemos "cumplid así la ley para Cristo" (Gál. 6:2). Debemos mirar "la perfecta ley de la libertad y persevera en ella" (Stg. 1:25) porque seremos "juzgados por la ley de la libertad" (Stg. 2:12).

Predicar que uno debe vivir una vida perfecta para ser salvo es error. Pero también es un error dejar la impresión de que porque uno está bajo la gracia puede vivir como quiera. Esto es convertir "en libertinaje "la gracia de nuestro Dios" (Judas 4); "Porque la gracia de Dios se ha manifestado para salvación a todos los hombres, enseñándonos que, renunciando a la impiedad y a los deseos mundanos, vivamos en este siglo sobria, justa y piadosamente" (Tito 2:11-12).

Enseñar que podemos esperar ser aceptados en el juicio porque no tenemos pecado o sobre la base de obras meritorias es seguramente un error. Pero dejar la impresión de que nuestras obras no tienen nada que ver con ello es igualmente erróneo. Una y otra vez las Escrituras advierten que cada hombre será "juzgado según sus obras" (Mat.16:27; 2 Cor.5:10; Apoc.2:23; 20:12, 13).

La palabra de Dios presenta un tratamiento equilibrado de cada tema. Demasiada lectura de fuentes no inspiradas, demasiada confianza en maestros humanos o en nuestros propios sentimientos pueden llevarnos al error o a una presentación desbalanceada y reaccionaria de la verdad. Pero si nuestro tiempo de estudio está dominado por el estudio del texto de las Escrituras, es más probable que nuestro pensamiento sea equilibrado y nuestra predicación refleje ese equilibrio. Nuestro objetivo debería ser decir como el de Pablo, "porque no he rehuido anunciaros todo el consejo de Dios" (Hech.20:27).

# ¿Cómo Habría "Votado" Jesús?

Recientemente se reunió en Atlanta la convención nacional de una denominación Sureña muy grande. Sus procedimientos fueron ampliamente reportados en las noticias debido a una lucha por el poder entre dos facciones divididas por cuestiones de inerrancia bíblica. Se decía que un lado insistía en que la Biblia fuera tomada literalmente—sus relatos aceptados como historia real y todo su contenido respetado como palabra de Dios.

El otro grupo no consideró que estos asuntos debieran convertirse en un tema de discusión. El punto central de la convención fue la votación para el presidente y el consiguiente control de los colegios y seminarios denominacionales.

Al decidir cuestiones de naturaleza espiritual siempre es apropiado preguntar: "¿Qué haría Jesús?" Nos parece interesante hacer esta pregunta con respecto a esta convención: "¿Cómo habría votado Jesús?"

## ¿Qué Creía Jesús?

El Antiguo Testamento tal como lo tenemos era la Biblia de los días de Jesús. Sabemos por sus enseñanzas lo que Él creía al respecto.

**Jesús consideró exactas sus historias.** Basó Su enseñanza sobre el matrimonio en la historia de Adán y Eva, citando las mismas palabras pronunciadas por Dios cuando los creó (cf. Mat.19:4-5 y Gén. 1:27; 2:24; 5:2). Dijo que el día de su venida será como los días de Noé (Luc. 17:26-27).

También lo comparó con el día en que Lot salió de Sodoma y llovió fuego y azufre del cielo y los destruyó a todos (Luc. 17:28-32). Dio como señal de Su divinidad la señal de Jonás: "Porque como estuvo Jonás en el vientre del gran pez tres días y tres noches, así estará el Hijo del Hombre en el corazón de la tierra tres días y tres noches". (Mat. 12:40). Es obvio que Jesús tomó literalmente estas historias, que son las más ridiculizadas y alegóricas de la Biblia.

**Jesús consideró sus palabras inspiradas.** En Marcos 7:10 Jesús cita a Moisés, pero en el versículo 13 llama a las palabras "la palabra de Dios". ¿En Juan 10:35, Él llama a la ley "La palabra de Dios?" ¿Qué declaraciones más claras podrían hacerse para indicar inspiración?

Jesús consideró puro su texto original. "Porque de cierto os digo que hasta que pasen el cielo y la tierra, ni una jota ni una tilde pasará de la ley, hasta que todo se haya cumplido" (Mat. 5:18). La jota y la tilde eran las partes más pequeñas de una letra Hebrea, correspondientes a nuestro punto de una i o cruz de una t. Consideró incluso el texto de su época lo suficientemente puro como para permitirle basar un argumento a favor de la resurrección en el tiempo de un verbo (ver Mat. 22:32 citando Éxo. 3:6).

**Jesús consideró completo su canon.** Jesús no habló de libros perdidos ni acusó a los Judíos de omitir libros inspirados. Tenían los mismos libros que tenemos en nuestro Antiguo Testamento, aunque ordenados de manera diferente.

En Mateo 23:35, Jesús hizo una declaración significativa: "para que venga sobre vosotros toda la sangre justa que se ha derramado sobre la tierra, desde la sangre de Abel el justo hasta la sangre de Zacarías, hijo de Berequías, a quien matasteis entre el templo y el altar" Abel fue mencionado en Génesis (el primer libro del Antiguo

Testamento) y Zacarías en 2 Crónicas (el último libro en la disposición Hebrea del Antiguo Testamento).

De este modo, Jesús aprobó la colección de libros de la A a la Z. Utilizó la clasificación Judía habitual de libros en Lucas 24:44 cuando habla de la Ley, los Profetas y los Salmos.

**Jesús consideró infalible su enseñanza.** "Porque os digo que es necesario que se cumpla lo que está escrito". (Luc. 22:37). "...era necesario que se cumpliese todo lo que está escrito de mí en la ley de Moisés, en los profetas y en los salmos" (Luc. 24:44). "... (y la Escritura no puede ser quebrantada)" (Jn. 10:35). De todo esto queda claro que Jesús creía en la inerrancia de las Escrituras que tenía en su época.

## ¿Cómo Habría Votado?

Cómo habría votado Jesús es una cuestión completamente diferente. Es totalmente improbable que Jesús hubiera votado. Nunca dio importancia alguna al número de personas que creían estar a favor de una propuesta. Nunca propuso que nada se resolviera mediante votación.

De hecho, podemos estar seguros de que Jesús ni siquiera habría participado en tal convención ni se habría preocupado por su presidencia. Las convenciones, las oficinas denominacionales y los colegios y seminarios que controlan son todos de origen humano y Jesús o Sus apóstoles nunca los mencionaron como parte de Su Iglesia.

Que Jesús participara en una de esas denominaciones lo separaría de sus seguidores que no están en ella. Él no lo haría. ¡Esto no debemos hacer!

# Luz para la Vida Diaria

# Tomo Tiempo para Orar

Cuando surgió una crisis en la Iglesia de Jerusalén en relación con la distribución de alimentos a las viudas, los apóstoles hicieron la siguiente propuesta: "Buscad, pues, hermanos, de entre vosotros a siete varones de buen testimonio, llenos del Espíritu Santo y de sabiduría, a quienes encarguemos de este trabajo. Y nosotros persistiremos en la oración y en el ministerio de la palabra" (Hech.6:3-4).

Muchos predicadores y ancianos se quejan que hay muy poco tiempo para la recreación, muy poco tiempo para la correspondencia, muy poco tiempo para las visitas e incluso para el estudio, pero —¿Para la oración? Esto puede explicar parte de nuestra ineficacia moderna.

Lo que es cierto para los ancianos y predicadores, es cierto para la mayoría de los demás Cristianos. No valoramos la oración lo suficiente como para dedicarle tiempo y, si lo hacemos, no sabemos qué hacer con él. ¿Cómo puede uno pasar toda la noche en oración? Sabemos que Jesús lo hizo (Luc. 6:12). Incluso la Iglesia primitiva lo hizo (Hech. 12:5). Pero rápidamente nos quedamos sin cosas que pedir y empezamos a repetir.

Gran parte de nuestro problema radica en el hecho de que pensamos que la oración es leer una lista de compras para que Dios la cumpla por nosotros. Pensamos en nuestros problemas, determinamos qué se necesitará para resolverlos y luego acudimos a Dios con una petición de las cosas que hemos decidido que necesitamos. Necesitamos retroceder e incluir a Dios a la búsqueda de soluciones.

La oración es más que una súplica—incluso más que una acción de gracias. Es el acto general de hablar con Dios. Esto queda claro en Filipenses 4:6, "Por nada estéis afanosos, sino sean conocidas vuestras peticiones delante de Dios en toda oración y ruego, con acción de gracias" (Fil.4:6).

Hablar de sus problemas con cualquier otra persona puede resultar útil para encontrar una solución. Verbalizar nuestros pensamientos, explicar nuestra situación, enumerar alternativas y analizarlas para señalar las debilidades y fortalezas de cada una— todo ello nos ayuda a ver el camino más sabio a seguir. Nuestro compañero puede decir muy poco y no ofrecer ningún consejo, pero le agradecemos la gran ayuda que nos ha prestado.

Mi madre me enseñó una valiosa lección sobre el arte de orar. "Hijo, siempre que sea posible, habla en voz alta con Dios. Es mejor que la oración silenciosa". Rápidamente supe que ella tenía razón. Por un lado, no me dormía tan fácilmente mientras oraba. Debo admitir que al principio sí me sentí inusual "hablando conmigo mismo" Pero ese mismo sentimiento me juzgó; si sentía que hablaba conmigo mismo significaba que realmente no era consciente de la presencia de Dios. Una vez que me volví consciente de que tenía un oído atento, Dios se convirtió en un compañero más y la oración se volvió más significativa.

Si hablar con un amigo terrenal puede ser de ayuda, ¡cuánto más hablar con nuestro Padre celestial! Algunas alternativas que podría proponer a un compañero humano (especialmente a uno mundano) no me atrevía ni siquiera a mencionarlas a Dios. Y los motivos que podría ocultarle a un amigo que conozco están "desnudas y abiertas a los ojos de aquel a quien debemos dar cuenta" (Heb. 4:13). Una decisión tomada después de literalmente hablarlo con Dios será una decisión más espiritual, porque será modificada por todo lo que el Espíritu me ha revelado acerca de Dios. También será el tipo de decisión que puedo pedirle con confianza a Dios que me ayude a implementar.

Las peticiones rápidas tienen su lugar. Se pueden hacer en medio del ruido del tráfico o del caos del mercado. Nehemías pronunció una oración entre una pregunta formulada por el rey y su propia respuesta a esa pregunta (Neh. 2:4-5). Podemos y debemos hacer una pausa para dar gracias antes de las comidas (1 Tim. 4:4). Pero hay oraciones que requieren más concentración de la que es posible con la distracción de bocinas a todo volumen, comidas tentadoras o niños inquietos.

El tipo de oración que Jesús hacía con frecuencia requería que se levantara temprano en la mañana, cuando aún estaba oscuro, para ir a un lugar solitario (Mar. 1:35). El tipo de comunicación con Dios que sugerimos se vería seriamente interrumpido por la comida y, por lo tanto, lógicamente iría acompañado del ayuno (Neh.1:4). Es el tipo de ejercicio que bien podría impulsar a un marido y una mujer devotos a suspender sus relaciones normales "por algún tiempo de mutuo consentimiento, para ocuparos sosegadamente en la oración" (1 Cor. 7:5). Este tipo de oración requiere tiempo y es el que más se descuida en nuestra época.

¿Qué problemas le preocupan en este momento? ¿A qué decisiones se enfrentas? Prueba la oración. En algún momento de hoy, busca un lugar tranquilo —tal vez un parque, un campo o, si nada más es posible, "entra en tu aposento (habitación) y, cerrada la puerta" (Mat.6:6), dedica al menos treinta minutos hablando en voz alta con Dios acerca de la carga que está soportando. Anticipo que la bendición que recibirá hará que mañana quiera pasar más tiempo orando.

> De cada viento tormentoso que sopla,
> De cada marea creciente de infortunios,
> Hay una calma, un retiro seguro;
> "Se encuentra debajo del propiciatorio".

> —Hugh Stowell

# "Calle delante de él toda la Tierra"

"Mas Jehová está en su santo templo; calle delante de él toda la tierra" (Hab. 2:20). ¿Con qué frecuencia hemos escuchado estas palabras leídas o cantadas al comienzo de un servicio? El silencio ordenado por Habacuc no es un silencio literal sino un silencio de sumisión y aceptación que no se atrevería a expresar ninguna pregunta o queja contra Dios.

Sin embargo, el silencio literal tiene un gran valor—un valor que nuestra generación bien puede haber olvidado. En estos días de tráfico intenso, fábricas ruidosas, electrodomésticos que zumban y estéreos de megavatios, un momento inesperado de silencio puede resultar casi aterrador. La primera opción que exigimos para nuestros automóviles es un reproductor de radio/cassette; y la gente que va a las montañas o a la orilla del mar a hacer un picnic parece más preocupada por conseguir sus emisoras de radio o televisores portátiles que por los bocadillos. Una cosa que hay que decir es que muchas de estas personas son lo suficientemente generosas como para compartir su sonido con todo el mundo en un radio de una milla. Sin embargo, con el debido respeto, creo que prefiero a los egoístas que, mientras caminan, corren o andan en bicicleta, obtienen el sonido necesario de esos pequeños auriculares que nos permiten al resto de nosotros tomar nuestras propias decisiones egoístas sobre lo que queremos escuchar —o no queremos escuchar.

Toda esta avidez por el sonido se ha trasladado incluso a la adoración: queremos sermones pronunciados con la rapidez de una ametralladora y oraciones oradas sin un momento de pausa para pensar. El silencio durante la Cena del Señor se ha vuelto tan insoportable para algunos que lo han eliminado con cantos en vivo o grabados. Nuestra generación se habría sentido miserable en el cielo cuando hubo silencio "como por media hora" (Apoc. 8:1).

El silencio es el efecto natural de muchas emociones encomiables: asombro, humildad, ira controlada, simpatía, conciencia afligida y reverencia, así como la sumisión y aceptación de la sabiduría superior aconsejada en Habacuc 2:20. Incluso el amor puede expresarse mediante el silencio. Alguien ha dicho que la profundidad de una amistad puede medirse por el momento en que dos personas pueden sentirse cómodas sin intercambiar una sola palabra. Nuestra aversión al silencio puede revelar la escasez de algunas de estas cualidades.

El silencio aumenta la objetividad a medida que escapamos del clamor de las apelaciones emocionales y los argumentos subjetivos y evaluamos la sustancia verdadera de las cosas que hemos escuchado. A los vendedores corruptos no les gusta el silencio.

De manera especial, el silencio parece recordarnos la presencia de Dios. No es en la ciudad donde los Cristianos destacan con mayor frecuencia la certeza de un creador; más bien está en la cima de una montaña, muy por encima del ruido de abajo, donde la quietud sólo se rompe con los sonidos de la creación de Dios.

El silencio nos permite escuchar la voz del Espíritu— no de alguna manera milagrosa, sino a través de la reflexión sobre la ley de Dios que hemos guardado en nuestros corazones (Sal. 119:11) y en la que meditamos "de día y de noche" (Sal. 1:2). La meditación es mejor sin ruidos que distraigan.

Debido a estas cualidades, el silencio con frecuencia se puede utilizar eficazmente para calmar el rencor y evitar la polarización de las personas en desacuerdo. Los Cuáqueros se han dado a conocer como mediadores incomparables en numerosos tipos de conflictos; y los períodos de silencio se encuentran entre sus recursos favoritos. La mayoría de nosotros hablamos demasiado y tenemos demasiada prisa para tener éxito como pacificadores.

El silencio es una excelente herramienta en el evangelismo personal. Un período de reflexión tranquila después de la lectura de un pasaje de las Escrituras le da tiempo al estudiante para llegar a sus propias conclusiones sobre su mensaje. Es asombroso cuán eficaz puede ser el Espíritu Santo para revelar la verdad a alguien cuya mente no está obstruida por las explicaciones de los "maestros".

El silencio puede alentar a tomar decisiones. Una vez, hablando con una pareja que había asistido a los servicios durante muchos años, les animé a que obedecieran. Como siempre, dijeron que necesitaban un poco más de tiempo. "¿Cuánto tiempo necesitan?" Yo pregunté. "Ustedes han tenido 20 años". Siguió el silencio. No dijeron nada. No dije nada. Decidí que no hablaría hasta que ellos lo hicieran. El silencio se prolongó. Se volvió casi embarazoso — parecía muy largo. Pero finalmente se rompió cuando dijo: "Estamos listos, vamos" Murieron poco después, salvados por una decisión que fue impulsada, no por lo que se dijo sino por lo que no se dijo. Aprendí que hay "un tiempo de callar, y tiempo de hablar" (Eccl. 3:7).

El silencio facilita la oración privada. Quizás fue la búsqueda de ese silencio lo que llevó a Jesús, con bastante frecuencia, a levantarse mucho antes del amanecer para ir a un lugar solitario a orar. Si Él lo buscó, nosotros también deberíamos hacerlo.

> ¡Oh descanso Sabático en Galilea!
> Oh calma de las colinas,
> Donde Jesús se arrodilló para compartir contigo
> El silencio de la eternidad,
> ¡Interpretado por el amor!

> Deja caer tu rocío de quietud
> Hasta que cesen todos nuestros esfuerzos;
> Quita de nuestras almas la tensión y el estrés,

Y que nuestras vidas ordenadas confiesen,
La belleza de tu paz.

—John G. Whittier

# Paz

Hay "tiempo de guerra y tiempo de paz" (Eccl.3:8). Uno de los desafíos que enfrentamos es determinar exactamente qué es lo requieren los tiempos y las circunstancias.

La paz es muy elogiada en las Escrituras. Sólo en el Nuevo Testamento hay más de 100 referencias a ella. Se menciona en todos los libros excepto en 1 de Juan.

## Paz con Dios

La paz con Dios es la paz más importante de todas. La paz con Él es imposible mientras seamos culpables de pecado. "Porque la ira de Dios se revela desde el cielo contra toda impiedad e injusticia de los hombres" (Rom.1:18). Cristo murió para hacer posible el perdón de nuestros pecados. "Justificados, pues, por la fe, tenemos paz para con Dios por medio de nuestro Señor Jesucristo" (Rom. 5:1). Esta paz debe mantenerse incluso a costa de la paz con la familia (Mat. 10:34-37; 1 Cor. 7:15) o la paz con los hermanos cuya comunión podría poner en peligro nuestra relación con Dios (2 Jn. 9-10).

## Paz Interior

"Y la paz de Dios gobierne en vuestros corazones, a la que asimismo fuisteis llamados en un solo cuerpo; y sed agradecidos" (Col.3:15). "Por nada estéis afanosos, sino sean conocidas vuestras peticiones delante de Dios en toda oración y ruego, con acción de gracias. Y la paz de Dios, que sobrepasa todo entendimiento, guardará vuestros corazones y pensamientos en Cristo Jesús" (Fil.4:6-7). Esta paz interior puede florecer incluso cuando todo a nuestro alrededor es caótico.

## La Paz con Todos

"Si es posible, en cuanto dependa de vosotros, estad en paz con todos los hombres" (Rom. 12:18). No todo el mundo ama la paz. Entre las obras de la carne están: "enemistades, celos, iras, contiendas, disensiones, herejías, envidias" (Gál. 5:19-20).

Estas son tan deseadas por algunas personas como lo son por otras el "adulterio, fornicación, inmundicia y lascivia" Quienes las desean son inconversos. "aun sois carnales. Pues habiendo entre vosotros celos, contiendas y disensiones ¿no sois carnales, y andáis como hombres?" (1 Cor. 3:3). "Mas el fruto del Espíritu es amor, gozo, paz, paciencia, benignidad, bondad, fe" (Gál. 5:22). Las instrucciones a los Cristianos son claras: "Seguid Buscad la paz con todos" (Heb.12:14).

## La Paz en la Iglesia

En vista de esta enseñanza, uno esperaría encontrar paz en cada congregación del pueblo de Dios. Por desgracia, no es así. Si bien esto es reprensible, no deberíamos desilusionarnos. En varias Iglesias del Nuevo Testamento faltó la paz.

La Iglesia de Corinto es un ejemplo notorio. Pablo escribió: "Porque he sido informado acerca de vosotros, hermanos míos, por los de Cloe, que hay entre vosotros contiendas" (1 Cor. 1:11). Gran parte de la primera carta que Pablo les dirigió trata de sus divisiones. Él indica que las relaciones eran tan malas que cuando se reunían no era posible comer la Cena del Señor (1 Cor. 11:20-21).

La Iglesia donde dominaba Diótrefes estaba en problemas (3 Juan 9-10). Incluso la gran Iglesia de Filipos tenía dos hermanas que no se llevaban bien (Fil. 4:2).

Cuando hay problemas en una Iglesia, es obra de Satanás. "Pero si tenéis celos amargos y contención en vuestro corazón, no os jactéis ni mintáis contra la verdad; porque esta sabiduría no es la que desciende de lo alto, sino terrenal, animal, diabólica. Porque donde hay celos y contención, allí hay perturbación y toda obra perversa. Pero la sabiduría que es de lo alto es primeramente pura, después pacifica, amable, benigna, llena de misericordia y de buenos frutos, sin incertidumbre ni hipocresía" (Sant. 3:14-17). "pues Dios no es Dios de autor de confusión, sino de paz, Como en todas las iglesias de los santos" (1 Cor. 14:33).

Algunas veces, Satanás puede hacer su obra en una Iglesia introduciendo errores que requieren oposición. Pero con demasiada frecuencia logra su propósito por los mismos medios sugeridos: la envidia y el egoísmo.

## Cosas que Contribuyen a La Paz

"Así que, sigamos lo que contribuye a la paz y a la mutua edificación" (Rom.14:19). Las siguientes son algunas de estas cosas: "solícitos en guardar la unidad del Espíritu en el vínculo de la paz" (Efe.4:3). "Busque la paz y sígala" (1 Ped.3:11). Orar para que "vivamos quita y reposadamente en toda piedad y honestidad" (1 Tim.2:2).

Esté dispuesto a participar en el establecimiento de la paz cuando sea necesario. Pablo escribió acerca de aquellas dos hermanas que estaban en desacuerdo en Filipos: "Asimismo te ruego también a ti, compañero fiel, que ayudes a éstas que combatieron juntamente conmigo en el evangelio" (Fil.4:3). Cuando los Cristianos están en una disputa, podemos inflamar sus pasiones o ayudarlos. "Bienaventurados los pacificadores, porque ellos serán llamados hijos de Dios" (Mat. 5:9).

"Nada hagáis por contienda o por vanagloria; antes bien con humildad, estimando cada uno a los demás como superiores a él mismo; no mirando cada uno por lo suyo propio, sino cada cual también por lo de los otros" (Fil.4:3- 4). Siempre que ofrecemos una crítica o sugerencia, debemos estar seguros de que sea para "edificarnos mutuamente" (Rom. 14:19).

## Conclusión

"Por lo cual, oh amados... procurad con diligencia ser hallados por él sin mancha e irreprensibles, en paz" (2 Ped.3:14).

# Los Carros de Israel

Generalmente, se acepta que aumentar la seguridad nacional significa gastar más dinero en más aviones, más barcos y más tanques. En la antigüedad significaba más tropas, más caballos y más carros.

Cuando Dios tuvo un reino terrenal, se preocupó por su seguridad, pero nunca alentó la multiplicación de las armas de guerra convencionales. Nunca reprendió a un rey por no mantener un gran ejército o por no armar suficientemente a sus tropas. Por otro lado, les prohibió ir a Egipto en busca de caballos (Deut. 17:16), y en ocasiones sugirió reducir el tamaño de los ejércitos.

Algunas de las más grandes victorias del Antiguo Testamento se obtuvieron cuando los ejércitos de Dios estaban peor equipados. Un grupo heterogéneo de esclavos sin entrenamiento vio al ejército de élite del Faraón ahogado en el mar ante sus propios ojos. Aunque "¿Se veía escudo ni lanza entre cuarenta mil en Israel?" (Jue. 5:8). Débora y Barac derrotaron a una multitud de Cananeos equipados con carros de hierro. Con sólo 300 hombres armados con linternas y trompetas, Gedeón se puso en fuga y destruyó a un ejército de 120, 000 Madianitas; y con una piedra lisa, David mató a Goliat cuya armadura pesaba 5, 000 siclos de bronce.

El reino del Nuevo Testamento "no es de este mundo" (Jn. 18:36). "porque las armas de nuestra milicia no son carnales, sino poderosas en Dios para la destrucción de fortalezas, derribando argumentos y toda altivez que se levanta contra el conocimiento de Dios, y llevando cautivo todo pensamiento a la obediencia a Cristo" (2 Cor.10:4-5).

La sabiduría humana nos dice, sin embargo, que llevar cautivos los pensamientos requiere grandes cantidades de dinero para una extensa publicidad y un gran número de promotores, oradores talentosos y apoyos influyentes.

Pero Dios no piensa como nosotros pensamos. El Rey nació en un establo, de una joven virgen pobre, y Él mismo nunca alcanzó riqueza ni fama mundanas. Los apóstoles que escogió eran hombres "sin letras y el vulgo" (Hech. 4:13); el único que no encajaba en esa descripción se convirtió en apóstol sólo cuando, a los ojos del mundo, se volvió "un necio para Cristo" (1 Cor. 4: 10) A un rabino influyente que mostró interés en Jesús se le dijo sin rodeos que tendría que nacer de nuevo (Jn. 3:5) y a un hombre rico cuyas riquezas podrían haber sido utilizadas para propósitos del reino se le dijo que fuera y vendiera todo lo que tenía y lo diera a los pobres (Mar. 10:21-22) La Iglesia que Jesús estableció era conocida como una "secta... que en todas partes se habla contra ella" (Hech. 28:22).

1 de Corintios 1:26 al 2:5 explica todo esto. "Lo necio del mundo escogió Dios, para avergonzar a los sabios, y lo débil del mundo escogió Dios, para avergonzar a lo fuerte" (1:27). Se dan tres razones: (1) "para que nadie se jacte en su presencia" (1:29). (2) para que, "como está escrito: El que se gloría, gloríese en el Señor" (1:31). (3) "para que vuestra fe no esté fundada en la sabiduría de los hombres, sino en el poder de Dios" (2:5).

¿Y qué es este poder de Dios que puede "llevar cautivo todo pensamiento a la obediencia a Cristo"? "Porque no me avergüenzo del evangelio, porque es poder de Dios para salvación..." (Rom 1:16).

## Algunas Lecciones Importantes

Primero, no está mal usar dinero, números o talentos para el Señor si los tenemos. No hacerlo sería una mala administración. Sin embargo, al usar tales cosas, debemos estar seguros de concentrarnos en cosas que realmente salvarán a los perdidos. Hoy en día las personas se convierten mediante la enseñanza personal "uno a uno". Si la televisión, la radio, los anuncios en los periódicos, etc. nos proporcionan contactos para dicha enseñanza, debemos utilizarlos; pero con demasiada frecuencia sentimos que estamos cumpliendo con nuestro deber simplemente invirtiendo dinero en publicidad. Los métodos menos dramáticos y menos costosos suelen producir mejores resultados.

Luego, si logramos salvar almas, no debemos atribuir nuestro éxito a nuestros métodos, a nuestros talentosos oradores, a nuestro gran número o a cualquier otro factor que no sea el poder de Dios. "El que se gloría, que se gloríe en el Señor".

Finalmente, nunca debemos considerarnos impotentes por carecer de los medios que la sabiduría humana considera esenciales. Como congregaciones, nunca dejemos de planificar la evangelización porque "somos demasiado pequeños y demasiado pobres y simplemente no podemos". Como predicadores, no nos desesperemos porque no tenemos libros, ni proyectores, ni computadoras, ni fotocopiadoras, ni un programa de radio, ni ningún otro recurso. La obra de Dios no depende de estas cosas. Un predicador dijo que en realidad aumentó su productividad cuando tuvo que vender su automóvil; simplemente se concentró en las personas que se encontraban a poca distancia.

Dos lemas que he visto recientemente me han impresionado profundamente. Uno dice: "Puedes hacer todo lo que debes hacer". El otro: "Haz lo que puedas con lo que tienes, y donde te encuentres"; a lo que alguien añadió sabiamente: "AHORA".

Cuando Elías ascendió al cielo, Eliseo exclamó: "carro de Israel y su gente de a caballo" (2 Rey. 2:12). Un Cristiano fuertemente comprometido, profundamente convencido y humildemente obediente es el único caballo y carro que el Señor necesita para derrotar a Satanás en cualquier campo de batalla.

# Resolviendo El Conflicto Interno

El bien y el mal existen fuera de nosotros, pero los elementos dentro de nosotros que se sienten atraídos por ellos se designan en las Escrituras como espíritu y carne respectivamente. Dado que el bien y el mal son contrarios entre sí, el conflicto se desarrolla dentro de nosotros cuando el espíritu busca lo que es bueno y la carne busca lo que es malo. "Porque el deseo de la carne es contra el Espíritu, y el del Espíritu es contra la carne; y éstos se oponen entre sí, para que no hagáis lo que quisiereis" (Gál.5:17).

En el hecho de que "no puedes hacer las cosas que te agrada" hay dolor. Pablo lo describe gráficamente, "Porque según el hombre interior, me deleito en la ley de Dios; pero veo otra ley en mis miembros, que se revela contra la ley de mi mente, y me lleva cautivo a la ley del pecado que está en mis miembros. ¡Miserable de mi! ¿quién me librará de este cuerpo de muerte?" (Rom.7:22- 25). Todos hemos compartido con Pablo este sentimiento de miseria y deseo de paz.

La paz se puede encontrar de dos formas. Podemos encontrar paz como Pablo la encontró. Él "crucificó la carne con sus pasiones y deseos" (Gál. 5:24) y confió en la sangre de Cristo para limpiar "vuestras conciencias de obras muertas para que sirváis al Dios vivo" (Heb. 9:14). Entonces podría responder a su propia pregunta: "¿Quién me librará de este cuerpo de muerte?" diciendo: "¡Gracias a Dios por Jesucristo nuestro Señor!" (Rom. 7:25). O podemos hacer provisión "para los deseos de la carne" (Rom. 13:14) y en muy poco tiempo cauterizar la conciencia de tal manera que el espíritu no tendrá voz para apelar al bien en nuestras vidas ni aguijón para administrar cuando hemos tomado la decisión equivocada.

Muchos de los que están experimentando un conflicto interno saben exactamente lo que deben hacer, pero el dolor de crucificar la carne les hace buscar alternativas. En su búsqueda de paz y al mismo tiempo vivir como les plazca, muchos buscan "consejería profesional". Estos consejeros reconocen un conflicto, pero pocos entienden el conflicto de "carne y el espíritu". Suelen empezar mirando a los padres. "¿Eran estrictos? ¿Intentaron imponerle sus creencias y prejuicios religiosos? ¿Le hicieron sentir culpable cuando violó sus propias normas morales?" Si la respuesta a estas preguntas es "sí", ellos tienen la causa del conflicto.

Si la respuesta es "no", van más lejos. "¿Se involucra en la religión? ¿Participa con alguna secta fanática estricta que le prohíbe hacer las cosas que quiere hacer y le hace sentir diferente, amenazándolo con—"apartarlo" por su inconformidad? ¿Hay en su religión alguna imagen paterna autoritaria que le hace sentir culpable porque no sigue sus instrucciones? Si la respuesta aquí es "sí", ellos tienen a su culpable. Si no, continúan con el marido, la esposa, el patrón—cualquiera que esté intentando fomentar una vida disciplinada.

Una vez encontrado el culpable, los consejeros proceden a promover la autoafirmación. "Debes liberarte", dicen. "¡Empiece a ser usted mismo, no lo que alguien más está tratando de hacer de usted! ¡Tiene derecho a hacer lo que usted quiera! No permita que estas figuras de autoridad dominen su vida". Esto es exactamente lo que el paciente quiere oír, tiene sentido y proviene nada menos que de un "Doctor".

Evidentemente, hay situaciones en las que tal declaración de independencia puede ser aconsejable. Los padres y otros asociados, tanto religiosos como domésticos, pueden ser excesivamente dominantes y entrometidos. Pero cuando las cuestiones involucran el bien y el mal y la verdad y el error, y cuando estas "figuras de autoridad" son simplemente los símbolos visibles de nuestra fe y conciencia, este consejo en realidad equivale a un consejo para la crucifixión del espíritu y la coronación de la carne para que usted pueda "hacer las cosas que quieras" y hacerlas sin ningún sentimiento de culpa.

¿Se imagina al psicólogo promedio aconsejando a Eva sobre ese fruto prohibido? Ella está experimentando un conflicto interno mientras lo contempla —quiere comer, pero siente que no debería hacerlo. ¿No puedes verlo simplemente mirando por encima de sus lentes, acariciándose la barba y diciendo: "Cuéntame algo sobre tu padre y tu madre? ¿Qué clase de padres eran?" Cuando Eva responde que no tuvo padre ni madre, hay un levantamiento de cejas, una expresión de repentina iluminación y la siguiente pregunta: "Bueno, ¿cuéntame sobre quién te crio? ¿Intentó imponerte sus propias reglas? ¿Trató de hacerte tener miedo de desviarte de lo que te había enseñado? ¿Te hizo sentir que no eras lo suficientemente inteligente como para tomar tus propias decisiones?

O tal vez así fue: "Y dijo a la mujer: '¿En verdad ha dicho Dios: "No comerás de ningún árbol del jardín?" Y la mujer dijo a la serpiente: Del fruto de los árboles del huerto podemos comer, pero del fruto del árbol que está en medio del huerto, Dios ha dicho: "No comerás de él, ni lo tocarás, para que no muráis" (Gen.3:2-3). Entonces la serpiente dijo a la mujer.—No morirás; Pero Dios sabe que el día que comais de él, serán abiertos vuestros ojos y serás como Dios, conociendo el bien y el mal" (vers. 4-5).

Sin duda, Eva sintió que por fin había encontrado a alguien que la entendía. Ahora podía "ser ella misma, hacer lo que quisiera y aun así "sentirse bien consigo misma". Pero, desgraciadamente, las consecuencias fueron trágicas para ella y para todos sus hijos.

# Debilidad

"Todo el mundo tiene debilidades, nadie es perfecto". Escuchamos esta frase con una frecuencia cada vez mayor a medida que varios individuos prominentes caen en desgracia debido a algún error moral. La afirmación, por supuesto, es cierta.

Los personajes bíblicos tenían debilidades que surgieron a lo largo de sus vidas. Abraham parecía reacio a ponerse en riesgo, incluso a expensas de su esposa. Jacob tenía tendencia a ser engañoso. Tanto Sansón como David parecen haber tenido debilidad por las mujeres hermosas; y Saúl tenía una mente obstinada. Judas era codicioso. Pedro era susceptible a la presión social y Santiago y Juan eran notablemente ambiciosos. Hasta el día de hoy, Tomás es conocido, quizás injustamente, como "Tomás el que duda". Es muy posible que Pablo tuviera un temperamento fuerte.

Sin duda, todo lector de esta revista tiene al menos una debilidad destacada. Puede que no seamos conscientes de lo que es, pero la mayoría de nosotros, con muy poco esfuerzo, podemos identificar un problema único que enfrentamos en nuestros esfuerzos por ser Cristianos. Permítanme desafiar a cada lector a identificar esa debilidad y pensar en ella en particular a medida que avanzamos con algunas observaciones importantes.

## Algunos Datos sobre su Debilidad

Primero, usted no es una víctima indefensa de su debilidad. Nos gusta convencernos de que lo somos. De este modo, justificamos nuestra mala conducta con el argumento de que "Así soy yo". El mal genio es simplemente el Irlandés que hay en nosotros, la tacañería es nuestra sangre Escocesa, los homosexuales nacieron así y la violencia es un reflejo de la forma en que nos criaron nuestros padres.

Si cualquiera de esto nos remuerde nuestra conciencia, podemos encontrar fácilmente un consejero profesional que refuerce nuestra racionalización y gane su salario haciéndonos "sentirnos bien con nosotros mismos". Por el contrario, la palabra de Dios dice: "No os ha sobrevenido ninguna tentación que no sea humana; pero fiel es Dios, que no os dejará ser tentados más de lo que podéis resistir, sino que dará también juntamente con la tentación la salida, para que podáis soportar" (1 Cor.10:13).

En Segundo lugar, puesto que las debilidades se pueden superar, usted es responsable de su conducta. Puede haber algo en la constitución física de un individuo que lo predisponga a ser un borracho o a ser homosexual, pero si no logra controlar ese apetito, es responsable de su conducta y de las consecuencias de ella. Un individuo puede ser más "nervioso" que otro, pero si pierde los estribos y se causa daño a sí mismo o a otros, es responsable. "Porque Dios traerá toda obra a juicio, juntamente con toda encubierta, sea buena o sea mala" (Eccle. 12:14). Las Escrituras hablan de muchas excusas ofrecidas a Dios, pero nunca de *una* que fuera aceptada.

En Tercer lugar, o usted superará su debilidad o ella le vencerá y le destruirá. La historia de su vida dependerá de cuál de estas dos alternativas se presente realmente. La diferencia entre Pedro y Judas fue el hecho de que mientras Pedro vencía su debilidad, Judas alimentaba y ejercitaba la suya hasta que ésta lo venció y lo destruyó. Cuando Caín "se enojó mucho y su rostro decayó" después de que Dios rechazó su sacrificio, "el Señor dijo a Caín: ¿Por qué te has enojado y por qué ha decaído tu semblante? Si hicieras lo bueno, ¿no serías enaltecido?; pero si no lo haces, el pecado está a la puerta, acechando. Con todo, tú lo dominarás" (Gén. 4:5b-7). Los estudiantes de la Biblia saben lo que hizo Caín y el resultado. Los pasillos de la historia están llenos de esqueletos de aquellos que "siguieron el camino de Caín", comprometiendo sus conciencias, condescendiendo con sus debilidades y saliendo "de la presencia de Jehová" (Gén.

4:16). Parece que nuestra propia generación ha producido más personas como estas.

## ¿Qué Podemos Hacer?

Arrepentirse. El arrepentimiento con respecto a la debilidad no es un mero dolor por ser débiles. Más bien es una decisión de que ya no seguir consintiendo nuestra debilidad sino que la venceremos. "Vestíos del Señor Jesucristo" (Rom. 13:14). Jesús no tenía ninguna debilidad. Él demostró fortaleza en todo punto en que nosotros podemos ser débiles; y en nuestro estudio de Su carácter, debemos concentrarnos en esa fortaleza particular. Si somos tentados al orgullo, debemos meditar en Su humildad; Si somos egoístas, debemos aislar e imitar a aquellos que son altruistas en Su vida y preguntarnos constantemente: "¿Qué haría Jesús?"

Romanos 13:14 también nos advierte: "No proveáis para los deseos de la carne". La indulgencia con nuestras debilidades casi siempre requiere alguna provisión. Debemos ir a un lugar determinado, relacionarnos con determinadas personas, llevar dinero o reservar un tiempo en nuestra agenda. Incluso la premeditación de lo que nos gustaría hacer es proveer para la carne. Éste es el punto en el que podemos controlarnos más fácilmente. Hacer morir de hambre a nuestras debilidades es la mejor manera de derrotarlas.

Finalmente, debemos orar constantemente: "Y no nos metas en tentación, mas líbranos del mal" (Mat.6:13). Dios proporcionará la vía de escape; si la rechazamos simplemente tendremos que confesar que elegimos pecar.

# Miércoles por la Noche

Me declaro inocente del cargo de legalismo. Entiendo que las Escrituras en ninguna parte demandan—ya sea por mandamiento, ejemplo o inferencia necesaria—un servicio entre semana, y mucho menos uno el Miércoles por la noche. He adorado en Iglesias donde el servicio entre semana era los Martes por la noche, y no sentí ningún problema de conciencia al perderme el "Miércoles por la noche". A veces he estado viajando y me he perdido por completo los servicios entre semana, sin ningún remordimiento de conciencia. No acusaría a una Iglesia de no seguir las Escrituras si no tuviera servicios entre semana. De hecho, una vez animé a una Iglesia a suspender los servicios entre semana en el edificio para fomentar los estudios en el hogar en las comunidades muy dispersas de donde procedían los miembros.

Al mismo tiempo, me siento bastante fuerte en cuanto a la asistencia a los servicios entre semana cuando estoy en casa o en algún otro lugar (incluso en un país extranjero) donde los santos se reúnen para un servicio. Es una cuestión de prioridades. Si surgiera una oportunidad de servir mejor al Señor de alguna otra manera un Miércoles por la noche, podría optar por perderme el servicio proveído; por supuesto, no podría hacer ambas cosas. Pero si la elección es entre reunirme con los santos y algún placer temporal o una participación secular innecesaria, siento que debo asistir al servicio. Y me preocuparían mis valores espirituales si eligiera lo contrario.

Conozco a una señora que tuvo el honor de ser elegida ciudadana del año en el pueblo donde vivía, pero rechazó el honor porque implicaba una ceremonia el Miércoles por la noche. Conozco a graduados de la escuela secundaria que decidieron faltar a sus ejercicios de graduación porque se llevaron a cabo los Miércoles por la noche. ¿Cómo se siente acerca de esas decisiones? ¿Los considera extremos? ¿Qué cree que diría el Señor sobre ellos? De alguna manera, siento que Él diría lo que dijo de quien eligió escucharlo en lugar de preparar una comida extravagante: "y María ha escogido la buena parte, la cual no le será quitada" (Luc.10:42).

En este punto, con frecuencia nos cuestionan: "¿Cree que es *pecado* faltar el Miércoles por la noche? "¿Cree que uno irá al infierno si no asiste?" Ahora bien, ¿Quién es el legalista? ¿Servir al Señor es una cuestión de guardar ciertas reglas y obedecer ciertas leyes que sirven como requisitos mínimos para luego negarnos a dar un paso más basándose en que hemos cumplido con nuestro deber"? ¿No es el Cristianismo una cuestión de buscar "primeramente el reino de Dios y su justicia" (Mat.33)? ¿No es cuestión de amar al Señor con todo nuestro corazón, alma, mente y fuerzas (Mat. 22:37)?

Pablo oró por los Filipenses: "Y esto pido en oración, que vuestro amor abunde aun más y más en ciencia y en todo conocimiento, para que aprobéis lo mejor, a fin de que seáis sinceros e irreprensibles para el día de Cristo, llenos de frutos de justicia que son por medio Jesucristo, para gloria y alabanza de Dios" (Fil. 1:9-11). Creo que las personas antes mencionadas, que dieron prioridad a los servicios del Miércoles por la noche sobre los honores seculares, estaban mostrando discernimiento espiritual y aprobando las cosas que son excelentes en contraste con las cosas que pueden ser inocentes pero de naturaleza estrictamente temporal.

Francamente, me preocupan los Cristianos que deciden no asistir a *ningún* servicio cuando podrían hacerlo. Estas son las personas que tienen más probabilidades de debilitarse cada vez más y eventualmente abandonar al Señor. Me preocupan los que no sienten ninguna inclinación a dejar de lado los placeres seculares para asistir a todos los servicios de una Serie de predicaciones. Me preocupan los que faltan a las clases Bíblicas del Domingo por la mañana, o eligen pasar toda la mañana del Día del Señor durmiendo o viajando, incluso si "toman la Cena del Señor el Domingo por la tarde". También me preocupan los Cristianos que eligen pasar las tardes de los Domingos visitando o viendo la televisión (¡incluso el "¡Super Bowl!") en lugar de asistir a los servicios. No abogo por "quitarles la comunión" a estos hermanos, pero sí creo que son débiles y necesitan que se les ayude a desarrollar valores espirituales más fuertes.

Admito que también me preocupan los Cristianos que asisten "cada vez que se abren las puertas" simplemente porque sienten que es algún tipo de "requisito legal". He visto a estas personas realmente resentirse por las clases adicionales que se anuncian o por cualquier proyecto planificado que les quitará otra noche de la semana. Pero al menos, al asistir, están en mejores condiciones para aprender el verdadero significado del Cristianismo que si se quedan en casa.

¡Qué grande estímulo son los Cristianos que asisten a todos los servicios! Especialmente los ancianitos y enfermos a quienes todos disculparíamos si no vinieran, pero que vienen simplemente porque preferirían estar allí más que en cualquier otro lugar del mundo. Ellos nos predican sermones poderosos, sólo con su presencia.

# Trabajo por Reglamento

Aunque a lo largo de los años nos hemos asociado con muchos sindicalistas y con algunos miembros del personal directivo, todavía debemos confesar nuestra ignorancia del lenguaje peculiar del campo de las relaciones laborales. Pero uno no puede permanecer mucho tiempo en Inglaterra sin conocer el término. "Trabajo por Reglamento".

Nuestra llegada a Londres hace unos meses se retrasó varias horas porque el personal de Tráfico Aéreo en el aeropuerto de Heathrow estaba operando en régimen de "trabajo por reglamento". Por la misma razón, durante el mes de Noviembre tuvimos numerosos apagones programados de corriente eléctrica que afectaron no sólo a viviendas sino al alumbrado público, semáforos, establecimientos comerciales e incluso hospitales. Unas semanas más tarde tuvimos una grave escasez de gasolina porque los conductores del camión cisterna habían iniciado una "política de trabajo por reglamento"

## La Definición del Término

¿Qué es este procedimiento de "trabajar por reglamento" que puede perturbar tan gravemente a una nación, reducir su productividad y amenazar su seguridad? Al observar los estragos causados, lo primero que pensamos fue que los involucrados estaban trabajando para hacerse con el control de su industria o, tal vez, del país —trabajando para controlarlo ellos mismos. No satisfechos con esto, buscamos una definición de un ciudadano Inglés conocedor.

"Trabajar por Reglamento", explicó, "es trabajar de acuerdo con requisitos mínimos predefinidos para un determinado empleo". De este modo, el trabajador no trabajará fines de semana, ni horas extras, ni descansos. No hará ningún esfuerzo por recuperar el tiempo tras una avería o un retraso. Pueden negarse a utilizar equipos proporcionados para aumentar la eficiencia a menos que dichos equipos se mencionen específicamente en su contrato. Los controladores aéreos se negaron a utilizar las computadoras, resolviendo los complejos problemas de tráfico del aeropuerto con un lápiz.

## Aplicaciones Espirituales

Eso es así. Y lo hemos estado observando toda nuestra vida; simplemente no sabíamos cómo llamarlo. Parecería que la mayoría de los miembros de la Iglesia "trabajan por reglamento" perennemente, haciendo sólo lo que creen que deben hacer para mantenerse fuera del infierno. Sin horas extras, sin tomar el relevo cuando otros están incapacitados, están dispuestos a hacer la obra del Señor con lápices mientras el diablo usa computadoras. Estos miembros rara vez asisten a clases Bíblicas o a los servicios dominicales por la tarde. No dan a conocer anuncios ni asisten a reuniones porque "no son obligatorias", explican. Si todos los miembros de una determinada congregación fueran personas que "trabajaran por reglamento", la Iglesia no sería más eficaz que una industria paralizada por tal acción. El "trabajo por reglamento" espiritual no es nuevo ni siquiera en este siglo. La Iglesia de Éfeso, que alguna vez fue una Iglesia celosa encendida por el amor al Señor, dejó su primer amor y se dispuso a "trabajar por reglamento". Aunque todavía eran sólidos en la enseñanza y en el desempeño de lo que parecían ser las funciones necesarias de una Iglesia, el Señor les amenazó con quitarles el candelero a menos que se arrepintieran (Apoc.2:1-7). La Iglesia en Laodicea debe haber pensado que al menos estaban "trabajando por reglamento" de lo contrario no se habrían jactado: "Soy rico y me he enriquecido y de ninguna cosa tengo necesidad". Sin embargo, el Señor, los juzgó como "desventurados y miserables y pobres y ciegos y desnudos" y les advirtió que su tibieza le enfermaba tanto que estaba a punto de vomitarlos de su boca (Apoc. 3:14- 21).

El rey Joás de Israel, a quien Eliseo le ordenó que golpeara el suelo con sus flechas, "trabajó por reglamento" cuando tomo "las saetas. Y luego que el rey de Israel las hubo tomado, le dijo: Golpea la tierra. Y él la golpeó tres veces, y se detuvo. Entonces el varón de Dios, enojado contra él, le dijo: Al dar cinco o seis golpes, hubieras derrotado a Siria hasta no quedar ninguno; pero ahora sólo tres veces derrotarás a Siria" (2 Rey. 13:18-19). El profeta conocía a su hombre. Un hombre que "trabaja por reglamento" nunca tendrá éxito en ninguna empresa.

## La Inutilidad de Esto

El éxito demanda ese empuje extra, ese compromiso que lleva a un hombre mucho más allá de lo necesario. Esto fue lo que distinguió a hombres como Pablo, Bernabé y los Macedonios. No contento con ser apóstol, el objetivo de Pablo era trabajar "más que todos ellos" (1 Cor. 15:10). No contento con dar el dinero que tenía para socorro de los pobres, Bernabé "teniendo una heredad, lo vendió, y trajo el precio y lo puso a los pies de los apóstoles" (Hech. 4:37). Y los Macedonios, "conforme a sus fuerzas y aun más allá de sus fuerzas, pidiéndonos con muchos ruegos que les concediéramos el privilegio de participar... se dieron primeramente al Señor" (2 Cor. 8:3,4,5). Cualquier Iglesia hoy en día que esté logrando algo lo está haciendo porque los miembros de su membrecía están dispuestos a hacer más de lo que las reglas parecen requerir.

Pero ¿Qué requieren las normas? La mayoría de los miembros de la Iglesia parecen pensar que las normas requieren el bautismo por inmersión, asistir a un número específico de servicios por semana (uno, dos o tres) y dar un porcentaje específico de los ingresos (generalmente "el pago llevado a casa"). Muchos de nosotros como predicadores hemos contribuido a esta impresión al dedicar gran parte de nuestra predicación, escritura, visitas y demandas de disciplina a estos pocos deberes. Quien las cumple se le considera fiel y todos los demás infieles.

Nos preguntamos si tal enseñanza es "conforme a los oráculos de Dios". Por supuesto, hay un pasaje que advierte contra el abandono de reunirnos (Heb.10:25). Y sospechamos que quien lo haga voluntariamente se perderá. Pero el que está convencido de que esto es todo lo que hay que hacer para ser Cristiano y que se contenta con un desempeño superficial de estos deberes tiene las mismas probabilidades de perderse. Éste fue el error del joven rico. Quería que se le asignara algo definido que pudiera hacer para asegurarse la vida eterna. Jesús no quiso sus obras; Jesús lo quería a él (Mat.19:16-22).

¿Cuándo hemos estudiado lo suficiente, orado lo suficiente, dado lo suficiente, creído lo suficiente, amado lo suficiente, trabajado lo suficiente para salvar a los perdidos? ¿Cuáles son las horas extras en el servicio de Dios? ¿Cuál es el "llamado del deber" más allá del cual no tenemos ninguna obligación? ¿Cuándo un predicador ha cumplido el trabajo de su semana—cuando ha dedicado 40 horas? ¿Cuándo estarán listos los ancianos para rendir cuentas, cuando hayan dedicado al menos una hora cada semana a la consulta? ¿Cuándo una Iglesia ha satisfecho al Señor, cuando ha cumplido con su presupuesto, ha aumentado su asistencia y ha bautizado a cincuenta personas? Ni Jesús ni sus apóstoles nos establecieron jamás un conjunto de deberes que pudiéramos realizar y darnos por "satisfechos". Él no nos ha concedido este lujo. En lugar de ello, Jesús dijo: "Cuando hayáis hecho todo lo que os ha sido ordenado, decid: Siervos inútiles somos, pues lo que debiéramos hacer, hicimos" (Luc. 17:10).

"Trabajar por reglamento" ¡ciertamente! Más bien, "Así que, hermanos, os ruego por las misericordias de Dios, que presentéis vuestros cuerpos en sacrificio vivo" (Rom. 12:1). "Haya, pues, en vosotros este sentir que hubo también en Cristo Jesús, el cual... se despojó a sí mismo... haciéndose obediente hasta la muerte, y muerte de cruz" (Fil. 2:5,7,8). "Si alguno quiere venir en pos de mí, niéguese a sí mismo, tome su cruz y sígame" (Mat. 16:24). "Así que, hermanos míos amados, estad firmes y constantes, creciendo en la obra del Señor siempre, sabiendo que vuestro trabajo en el Señor no es en vano" (1 Cor.15:58).

# Oyentes de Tierra Espinosa

Ninguna parábola de Jesús me viene a la mente con tanta frecuencia como la parábola del sembrador. Y en los últimos años, la experiencia con las Iglesias locales me ha recordado particularmente la parte espinosa de esa parábola.

La tierra donde crecieron los espinos era tan buena como la tierra que produjo mucho fruto. Su potencial era igual de grande excepto por el hecho de que las espinas estaban absorbiendo la vitalidad que debería haberse convertido en fruto. Algunas de las mejores personas que conozco se encuentran entre las que más atribuladas por las espinas. El relato de Lucas identifica esas espinas como "los afanes, y las riquezas y los placeres de la vida" (Luc. 8:14).

Algunas "afanes, riquezas y placeres" son lícitos. Aquel que no se preocupa lo suficiente por su familia como para sustentarla "ha negado la fe, y es peor que un incrédulo" (1 Tim. 5:8). Las riquezas pueden usarse como medio para acumular "un buen fundamento para lo por venir" (1 Tim. 6:17-19). Incluso el placer tiene su utilidad, ya que Dios lo diseñó para fomentar funciones necesarias como comer y dormir. Pero los legítimos no son nuestro problema. De hecho, cuando se ejercitan en obediencia a Dios producen buenos frutos.

Los afanes, las riquezas y los placeres, sin embargo, pueden ser un veneno. Cuando los afanes se convierten en ansiedades, se convierten en pecado (Mat. 6:25). "Porque los que quieren enriquecerse caen en tentación y lazo, y en muchas codicias necias y dañosas, que hunden a los hombres en destrucción y perdición" (1 Tim. 6:9). Los "deleites del pecado" pueden anular cualquier esperanza que podamos tener en el cielo (Gál. 5:19-21). Pero es posible que las espinas pecaminosas no estuvieran en la mente de Jesús.

# Las Preocupaciones Lícitas Llevados al Extremo

Las espinas descritas por Jesús son preocupaciones que pueden tener un lugar legítimo en nuestras vidas — ¡pero no el primer lugar! Así como el suelo tiene una vitalidad limitada, nosotros personalmente tenemos una cantidad limitada de tiempo, energía y capacidad financiera. Si las de preocupaciones temporales por inocentes que sean, absorben la mayor parte de estas cosas, no queda nada para Dios.

Las preocupaciones que asfixian nuestra vida espiritual en muchos casos son los extremos a los que llegamos con nuestros hijos—involucrándolos en organizaciones desmedidas, actividades escolares extracurriculares, deportes, lecciones de música, viajes y eventos sociales.

Les estamos robando su infancia y enseñándoles un estilo de vida en el que hay poco lugar para Dios. Los clubes, juntas y comités en los que servimos pueden proporcionar beneficios temporales a la sociedad, pero obstaculizan nuestra contribución al bienestar eterno de nosotros mismos, de nuestra familia o de nuestro prójimo. Las riquezas que nos impiden dar fruto son esos dólares que anhelamos más allá de las necesidades de la vida. Por ellos, las madres muchas veces van a trabajar y dejan a sus hijos al cuidado de otros, y los padres desempeñan dos o tres trabajos, descuidando a sus familias y la obra del Señor.

Los placeres bien pueden ser pasatiempos como asistir o participar en deportes organizados o no, la caza y la pesca, los juegos electrónicos, los pasatiempos, la televisión, los viajes o mil placeres inocentes que nos seducen constantemente. Con moderación, cualquiera de ellos puede ser saludable, pero cuando obstaculizan nuestro servicio a Dios se convierten en espinas.

Si cuestiona lo que estamos diciendo, piense en el estudio de la Biblia. ¿Cuántos miembros asisten constantemente a clases Bíblicas y cuántos se preparan adecuadamente? ¿Cuántos estudian más simplemente para conocer la palabra de Dios y cuántos enseñan a sus hijos? ¿Cuáles son las razones dadas para los fracasos?

Piensa en las actividades de la Iglesia. Los miembros se inscriben como voluntarios para un buen trabajo, indicando sus buenas intenciones, pero cuando llega el momento simplemente no tienen tiempo. Las visitas son casi imposibles en las ciudades porque los visitantes y los visitados no pueden reunirse en un horario conveniente.

Si intentan llamar a alguien, todo lo que puede esperar es un contestador automático y, con frecuencia, las llamadas no son devueltas. Una jornada de trabajo en el edificio o un esfuerzo de sondeo en un vecindario se considera exitoso si participa el diez por ciento de los miembros.

Y hay Series de predicaciones. Cada vez son más cortas y el porcentaje que asiste a todos los servicios es cada vez menor. El problema parece ser que las reuniones siempre se planifican en el momento equivocado: durante los torneos de baloncesto o de la Serie Mundial de Beisbol o la temporada de las Ligas Menores o la semana del "gran partido de fútbol" o la primera semana de la temporada de caza o durante la semana de exámenes o en la graduación o el día de la Madre o el día del Padre o el día del Trabajo o el día de los Caídos o demasiado cerca de Navidad o en época de vacaciones o cuando la nieve es mejor para esquiar. Y si no podemos asistir a nuestras propias reuniones, ¿Cómo podremos visitar otras Iglesias que parecen seleccionar tan mal sus horarios de reunión como el lugar donde adoramos?

¿Somos personas de terreno espinoso? ¿O quizás gente de buena tierra que produzca sólo treinta en lugar de sesenta o cien veces más? Es posible que estemos atrapados temporalmente en algunos compromisos, pero escapemos de estos enredos menos importantes lo más rápido posible; luego aprendamos a decir "No" a los nuevos y dedicarnos más completamente a dar frutos para el Señor.

# Luz para el Pueblo de Dios

# La Iglesia—¿Una Institución o una Relación?

Tanto los Católicos como los Protestantes tienen en común el concepto de la Iglesia como una organización terrenal de congregaciones con funcionarios organizativos, oficinas centrales, credos, nombres, publicaciones y agencias. La continuidad de tal Iglesia depende de la preservación de estas características. Tan pronto como un Papa muere, debe ser reemplazado por otro, o cuando finaliza el mandato de un presidente u obispo, se debe elegir otro. Un credo puede ser enmendado o revisado, pero nunca puede ser abandonado, porque es la constitución de la Iglesia; La abolición del credo significaría el fin de la Iglesia.

La mayoría de los Protestantes son lo suficientemente sabios como para comprender que las Iglesias que han establecido siguiendo este modelo no son la Iglesia que Jesús construyó. Generalmente se refieren a la Iglesia de Cristo como la "Iglesia universal" o la "Iglesia invisible" o, tal vez, como el "cuerpo de Cristo".

Muchos de nosotros hemos sido diligentes en señalar estos errores. Hemos condenado el denominacionalismo, los nombres de los partidos, los credos de los partidos y todo lo que acompaña a tales instituciones; y hemos sostenido que no debemos ser más que Cristianos, miembros del cuerpo de Cristo —la Iglesia a la que Él nos agrega cuando nos salva.

Nuestros amigos tienen dificultades para entendernos porque, mientras hablamos de pertenecer al cuerpo de Cristo — la Iglesia — ellos piensan en la "Iglesia de Cristo" como una institución.

¡Sin embargo, debemos reconocer un peligro! Con la idea institucional tan prevaleciente, es posible que comencemos a pensar en la Iglesia de Cristo como una institución. Y tal concepto se vuelve aún más letal si seguimos considerándonos miembros solo del cuerpo de Cristo.

Entonces, para nosotros, la Iglesia institucionalizada que existe en nuestra mente es el cuerpo de Cristo. Este es un error mayor que el que han cometido nuestros amigos Protestantes.

Después de todo, los funcionarios no tienen que ser elegidos para ejercer una influencia autoritaria. Los credos no tienen que estar escritos para ser obligatorios. No es necesario que los nombres sean adoptados por una conferencia para que se consideren designaciones esenciales y exclusivas. Las publicaciones no tienen que ser financiadas por Iglesias para que sirvan como sus portavoces, y las agencias de orientación religiosa no tienen que estar legalmente adscritas a la Iglesia para ser consideradas relacionadas con la Iglesia.

Difícilmente se puede negar que estas características de la Iglesia institucional ocupan un lugar destacado en el pensamiento de muchos de nosotros. Este concepto suele materializarse en la palabra "hermandad". ¿No escuchamos con frecuencia hablar de los líderes de nuestra hermandad, de los periódicos de la hermandad, de las escuelas de la hermandad y de las agencias de la hermandad de diversos tipos?

Algunos se sentirían incómodos al reunirse en un edificio de reunión si el letrero en el frente dijera algo que no fuera "Iglesia de Cristo" y negarían ser miembros de la Iglesia de Dios.

Comúnmente vemos referencias a "congregaciones de la Iglesia de Cristo" como si la Iglesia de Cristo fuera un cuerpo de congregaciones en lugar de un cuerpo de miembros; y algunos no pueden decirle lo que creen hasta que hayan revisado su "publicación de la hermandad".

Un "Directorio de las Congregaciones de las Iglesias de Cristo" enumera los colegios y Universidades de artes liberales, los Colegios Bíblicos y otras Escuelas de Religión que otorgan Títulos, Escuelas de Predicación, y Centros y Agencias de Cuidado en los EE. UU. para el cuidado de niños (Orfanatos) y Cuidado de personas mayores (Asilos).

Una vez que identificamos dicha hermandad, o cualquier parte de ella, como el cuerpo de Cristo, se siguen varias consecuencias graves. Luego concluimos que para ser salvo uno debe ser parte de esta hermandad y, a toda costa, mantener una buena reputación en ella. No nos atrevemos a cuestionar a los líderes, tradiciones, publicaciones o instituciones de la hermandad, porque hacerlo es ser "desleales". Debemos creer y practicar lo que la corriente principal de la hermandad considera ortodoxo; no podemos arriesgarnos a quedar aislados de ella, porque eso significaría estar fuera del cuerpo de Cristo y perdernos.

Por otro lado, si estamos en buena relación con la hermandad, podemos comportarnos de cualquier manera que nos plazca; Estamos bien con Dios porque estamos en la Iglesia correcta. Tal pensamiento es ajeno a las Escrituras.

La Iglesia del Señor es Su cuerpo (Col. 1:18) y estar en esa Iglesia depende de que seamos bautizados en Él y mantengamos una relación con Él mediante la sumisión continua a Él como nuestra cabeza. Cristo es la vid, los discípulos individuales son los pámpanos y aquellos en esta relación están en la Iglesia (Jn.15:1-5).

Producir fruto depende de permanecer en Cristo, no en una denominación, hermandad o congregación. La elección de compañerismo por parte de un discípulo es parte del fruto que produce; pero no es ni la fuente de su vitalidad espiritual ni su vínculo con esa fuente. Cristo es la fuente y la relación con Él es personal.

No somos salvos porque estemos en la Iglesia; estamos en la Iglesia porque somos salvos (Hech. 2:47) y todos los que son salvos están en ella. Es "muy poco" lo que los hermanos puedan pensar de nosotros: El que nos juzga es el Señor (1 Cor. 4:3-4).

Una Iglesia corrupta como la de Pérgamo puede tolerar nuestro pecado, pero si continuamos en ese pecado, el Señor hará guerra contra nosotros con la espada de Su boca (Apoc. 2:14-16). Por otro lado, Diótrefes puede echarnos de la Iglesia, pero si hacemos lo que es bueno, somos de Dios (3 Jn. 9-11) y no tenemos nada que temer.

# Las Iglesias del Nuevo Testamento: El Cristianismo No Denominacional

La Iglesia que Jesús estableció fue universal, abarcando todos los que fueron salvos (Hech. 2.47). Todos los que Él salvó en una determinada comunidad fueron la Iglesia en esa comunidad.

A nivel local estaban organizados para la adoración y el trabajo bajo la dirección de los ancianos (Hech. 14:23). Esta fue la única organización que Cristo le dio a Su Iglesia. Era la única cabeza de la Iglesia universal y la única cabeza de cada Iglesia local.

Esta disposición de congregaciones autónomas e independientes sin sede terrestre no debería sorprender a los estudiantes de la Biblia. En el Antiguo Testamento, Dios estaba disgustado con las tendencias centralizadoras de quienes construyeron la Torre de Babel y los dispersó (Gén.11:4,9).

Su plan para Israel era que las tribus funcionaran sin un gobierno central o rey terrenal, y solo Él reinaría sobre ellas. Su insistencia en la centralización y en un rey humano le disgustó (1 Sam.8:4-7). Esas mismas tendencias humanas a centralizar aparecieron muy temprano en la Iglesia. El destacado historiador de la Iglesia, John L. Mosheim, describe los cambios realizados en el siglo II:

"Durante una gran parte de este siglo, todas las Iglesias continuaron siendo, como al principio, independientes unas de otras, o no estaban conectadas por asociaciones o confederaciones... Pero con el tiempo se volvió costumbre para todas las Iglesias Cristianas dentro de la misma provincia para unir y formar una especie de sociedad o comunidad más grande y, a la manera de las repúblicas

confederadas, celebrar sus convenciones en momentos determinados y deliberar allí para el beneficio común de toda la confed-
eración... Estos concilios—de los cuales ningún vestigio aparece
antes de mediados de este siglo—cambió casi toda la forma de la
Iglesia" (*Ecclesiastical History*, Vol. I, Página 116).

De hecho, "casi toda la forma de la Iglesia" fue cambiada—convertida en una denominación. Ahora había una nueva asociación,
no de miembros sino de congregaciones. Ahora había una nueva
organización entre las Iglesias y Cristo. Ahora había una nueva autoridad capaz de multiplicar organizaciones y cargos hasta el infini-
to. Ahora había una división que separaba a las Iglesias que coop-
eraban de las que no. Y todo empezó cuando las congregaciones locales *entregaron* una pequeña parte de su autonomía.

La autonomía de la Iglesia local *es* la primera y última línea de
defensa contra la amenaza siempre presente del denominacionalismo. Al principio, la cesión de autonomía es siempre en pequeñas
cantidades, por una buena y voluntaria causa. Pero, al igual que el
Increíble Hulk (la popular serie Estadunidense de los 70 y 80's sobre
el hombre con poderes asombrosos—ARP), la organización a la que
se le entrega tiende a convertirse en un amo irresistible y sediento
de poder.

Sucedió en el siglo II. Sucedió nuevamente en el siglo XIX
cuando cientos de congregaciones acordaron permitir que una Sociedad Misionera central supervisara su trabajo misionero, solo
para que esa sociedad creciera en un solo siglo hasta convertirse en
un cuerpo gobernante denominacional de pleno derecho. Y las
mismas fuerzas están actuando en el siglo XX.

Hoy en día, varias instituciones están solicitando a las Iglesias
que acepten la responsabilidad de la obra de evangelización, edificación y benevolencia de la Iglesia a cambio de ayuda financiera.

Los ancianos de las Iglesias patrocinadoras "asumen la supervisión" del trabajo en el que todas las congregaciones tienen la misma responsabilidad y piden el apoyo de esas Iglesias. ¿No se viola el límite de la autonomía local cuando una Iglesia local permite que la junta de una institución o los ancianos de otra Iglesia supervisen cualquier parte de su obra?

Pero el fin aún no ha llegado. Un libro enviado recientemente por correo a miles de predicadores intenta demostrar que todas las Iglesias en un área urbana deben estar bajo *un solo* anciano. El libro cuenta con numerosos respaldos.

Quienes rechazan estos conceptos no son inmunes a las influencias denominacionalistas. A veces las Iglesias se sienten intimidadas a la hora de tomar decisiones por un respeto exagerado hacia un Colegio o por el temor a ser criticados en un periódico. Ceder ante tales presiones o dejarnos influenciar por "lo que piensa la hermandad" es volvernos sectarios y denominacionales.

Por supuesto, existe el peligro de una reacción en nuestros esfuerzos por evitar el denominacionalismo. Ser Cristianos no denominacionales no significa que debamos evitar organizarnos en Iglesias locales, incluso Iglesias grandes como la Iglesia de Jerusalén. Tampoco significa que dicha Iglesia deba aislarse, adoptar una designación única y actuar como si no existiera otra Iglesia similar en la tierra.

La Iglesia no denominacional en Jerusalén reconoció la existencia de otras Iglesias, envió a Bernabé para motivar a una (Hech. 11:22-24), recibió dadivas de otros y fue incluida entre un grupo de Iglesias del que Pablo habló como "las iglesias de Dios en Cristo Jesús que están en Judea" (1 Tes. 2:14). Pero conservaron el control absoluto de sus propios asuntos.

Se debe resistir la invasión de la autonomía local, no con un "espíritu de feroz independencia fronteriza", sino con fe en Cristo. Él es el Rey, y en un reino toda autoridad debe ser otorgada por el rey.

Hoy en día, los únicos hombres con credenciales del rey son los ancianos a quienes el Espíritu Santo ha puesto obispos (Hech. 20:28). Su autoridad debe ejercerse en armonía con la voluntad de Cristo y sólo en la Iglesia de la que forman parte (1 Ped. 5:2). La lealtad a Cristo demanda una estricta observancia de este acuerdo.

# Preguntas Antiguas sobre Iglesias Antiguas

En el primer capítulo del Apocalipsis, se ve a Jesucristo caminando entre siete candeleros distintos. En el versículo 20 se revela que estas son las siete Iglesias en Asia descritas en los capítulos dos y tres.

**Éfeso** era una Iglesia que trabajaba pacientemente y que no podía soportar a los malos, odiaba las obras de los Nicolaítas y rechazaba a los falsos apóstoles. Sin embargo, fueron reprendidos por abandonar su primer amor (Apoc.2:1-4).

**Esmirna** continuó trabajando para el Señor a pesar de la pobreza, la tribulación y la blasfemia externa. No se registró ninguna falta (2:8-10).

**Pérgamo** había mantenido la fe en Cristo a pesar de que moraban donde estaba el trono de Satanás y habían visto el martirio de uno de ellos. Sin embargo, había algunos entre ellos que mantenían las doctrinas de Balaam y de los Nicolaítas (2:13-15).

**Tiatira** se caracterizó por el amor, el servicio, la fe, la paciencia y un número cada vez mayor de buenas obras. Sin embargo, permitieron que una Jezabel entre ellos enseñara y engañara a los siervos del Señor para que cometieran inmoralidad sexual y comieran cosas sacrificadas a los ídolos (2:19-21).

**Sardis** tenía nombre de que estaba viva, pero en realidad estaba muerta (3:1-2).

**Filadelfia** era débil, pero habían guardado la palabra del Señor y no habían negado Su nombre, y Él había puesto delante de ellos una puerta abierta (3:8-9).

**Laodicea** era tibia—ni fría ni caliente. Se consideraban ricos y no necesitaban nada, pero el Señor los llamó desventurados, miserables, pobres, ciegos y desnudos (3:15-17).

## Algunas Preguntas Modernas

**¿Cuántas Iglesias se reunieron en Asia?** Apocalipsis enumera siete. Pablo agrega Colosas y Hierápolis (Col. 4:13). Entonces el Señor debe haber elegido el número siete como el número perfecto y escrito a estas siete como representativas de todas las Iglesias. Si eso es así, muestra que al Señor le preocupa más la calidad de las Iglesias que la cantidad.

**¿Eran todas "Iglesias de Cristo"?** Obviamente lo eran. Sin embargo, dos de ellas fueron amenazadas: a una con quitarle el candelero y a la otra con ser vomitada de la boca del Señor. Cualquiera de los dos destinos destruiría cualquier pretensión de ser una Iglesia de Cristo.

**¿Qué enseñó la Iglesia de Cristo en Asia acerca de la doctrina de los Nicolaítas?** Éfeso se opuso y Pérgamo lo toleró.

**¿Permitieron las Iglesias de Cristo la fornicación?** Éfeso no lo hizo, pero Tiatira sí. Las respuestas a estas dos preguntas dejan claro que la norma de verdad y rectitud no es lo que las Iglesias enseñan y practican, sino lo que el Señor aprueba.

**¿Cuántas "Iglesias sanas" había?** Sólo dos quedaron sin reprensión, mientras que cinco fueron criticadas. Pero el Señor sólo amenazó a dos y eran Iglesias que probablemente consideraríamos "sanas". Éfeso había rechazado tanto la falsa doctrina de los Nicolaítas como el mal de la fornicación, pero no era sana a los ojos del Señor porque habían abandonado su primer amor. Laodicea fue condenada por la única razón de su tibieza. ¿Cuántas Iglesias cree que llamamos sanas hoy están en las mismas condiciones que Éfeso y Laodicea?

¿Por qué no se rechazó a las Iglesias por tolerar la falsa doctrina y la inmoralidad? Aparentemente porque había algunos miembros que no tenían esa doctrina y "no habían conocido las profundidades de Satanás" (Apoc. 2:24). De manera similar, unos pocos en Sardis no habían "manchado sus vestiduras" (Apoc. 3:4).

**¿Estaba dividida la Iglesia en Asia?** Hubo división dentro de algunas de las congregaciones, pero no hay constancia de ninguna división que no sea geográfica entre congregaciones, ni aquí ni en ninguna otra parte del Nuevo Testamento. No había ninguna asociación u organización de Iglesias que dividir. Cada candelero se sostenía por sí solo. Las Iglesias estaban separadas y eran independientes. Lo único que las unía era su relación con Cristo. En consecuencia, la única división posible fue que el Señor rechazara a algunos y perdonara a otros. Los párrafos anteriores demuestran que el Señor puede usar criterios diferentes a los nuestros para juzgar a las Iglesias.

**¿Ofrecerían algunas de las Iglesias de Asia un ambiente más sano para el crecimiento espiritual que otras?** Obviamente sí. Y si un Cristiano se mudara a Asia, no estaría mal señalar las debilidades y fortalezas de las distintas Iglesias. Tampoco sería "sectarismo" o "partidismo" hacerlo. Jesús lo hizo.

**¿Quién era responsable de purificar las Iglesias?** Los propios miembros de las Iglesias. El Señor no ordenó a obispos provinciales, evangelistas supervisores, almuerzos de predicadores o periodistas de hermandades para vigilar las Iglesias para asegurarse de que ellos y sus predicadores se mantuvieran "sanos".

Todo Cristiano debe aprovechar las oportunidades para enseñar dondequiera que se presenten, pero nadie desde los apóstoles ha tenido la responsabilidad de "todas las Iglesias" (2 Cor. 11:28). Si las preguntas modernas y sus respuestas no encajan a las Iglesias antiguas, es muy posible que las preguntas surgieran de una idea errónea de lo que realmente era la Iglesia entonces y de lo que sigue siendo la Iglesia del Señor ahora.

# Jesús o la "Religión Organizada"

Recientemente, un joven me describió su posición religiosa actual. "Estoy leyendo mi Biblia más que nunca, oro con frecuencia y estoy reservando una parte importante de mis ingresos para causas benéficas. Pero he decidido que he terminado con la religión organizada".

Un número cada vez mayor de personas expresa sentimientos similares. Insisten en que aman a Jesús y quieren servirle. Su problema es con la "religión organizada". Si por religión organizada se refieren a todas las organizaciones que han afirmado representar a Jesús a través de los siglos, tienen motivos para distanciarse de ella.

Si quieren decir que desean evitar ser miembros de una denominación con su sede terrenal, su jerarquía, su cuerpo legislativo y sus organizaciones subsidiarias, tienen toda la razón al hacerlo. Jesús nunca autorizó denominaciones.

Inmediatamente después de que los primeros individuos fueron salvos por la obediencia al evangelio (Hech. 2:41), ellos se asociaron entre sí. Continuando con la enseñanza de los apóstoles, tenían comunión juntos en la adoración y en la obra (Hech. 2:42). Semejante compañerismo requería organización. En Hechos 4:35 había una tesorería, en Hechos 6:1-7 había hombres que servían en nombre de la Iglesia colectiva (¿diáconos?), y en Hechos 15:2 se menciona específicamente a los ancianos en Jerusalén.

No es de extrañar que cuando Saulo de Tarso llegó a Jerusalén "trataba de juntarse con los discípulos" (Hech. 9:26). Al principio lo rechazaron pero con la recomendación de Bernabé le permitieron estar "con ellos en Jerusalén, y entraba y salía" (Hech. 9:28). Es impensable que Pablo llegue hoy a cualquier comunidad sin intentar "unirse a los discípulos".

Cuando Pablo convirtió a hombres y mujeres, no se contentó con dejarlos desorganizados, sino que regresó y "constituyeron ancianos en cada Iglesia" (Hech. 14:23). ¿Habrían sido justificados los discípulos de esas ciudades al rechazar tal "religión organizada"?

Pablo predicó en Éfeso durante tres años durante los cuales "crecía y prevalecía poderosamente la palabra del Señor" (Hech. 19:20). En el siguiente capítulo leemos sobre su encuentro con los ancianos de Éfeso (Hech. 20:17). Les encargó: "Por tanto, mirad por vosotros, y por todo el rebaño en el cual el Espíritu Santo os ha puesto por obispos, para apacentar la iglesia del Señor, la cual él ganó con su propia sangre" (Hech. 20:28).

¿Se imagina que Pablo aprobara a un pequeño grupo de ovejas que decidieron reunirse en algún lugar de una cueva, apartados de los pastores, en lugar de asociarse con esa "religión organizada"?

Efesios 4:11 se refiere a "pastores y maestros"—los mismos hombres a quienes Pablo les hablaba en Hechos 20:28. Junto con los apóstoles, profetas y evangelistas, su propósito era "perfeccionar a los santos para la obra del ministerio, para la edificación del cuerpo de Cristo, hasta que todos lleguemos a la unidad de la fe y del conocimiento del Hijo de Dios, a un varón perfecto, a la medida de la estatura de la plenitud de Cristo; para que ya no seamos niños fluctuantes y llevados de todo viento de doctrina... sino que, siguiendo la verdad en amor, crezcamos en todo a Aquel que es la cabeza, esto es Cristo" (Efe. 4:12-15). ¿No necesitan todos los Cristianos ese equipamiento y edificación?

Sin darse cuenta, los buenos Cristianos pueden ser culpables de un grado de presunción y superioridad que los lleva a sentirse espiritualmente superiores a aquellos que componen una Iglesia local con todos sus problemas y la inmadurez que algunos demuestran.

Cuando nos exasperamos con nuestros hermanos, necesitamos leer nuevamente Filipenses 2:1-5. Si, en verdad, somos espiritualmente superiores, debemos permanecer para ayudar a los débiles (Rom. 15:1-3; Gál. 6:1-2). Ése es el verdadero propósito de la asamblea local. Es como una familia en la que los maduros otorgan protección, alimento. disciplina, instrucción y ejemplo a los inmaduros. O como un hospital. Imagine un hospital donde médicos y enfermeras sanas abandonan el hospital porque están cansados de tratar con personas enfermas. Había algunas personas muy enfermas en la Iglesia de Tiatira (Apoc. 2: 18-29), pero el Señor no instruyó a los que eran puros que abandonaran la congregación.

Por supuesto, habrá ocasiones en las que deberíamos abandonar una congregación. Quizás necesitemos comenzar a adorar en una comunidad donde no existe ninguna Iglesia. O la congregación puede participar en prácticas antibíblicas que violan nuestra conciencia. Pero cuando comenzamos a reunirnos, aunque sean pocos, estamos formando una nueva Iglesia en el sentido local, y nuestra meta debe ser establecer ancianos lo antes posible.

Si este es el tipo de "religión organizada" del que estamos tratando de escapar, debemos reconocer que es de origen divino y no humano. No podemos seguir a Jesús mientras rechazamos su arreglo para nuestra propia edificación y para nuestra comunión en la edificación de los demás.

# "La Iglesia para Todos"

Recientemente observé un letrero frente al edificio de una Iglesia: "Iglesia de Cristo—la Iglesia para todos". Se pueden decir algunas cosas buenas de este lema, pero también plantea interrogantes. ¿Qué significa exactamente?

## Conceptos Encomiables

Si el letrero significa que personas de todas las razas pueden asistir, estudiar e incluso ser miembros, el letrero es apropiado. Los apóstoles resistieron todos los esfuerzos para hacer de la Iglesia del Señor una Iglesia Judía y cualquier esfuerzo hoy en día para limitar racialmente su membresía sería igualmente incorrecto.

Si el letrero atrae a personas de todos los niveles económicos, es apropiado. En la era del Nuevo Testamento, la Iglesia incluía a algunos ricos (1 Tim. 6:17-19) y muchos pobres (Rom. 15:26). Santiago reprendió a quienes discriminaban a los pobres (Sant. 2:1-13).

Si el letrero tiene la intención de asegurar a todos los pecadores arrepentidos, independientemente de su culpa, que encontrarán allí servidores comprensivos del Gran Médico que los ayudarán a escapar de su culpa y de sus vidas de pecado, entonces es encomiable.

## Conceptos Cuestionables

Sin embargo, si el letrero fue redactado para sugerir que la Iglesia atraerá a todos, o que todos encontrarán lo que están buscan y se sentirán cómodos en su comunión, entonces el letrero está mal concebido o la Iglesia ha perdido su identidad.

El reino nunca tuvo la intención de atraer a todos. Es para los pobres de espíritu, los manos de corazón, y los que tienen hambre y sed de justicia (Mat. 5:3-6); no es para aquellos cuya justicia es sólo exterior como la de los escribas y fariseos (Mat. 5:20).

Es para los que tienen un corazón honesto y bueno; no para aquellos cuyos corazones son duros, superficiales o están llenos de afanes, riquezas y placeres (Luc. 8:11-15). Es para aquellos que llegan a la luz cuando la ven; no para los que aman más las tinieblas que la luz (Jn. 3:19-21).

Es para los que quieren hacer la voluntad de Dios (Jn. 7:17); no para los que "se complacieron en la injusticia" (2 Tes. 2:12). La Iglesia es un cuerpo de "llamados". Está formado por aquellos que han sido llamados por el evangelio "mediante nuestro evangelio" (2 Tes. 2:13-14).

El evangelio es poder de Dios para salvación a todo aquel que cree (Rom. 1:16); pero hay millones "por cuanto no recibieron la verdad para ser salvos" (2 Tes. 2:10). Si ellos no creen en el evangelio, no serán salvos y la Iglesia no es para ellos.

## Adaptando la Iglesia a Todos

Nunca fui un ávido fanático del béisbol y vivir en Atlanta ha contribuido poco a convertirme en uno de ellos. Un 4 de Julio, sin embargo, acepté ir con un grupo de amigos Cristianos a un partido de los Bravos de Atlanta. Desde el momento en que llegamos al campo, supe que esto iba a ser diferente. El campo estaba cubierto de bandas de escuelas secundarias—un llamamiento para todos los que gustan de la música. Y eso fue solo el comienzo. Para aquellos que prefieren la ópera, una estrella de la Opera Metropolitana cantó el himno nacional. Para aquellos de gusto más político, el Fiscal General de los Estados Unidos encabezó el juramento a la bandera.

Los amantes del dinero quedaron tentados por un premio de entrada de 500 dólares. Los fanáticos de los dibujos animados se entretuvieron con un marcador de un millón de dólares con personajes de dibujos animados. Aquellos que vivían en el nivel de la carne pudieron disfrutar de la vista de una joven en pantalones cortos corriendo alrededor del diamante barriendo las bases entre cada entrada.

Y para colmo, hubo un gran espectáculo de fuegos artificiales. No recuerdo contra qué equipo jugaban los Bravos y mucho menos quién ganó, pero ese fue un partido que nunca olvidaré. Eso fue béisbol para la gente a la que no le gusta el béisbol.

Demasiadas Iglesias están tratando de remodelar la religión de Jesucristo para convertirla en una religión para personas a las que no les gusta la religión. Para aquellos que deseen recreación, ofrecen recreación. Para aquellos que desean entretenimiento, hay entretenimiento. Para aquellos cuyo interés principal es la educación secular, ofrecen guarderías, jardines de infancia, escuelas y universidades. Para aquellos cuyo apetito es la comida, construyen cocinas y comedores en las Iglesias. ¿El intento es ser "la Iglesia para todos"?

El Señor nunca autorizó tales apelaciones carnales y temporales. Su intención fue que la Iglesia fuera un cuerpo de personas "llamadas" y separadas. Si el evangelio es el único atractivo, este efectuará esa separación. En Corinto, donde se valoraba la sabiduría de los hombres, Pablo se propuso "no saber nada entre vosotros excepto a Jesucristo, y éste crucificado" (1 Cor. 2:2). En una ciudad donde la oratoria era muy valorada, se negó incluso a vestir el evangelio "con excelencia de palabras o de sabiduría" (1 Cor. 2:1). Su propósito era asegurarse de que los materiales que construyera para el templo fueran "oro, plata y piedras preciosas", en lugar de "madera, heno, hojarasca" (1 Cor. 3:12).

No, la Iglesia del Señor no es para todos, sólo para los que tienen esas cualidades que los distinguen como los elegidos y escogidos de Dios.

# Relevancia para Nuestra Era Moderna

Recientemente escuchamos una transmisión de participación de los oyentes en la que un predicador metodista discutió el tema "La Iglesia Cambiante". Estaba luchando con el problema, dijo, de "cómo la Iglesia podría cambiar sus formas para ganar una mayor relevancia en el mundo de hoy". Consciente o inconscientemente, muchos en la Iglesia del Señor están preocupados por el mismo problema.

No están muy conscientes de que la Iglesia en su forma primitiva es enteramente relevante para las necesidades espirituales del hombre moderno, pero siempre ha sido irrelevante para los problemas de la vida tal como los definen las personas de mentalidad mundana.

En los tiempos de Jesús, las personas consideraban irrelevante su oferta de "alimento que permanece para vida eterna" porque buscaban el "alimento que perece"—los panes y peces (Jn. 6:26,27). Tanto Judíos como Griegos consideraron irrelevante la predicación de Pablo en la cruz porque, dijo, "Porque los judíos piden señales, y los griegos buscan sabiduría; pero nosotros predicamos a Cristo crucificado, para los judíos ciertamente tropezadero, y para los gentiles locura; mas para los llamados, así judíos como griegos, Cristo poder de Dios y sabiduría de Dios" (1 Cor. 1:22-24).

Pablo, al responder a esta situación, lejos de cambiar las formas, ya sea de la Iglesia o de la doctrina, desestimó las objeciones con estas palabras: "Pero si nuestro evangelio está aún encubierto, entre los que se pierden está encubierto; en los cuales el dios de este siglo cegó el entendimiento de los incrédulos, para que no les resplandezca la luz del evangelio de la gloria de Cristo, el cual es la imagen de Dios" (2 Cor. 4:3-4). Estas personas no serán salvas incluso si, aunque se cambiasen las formas de la Iglesia.

Es cierto, como afirmó el locutor radial, que la Iglesia debe salir de sus "santuarios y asambleas formales para llevar la religión a las masas donde están".

Es verdad que la Iglesia "debe demostrar el magnético amor reformador enseñado por Jesús en el Sermón de la Monte". Pero este amor debe ser de una variedad personal cálida y no del enfoque burocrático, institucional y organizado de los bienhechores que se ven en todos los segmentos de la sociedad moderna, religiosos o no religiosos. Y la religión llevada a las masas debe ser "el alimento que permanece para vida eterna" en lugar del "alimento que perece".

En lugar de cambiar la Iglesia para apelar a los gustos degradados de un mundo perdido, es urgente que el mundo perdido tenga "hambre y sed de justicia". Y esto no se puede hacer entregando el pan material.

Sin embargo, nos preguntamos seriamente si no hay en el mundo mayor hambre y sed de justicia de lo que muchos creen. Vemos indicios de que las multitudes que se alejan de las Iglesias lo hacen, no porque la Iglesia no se preocupe por sus problemas mundanos, sino como insinuó el predicador, porque la Iglesia no está logrando satisfacer los apetitos de sus almas. Esta fue nuestra impresión a partir de las llamadas de quienes escucharon la transmisión bajo discusión.

Además, obsérvese que, en general, son las grandes Iglesias modernistas con mentalidad social las que se están convirtiendo cada vez más en cascarones vacíos; son sus miembros los que abandonan las filas de la profesión religiosa. Los organismos fundamentales más pequeños se mantienen firmes y crecen.

Si se necesita algún cambio en la Iglesia, es una eliminación de esas actividades y organizaciones que no están relacionadas con su misión espiritual y no están autorizadas por su Cabeza. Pero, por desgracia, todos los cambios propuestos, especialmente entre las Iglesias de Cristo, requieren una inmersión cada vez más profunda en la mundanalidad misma que ha hecho que un gran número de personas se harten de la religión. De este modo, el triste ciclo se acelera.

Nuestro Maestro ha hablado sobre el tema: "No os conforméis a este siglo, sino transformaos mediante la renovación de vuestro entendimiento, para que comprobéis cuál sea la buena voluntad de Dios, agradable y perfecta" (Rom. 12:2).

# Actitudes hacia el Crecimiento

Hace unos años, un anciano que conozco se estaba trasladado a una zona donde la Iglesia era muy débil. Lo animé en su mudanza, creyendo que sería de gran ayuda para la pequeña Iglesia con la que se reuniría. Mis expectativas, sin embargo, resultaron equivocadas. Realmente nunca fue aceptado en el nuevo grupo y sus talentos nunca fueron utilizados. Ellos habrían estado igual de felices si él nunca hubiera venido.

Este incidente empezó a revelarme que las personas tienen diferentes actitudes hacia el crecimiento.

## El Temor al Crecimiento

A nadie le gustan los problemas. Y el crecimiento siempre crea problemas. Hay problemas relacionados con una empresa en crecimiento, una familia en crecimiento y una persona en crecimiento. Una Iglesia en crecimiento no es una excepción.

Los nuevos miembros son extraños con quienes tenemos que familiarizarnos. A veces cuestionan la forma en que hemos estado haciendo las cosas. Quizás nos reemplacen como directores de himnos o maestros de la Biblia. Es posible que ocupen los asientos que hemos estado ocupando desde que se construyó el edificio, y su creciente número puede incluso requerir una costosa ampliación del edificio. Los nuevos conversos con frecuencia traen consigo un equipaje mundano que aún no han desechado. A veces son pobres y necesitan ayuda financiera, y con frecuencia tienen problemas personales y familiares que requieren un asesoramiento prolongado.

Además de todo esto, con frecuencia hay críticas de hermanos de otros lugares que parecen estar seguros de que cualquier Iglesia que esté creciendo se está comprometiendo y se ésta "volviendo liberal".

Debido a estos y otros problemas, muchos hermanos se sienten más cómodos simplemente "cuidando el hogar". Empiezan a ponerse nerviosos si ven que llegan personas nuevas o si se bautizan. Y ciertamente no contribuirán al crecimiento. "¿Por qué trabajar para algo que sólo causa problemas?"

## Crecimiento por Cualquier Medio

Algunos, sin embargo, van al extremo opuesto y miden el éxito de una Iglesia por su incremento numérico. El "crecimiento de la Iglesia" es el tema en torno al cual se están formando nuevos departamentos en los Colegios religiosos, se llevan a cabo Seminarios en todas las ciudades importantes y se escriben libros a veintenas.

Algunos de ellos ofrecen algunas ideas valiosas, pero la mayoría busca promover el crecimiento apelando a los intereses seculares de una sociedad mundana en lugar del hambre y la sed de justicia que Jesús prometió satisfacer; y prescriben actividades seculares para las cuales no hay lugar en el simple programa espiritual de una Iglesia del Nuevo Testamento.

Cuando se les desafía a dar autoridad Bíblica para tales actividades, quienes las practican con frecuencia responden: "Dios debe favorecer lo que estamos haciendo porque seguramente nos está bendiciendo. ¡Mire cómo estamos creciendo!"

El Señor nunca tuvo la intención de que esos llamamientos seculares se utilizaran para promover Su causa. A una multitud que buscaba "panes y peces" (Jn. 6:26), les ofreció "el pan del cielo" en el que no tenían ningún interés. "Desde entonces muchos de sus discípulos volvieron atrás, y ya no andaban con él.

Dijo entonces Jesús dijo a los doce: ¿Queréis acaso iros vosotros también?" (Jn. 6:66-67). Jesús no entró en pánico. De hecho, Él no hizo ningún movimiento para retener a los que carecían de apetito espiritual.

Pablo observó acerca de los Corintios: "Los judíos piden señales, y los griegos buscan sabiduría; pero nosotros predicamos a Cristo crucificado, para los judíos ciertamente tropezadero, y para los griegos locura; mas para los llamados, así judíos como griegos, Cristo poder de Dios, y la sabiduría de Dios" (1 Cor. 1:22-24).

Guiado por el Espíritu, Pablo no hizo ningún esfuerzo por atraer a quienes buscaban señales entretenidas y sabiduría humana.

Si hubiera conseguido atraer a tales personas, se habría producido un aparente "crecimiento de la Iglesia", pero los añadidos habrían sido "madera, heno, hojarasca" en el templo de Dios (1 Cor. 3:12).

## Planta, Riega y Deja que Dios dé el Crecimiento

Lo que se hizo en Corinto nos proporciona las pautas que necesitamos para lograr un crecimiento saludable de la Iglesia. Aunque se negaba a complacer los apetitos seculares de los mundanos, Pablo predicó a Cristo crucificado (1 Cor. 1:23), sepultado y resucitado (1 Cor. 15:1-4). "Y muchos de los corintios, oyendo, creían y eran bautizados" (Hech. 18:8). Apolos siguió a Pablo en Corinto y "fue de gran provecho a los que por la gracia habían creído" (Hech. 18:27).

El propio Pablo resumió su enfoque: "Yo planté, Apolos regó; pero el crecimiento lo ha dado Dios" (1 Cor. 3:6). No tenían miedo al crecimiento; tampoco lo buscaron simplemente por el bien de los números.

Deberíamos preocuparnos si una Iglesia no crece, pero sólo hasta el punto de reevaluar nuestra propia diligencia en la plantación y el riego. Ésta es nuestra responsabilidad, y ¡ay de nosotros si no la aceptamos! (1 Cor. 9:16).

El crecimiento es responsabilidad de Dios. Que Él dé el aumento. Abraham cometió un gran error al tratar de ayudar a Dios. Cometemos el mismo error si intentamos vincular fruta producida por nuestros propios medios.

# Una Luz de Lectura

Uno de mis primeros recuerdos de la infancia es haber visitado una Iglesia donde mis familiares adoraban. El rasgo más desagradable de esa experiencia fue la lectura de la Biblia cada domingo por la mañana antes de las clases bíblicas. Cada domingo, el mismo hermano leía con la misma voz monótona un capítulo entero. Siempre me alegraba cuando terminaba para poder continuar con nuestras clases.

En la mayoría de las congregaciones de estos tiempos, si hay alguna lectura, es mucho menos que un capítulo. Las personas se han rebelado contra lecturas tan extensas. Pero con demasiada frecuencia la ineficacia persiste.

Por lo general, poco tiempo antes del servicio, alguien se acerca al predicador y le pregunta si tiene una lectura.

El lector, que para empezar puede ser un mal lector, encuentra el pasaje y sin preparación alguna se levanta para leer un texto que no comprende en un lenguaje arcaico que le resulta prácticamente extraño. El resultado es todo menos edificante.

Más o menos así era en la congregación donde adoro. De hecho, casi habíamos abandonado la práctica de realizar una lectura hasta que Earl Geer entró en escena.

Earl, que tenía poco más de 70 años, había estado fuera de servicio durante muchos años. Había permitido que las circunstancias lo llevaran a asistir a los servicios de una denominación prominente, pero su corazón no estaba allí y regularmente contribuía financieramente al apoyo de sus verdaderas convicciones.

Con el tiempo comenzó a asistir con nosotros y públicamente volvió a la práctica de la fe que había tenido en su juventud. Empezamos a buscar algo que pudiera hacer de manera pública. Como de costumbre, el primer pensamiento fue: "Hagamos que lea".

Leyó, y la lectura en Embry Hills no ha sido la misma desde ese día. Este anciano hermano subió al púlpito con gran dignidad y evidente respeto por lo que estaba a punto de hacer. Comenzó a leer con tal reverencia y claridad que uno difícilmente podría dejar de pensar en la ocasión relatada en Nehemías 8:8. "Y leían el libro de la ley de Dios claramente, y ponían el sentido, de modo entendiesen la lectura". Al concluir su lectura nadie se puso de pie, pero algunos se sintieron impulsados, como en Nehemías 8, a decir: "Amén".

Después de esa primera lectura, con frecuencia se le ha pedido a nuestro hermano que lea, no sólo para darle participación sino para edificarnos a todos. Cuando lee es evidente que ha leído el texto muchas veces y se ha familiarizado no sólo con las palabras, sino con su significado y con el mensaje del pasaje.

Su propósito declarado es servir simplemente como lente a través del cual pueda brillar la luz de la verdad. Aún más ciertamente que un predicador, él es el mensajero de Dios porque está leyendo las palabras de Dios. Desde el principio, su lectura marcó un estándar para los demás. Aprendimos lo valiosa que puede ser la lectura de la palabra.

Ahora, en lugar de esperar a que un predicador seleccione un texto, tenemos un programa de lectura planificado: secciones de 10 a 12 versículos de los evangelios el domingo por la mañana y de las epístolas los Domingos por las tardes. Los lectores son asignados con antelación para que puedan hacer la preparación necesaria, y es evidente que la mayoría lo ha hecho.

Como sustituto oficial de los ausentes, al darse cuenta de que es posible que lo llamen en el último momento, Earl se prepara con tanto cuidado para cada lectura como si fuera el lector designado. Independientemente de su experiencia y habilidad, no querría que lo tomarán desprevenido.

La lectura del hermano Geer ha vuelto a centrar nuestra atención en las palabras del apóstol Pablo, escritas a un joven predicador: "Hasta que yo venga, dedícate a la lectura pública de la Escritura, a la predicación y a la enseñanza" (1 Tim. 4:13, NVI).

La consideración de este versículo debería influir en la disposición de los servicios públicos.

Debería alentar a las Iglesias a capacitar a lectores públicos tal como capacitamos a predicadores y directores de himnos. Y debería ayudar a quienes leen a darse cuenta de la importancia de lo que están haciendo y de la urgencia de hacerlo lo mejor que puedan.

Mientras escribo esto, Earl Geer se encuentra en un hospital cercano, su vida está juego después de una operación grave. Un Cristiano le dijo: "Todos estamos orando por ti". Su respuesta fue: "No he hecho nada para merecerlo, pero lo agradezco".

De hecho, estamos orando por su recuperación, pero ya sea que nuestra voluntad sea la voluntad de Dios o no, es seguro que, durante muchos años por venir, la luz del ejemplo del hermano Earl Geer brillará en la lectura pública de esta congregación.

# Una Luz de Lectura

Hace aproximadamente cincuenta años, un novio en su boda me dijo que su aspiración era ser anciano. "Si alguno anhela obispado, buena obra desea" (1 Tim. 3:1). Lo deseaba por las razones correctas, lo obtuvo de la manera correcta y ahora ha servido fielmente durante años en esa capacidad.

## Deseando la Posición

Hay razones equivocadas para desear ser obispo (o anciano—vea Hech. 20:17, 28). Algunos lo desean "por ganancia deshonesta" (1 Ped. 5:2), deseando tener las manos en el bolsillo. Otros desean la autoridad sobre los demás que suponen conlleva el cargo, ignorando el hecho de que los ancianos no deben tener "señorío sobre los que están a vuestro cuidado" (1 Ped. 5:3). Otros más quieren salirse con la suya en todas las decisiones, pero los ancianos no deben ser obstinados (Tito 1:7). No deberían nombrarse a hombres con tales ambiciones.

La única razón válida para desear el puesto de obispo es el deseo de ver que se haga todo lo que sea necesario para el Señor, ya sea visitar a los enfermos, distribuir folletos, enseñar una clase, dirigir un himno o cortar el césped. Un buen hombre está "dispuesto a toda buena obra", ya sea física o espiritual, pública o privada, notada o desapercibida. La obra de un obispo es una "buena obra", por lo que, si los hermanos lo consideran calificado, él debiera realizarla.

## Obteniendo la Posición

Hay formas equivocadas de buscar la posición. Algunos lo buscan haciendo campaña de la misma manera que lo harían alguien para un cargo político.

Otros lo buscan intentando desacreditar a cualquiera que crean que podría oponerse a ellos. Algunos incluso hacen amenazas sobre lo que harán si no son nombrados. Semejantes actitudes demuestran su indignidad.

La forma correcta de buscar la posición es calificar para él. Quien desee ser piloto de avión debe aprender a volar antes de postularse para ese trabajo. He esperado demasiado tarde para capacitarme—Y lo triste es que muchos hombres esperan hasta que se nombren ancianos antes de intentar calificarse. Entonces ya es demasiado tarde.

## Calificando para la Posición

Un hombre debe comenzar a calificarse temprano en su vida Cristiana. Se necesita tiempo—una de las razones es porque un anciano no debe ser un neófito (1 Tim. 3:6). Se necesitan años de estudio de la Biblia para que sea "apto para enseñar" (1 Tim. 3:2) y apto "para exhortar con sana doctrina y convencer a los que contradicen" (Tito 1:9).

Se necesitan años de buen comportamiento, sobrio y templado para establecer su reputación de intachable, santo y autocontrolado; y darle "un buen testimonio entre los de afuera" (1 Tim. 3:2,7; Tito 1:8) así como el respeto al rebaño para que pueda guiarlos con su ejemplo (1 Ped. 5: 3).

Para ser obispo uno debe haber aprender a no ser violento, pendenciero o irascible, sino amable y justo en su trato con los demás porque tendrá que interactuar con otros ancianos así como con los que le han sido confiados como mayordomo de Dios (1 Tim. 3:3; Tito 1:7; 1 Ped. 5:3).

Para calificar para "la posición de obispo" uno debe tener mucho cuidado con quién se casa. Cuando elige una esposa, no sólo está eligiendo una esposa para él y una madre para sus hijos, sino que está eligiendo a una que afectará su aceptabilidad como anciano. Su carácter puede determinar si él puede ser permanentemente "marido de una sola mujer".

Ella tendrá un papel importante en determinar si él tendrá "hijos creyentes que no estén acusados de disolución ni de rebeldía" (Tito 1:6) y si se le permitirá o no "gobernar bien su propia casa" (1 Tim. 3:4). Su capacidad de ser hospitalario (Tito 1:8) también depende de su cooperación. Cuando llegan los hijos, el que "desea la posición de obispo" es sometido a una dura prueba. Debe enseñarles, protegerlos de las malas influencias, corregir los malos hábitos y guiarlos sin concesiones en el camino que deben seguir.

Todo esto debe realizarse logrando tal respeto que estén "en sujeción con toda reverencia" (1 Tim.3:4). Esta es precisamente la manera en la que debe pastorear el rebaño de Dios (1 Ped. 5:2) y ("pues el que no sabe gobernar su propia casa, ¿cómo cuidará de la iglesia de Dios?" (1 Tim. 3:5).

## Si Uno no es Nombrado

No es necesario que uno sea establecido para hacer la mayor parte de lo que hace un obispo. Todos pueden enseñar, ser ejemplos, restaurar a los que se han extraviado, advertir a los rebeldes, restaurar a los extraviados y apoyar a los débiles. La persona adecuada hará ese trabajo, sea establecida o no.

Es poco probable que alguien que tenga estas cualidades y haga esa obra sea pasado por alto cuando se hagan nombramientos; pero si no se le nombra, seguirá haciendo la obra, ya que la obra es lo que desea —no la posición. Nótese nuevamente el texto: "Si alguno anhela obispado, **buena obra** desea" (1 Tim. 3:1).

# El Rebaño de Dios

Pocos animales están tan indefensos como las ovejas. Con muy poca defensa contra enemigos naturales, poco sentido de orientación y ninguna capacidad para encontrar su propio alimento, dependen en gran medida del hombre para satisfacer sus necesidades.

En la época anterior a las cercas, los dueños de ovejas tenían que quedarse con ellas en el desierto, a veces durante meses.

El pastor tenía que proveer para las ovejas todo lo que ellas no podían proveer por sí mismas. Buscando pastos verdes donde pudieran encontrar alimento (1 Cron. 4:39- 40) y conducirlas allí con delicadeza, siempre atentos "con sus crías" (Isa. 40:11). Incluso las protegía con su vida.

El joven David le contó al rey Saúl cómo había arrebatado un cordero de la boca de un león y había matado leones y osos (1 Sam. 17).

Dedicando tanto de sí mismo al cuidado de las ovejas y estando tan frecuentemente sin compañía humana, el pastor desarrollaba una relación cercana con las ovejas. Tenía un nombre para cada uno; las ovejas conocían su voz y acudían cuando las llamaba (Jn 10:3-4). Contaba las ovejas cada noche para asegurarse de que todas estuvieran seguras en el redil (Jer. 33:13). Si faltaba alguna, recorría el campo para encontrarlo (Luc. 15:4). La indefensión de las ovejas, su total dependencia del pastor y el amor del pastor por ellas hicieron de esta relación una de las figuras más finas y más utilizadas de la relación de Dios con Su pueblo.

Por muy parecidos que seamos a las ovejas, ¡qué bendición tener como nuestro pastor a un Dios omnisciente, todopoderoso y todo amoroso! David, el pastor, lo expresó tan bellamente en esas familiares palabras: "El Señor es mi pastor; nada me faltará" (Salmo 23). David, sin embargo, no pudo conocer la perfección absoluta del Divino Pastor como nosotros podemos conocerla, habiéndolo visto en la cruz, entregando su vida por las ovejas.

Los dueños de ovejas a veces tenían problemas cuando el número de sus ovejas crecía tanto que no podían atenderlas personalmente. De hecho, era afortunado cualquier hombre como Isaí que tuviera un hijo como David que amaba y cuidaba a las ovejas como si fueran suyas.

Con demasiada frecuencia, las ovejas tenían que ser divididas en rebaños y dejadas al cuidado de asalariados. Jesús explicó: "Mas el asalariado, y que no pastor, de quien no son propias las ovejas, ve venir al lobo y deja las ovejas y huye, y el lobo arrebata las ovejas y las dispersa" (Jn. 10:12).

En realidad, Jesús estaba describiendo a los sacerdotes y maestros de su época quienes, como pastores de Israel, habían mostrado un total desprecio por las ovejas en su búsqueda egoísta de riqueza y gloria personal.

Hoy, cada congregación local es un rebaño de ovejas de Dios. Los ancianos son los que tienen el encargo: "Apacentad la grey de Dios que está entre vosotros, cuidando de ella, no por fuerza, sino voluntariamente; no por ganancia deshonesta, sino con ánimo pronto; no como señorío sobre los que están ha vuestro cuidado, sino siendo ejemplos de la grey" (1 Ped. 5:2-3).

Con demasiada frecuencia, la imagen que tenemos de los ancianos es la de "dos o tres hombres parados en un rincón tomando decisiones para la Iglesia" o sentados alrededor de una mesa entrevistando a un posible predicador o trabajando en un presupuesto.

La mayoría de nuestras oraciones por ellos son para que "gobiernen bien" (1 Tim. 5:17), pero ésta no es su función principal. Los pastores toman algunas decisiones y supervisan el rebaño, pero pasan mucho más tiempo con las ovejas, atendiendo sus necesidades y cuidándolas individualmente.

El "Pastor Principal" tiene todo el derecho de esperar que los pastores de las Iglesias locales reflejen su propio amor y cuidado por las ovejas. Ellos también deben defender al rebaño (Tito 1:9-11); deben alimentar a las ovejas trabajando "en predicar y enseñar" (1 Tim. 5:17); y deben liderar "siendo ejemplos de la grey" (1 Ped. 5:3).

Para lograr todo esto, deben conocer el rebaño, esforzándose en conocer a cada oveja por su nombre y ser conocidos por ellas. Deben contar el rebaño, no por orgullo, sino para saber exactamente cuántas ovejas son su responsabilidad. Si falta alguna (no sólo en la asamblea, sino en la fidelidad diaria), deben estar dispuestos a ir a buscarla, a amonestar "a los ociosos, que alentéis a los de poco ánimo, que sostengáis a los débiles, que seáis pacientes para con todos" (1 Tes. 5:14) Deberían estar dispuestos a sacrificar incluso sus vidas.

Los pastores de un rebaño local darán cuenta por cada oveja (Heb.13:17). Consideremos el juicio de Dios sobre los pastores de Israel: "¡Ay de los pastores de Israel que se apacientan a sí mismos!... Coméis la grosura, y os vestís de la lana; la engordada degolláis, mas no apacentáis a las ovejas. No fortaleciste a los débiles, ni curasteis la enferma; no vendasteis la perniquebrada, ni volvisteis al redil la descarriada, ni buscasteis la perdida; sino que os habéis enseñoreado de ellas con dureza y con violencia...Anduvieron perdidas mis ovejas por todos los montes, y en todo collado alto; y en toda la faz de la tierra fueron esparcidas mis ovejas, y no hubo quien las buscase, ni quien preguntase por ellas" (Ezequiel 34:2-6).

Considerando la terrible inevitabilidad de semejante contabilidad, ¿Quién "desearía alguna vez la posición de obispo"? La respuesta: solamente aquellos que aman a las ovejas tan sinceramente que no pueden soportar verlas sin pastores. Estos son los únicos hombres que Dios tendría para tal obra, y para ellos está la promesa: "Y cuando aparezca el Príncipe de los pastores, vosotros recibiréis la corona incorruptible de gloria" (1 Ped. 5:4).

# Maestros de Niños

No debería haberme sorprendido. Sabía que nuestras damas estaban teniendo una clase especial y que la mayoría de las damas que enseñan las clases de nuestros niños estaban involucradas en esa clase de adultos. Pero mientras caminaba por el pasillo mirando las aulas, debo confesar mi asombro al ver a los "suplentes".

La primera sala que observé era una clase de niños de tres y cuatro años. Estaban sentados en sus sillitas junto a su mesita. Y en sillas igualmente pequeñas estaban dos de nuestros diáconos, uno de los cuales es un predicador y maestro de clases para adultos muy experimentado y capaz. Estaban contando una de las historias del Antiguo Testamento y trabajando con las ayudas visuales habituales (sospecho que con ayuda de sus esposas).

Mientras avanzaba por el pasillo, encontré a otros hombres que son igualmente capaces como predicadores y maestros de clases para adultos enseñando a otros niños pequeños.

Creo que es valioso que los hombres enseñen las clases de los niños. Si los niños sólo tienen maestras mujeres, pueden llegar a la conclusión de que la religión es sólo para mujeres. Nuestros niños respondieron muy favorablemente a estos maestros y las preguntas que les hice a los niños demostraron que los maestros habían hecho bien su trabajo.

He visto a otros hombres trabajar eficazmente en la enseñanza de los niños. En años pasados era bastante común que los evangelistas dirigieran clases para niños antes de cada servicio vespertino de las reuniones evangelísticas. Irven Lee se destacó en esta buena obra.

234 | Luces en el Mundo

Si los lectores me permiten una referencia personal, mi propio padre probablemente logró tanto con las clases de sus hijos los domingos por la tarde antes del servicio como con cualquier otra parte de su obra. Mis hermanos y yo aprendimos muchos de los versículos que ahora citamos, y varios predicadores del evangelio pronunciaron sus primeros pequeños discursos en esas clases.

Algunos hombres no se dan cuenta de la importancia de enseñar a los niños. Sienten que sus talentos se desperdician con los niños. Quizás este fue el pensamiento de los apóstoles cuando las madres llevaron a sus hijos a Jesús. "Y le presentaban niños para que los tocase; y los discípulos reprendían a los que los presentaban. Viéndolo Jesús, se indignó, y les dijo: Dejad a los niños venir a mí, y no se los impidáis; porque de los tales es el reino de Dios... Y tomándolos en los brazos, poniendo sus manos sobre ellos, los bendecía" (Mar. 10:13-14,16).

En vista del ejemplo y las enseñanzas de Jesús, es posible que los hombres que vi inclinándose hasta el nivel de niños pequeños ascendieran más alto en el reino en ese momento que en cualquier otro acto de servicio Cristiano. Jesús dijo: "Y cualquiera que reciba en mi nombre a un niño como este, a mí me recibe" (Mat. 18:5).

Estas oportunidades no se limitan a quienes imparten clases. En la mayoría de las congregaciones hay niños pequeños que son criados por su madre sin la ayuda de su padre. Un buen Cristiano puede hacer algo verdaderamente significativo al tomar a un niño así bajo su protección para que sea para él un mentor y un modelo a seguir.

Pero al notar la grandeza de los hombres que se humillan para enseñar a los niños, no olvidemos a las damas que con mayor frecuencia realizan ese trabajo.

A veces las mujeres sienten que están limitadas en el servicio que pueden prestar o en el honor que pueden alcanzar porque el Señor no les permite predicar ni enseñar a los hombres de manera pública. Es posible que los hombres hayan contribuido a su sensación de insignificancia al ignorar el buen trabajo que realizan.

Si los hombres que enseñan a los niños son dignos de honor, también lo son las mujeres. Y si esas mujeres sirven en esa enseñanza con más sacrificio y dedicación que los hombres, son dignas de mayor honor. En muchas congregaciones, las mujeres que enseñan dedican más tiempo a la preparación de sus clases y al seguimiento de los niños que los hombres a cualquier actividad en la que participen. El honor y la recompensa en el reino son proporcionales a la fidelidad y la dedicación, no a la visibilidad pública.

La mayoría de nosotros podríamos dar testimonio de la influencia de alguna mujer piadosa que nos enseñó en una clase para niños. Todavía recuerdo las lecciones que me enseñó la hermana Bryan en preescolar y la hermana Moss cuando estaba en tercer grado. Eran luces en mi mundo. ¿A quién recuerda como una luz en el suyo?

De manera, que todos los que enseñan a los niños se den cuenta del gran privilegio y responsabilidad que esto implica. Asegurémonos de conocer y enseñar con precisión los hechos revelados en las Escrituras, recordando que las impresiones tempranas son impresiones duraderas. Asegurémonos de mostrarles a los niños lo que significa ser Cristiano y digámoselo.

¡Qué tragedia si hacemos que se amarguen con la religión porque perciben falta de sinceridad en nosotros! Mostremos amor por los niños, no sólo en el aula sino también con tarjetas cuando están enfermos, llamadas cuando están ausentes y con visitas a sus hogares e invitaciones a los nuestros para hacerles saber que nos preocupamos. Ninguna otra inversión generará mayores recompensas espirituales.

# Dediciendo A Quien Sostener

Quienes hoy recogen el correo para las congregaciones locales encontrarán en casi cada entrega un llamamiento de algún predicador que planea ir a un lugar "necesitado" o de alguien que ya se encuentra allí. Esto es alentador. Significa que más hombres están aceptando el desafío mundial de la gran comisión y significa más oportunidades para que todos tengamos frutos en nuestra cuenta en lugares donde no podemos ir.

Pero estas apelaciones conllevan una decisión difícil. Dado que no podemos responder financieramente a todos ellos, ¿A cuáles ayudamos y en qué medida? El dinero que se gasta no es nuestro, sino del Señor; y "se requiere de los administradores, que cada uno sea hallado fiel" (1 Cor. 4:2). Es necesario considerar al menos tres factores.

**El Obrero.** Quizás el obrero mismo sea el más importante, porque si es un buen obrero, realizará algún bien dondequiera que vaya; si no, fracasará dondequiera que vaya. Por encima de todo, debe ser sano en su fe y en su vida. Además, su familia debe apoyarlo y su conducta en armonía con su predicación, pues si no lo son, su eficacia se verá obstaculizada.

Debería ser un hombre de cierta habilidad. Algunos hombres han comenzado a predicar porque no podían ganarse la vida de otra manera, y esos hombres generalmente terminan predicando donde las personas que les pagan no tienen que escucharlos. Si un hombre va a recibir sostenimiento en un área necesitada, debe tener algún historial de éxito en alcanzar a los perdidos donde se encuentra.

Incluso si se ha estado manteniendo con un trabajo secular, debería haber mostrado suficiente dedicación para aprovechar las oportunidades que ha tenido para enseñar y convertir a otros: "El que es fiel en lo muy poco, también en lo más es fiel" (Luc. 16:10).

A veces los hombres que han fracasado en un lugar debido a la falta de autodisciplina y dedicación piensan que otro lugar, especialmente en el extranjero, cambiará todo eso; pero esto es así. Cuando las empresas envían hombres solos, envían trabajadores probados. Las Iglesias deberían hacer lo mismo. No se debe sostener a un hombre simplemente porque quiere ir; debe estar calificado.

**La Obra.** Algunos buenos hombres han elegido lugares de trabajo cuestionables. A veces, parecen estar influenciados por la proximidad a la familia o por la inclinación a regresar a sus raíces. A veces puede ser un fuerte llamado de una familia de Cristianos que se han mudado a algún pueblo donde la Iglesia es realmente muy pequeña, pero donde otras congregaciones están al alcance o donde las perspectivas de crecimiento son muy limitadas.

Algunos hombres capaces pueden incluso estar motivados por el amor a la aventura o por una aversión hacia los hermanos dondequiera que se encuentren. Al considerar el sostenimiento a un hombre, una Iglesia no tiene que pasar por alto sus motivos o incluso su juicio. Sin embargo, deben elegir sabiamente al gastar el dinero del Señor.

Obviamente, estas son asuntos de juicio, pero parecería que se debe dar prioridad a los hombres buenos que van a predicar donde el evangelio no ha sido predicado en un grado significativo en esta generación. Aunque no es inspirada, vale la pena considerar la idea — que nadie tiene derecho a escuchar el evangelio dos veces hasta que todos lo hayan escuchado una vez.

Las ciudades parecen ofrecer mayores promesas que los pueblos pequeños; el apóstol Pablo generalmente escogía ciudades más grandes para predicar, pero al hacerlo prefería tener otros obreros con él. La fecundidad comprobada también puede ser una buena razón para enviar obreros adicionales a un área.

**La Congregación.** Una tercera consideración es muy importante: las preferencias de la Iglesia en su conjunto. Ellos darán y es importante que estén entusiasmados con lo que están sosteniendo. Cuando la Iglesia de Antioquía conoció una necesidad benévola en Judea, "los discípulos, cada uno según su capacidad, decidieron enviar ayuda" El escenario ideal es que un predicador del evangelio, bien conocido y respetado por la congregación, decida emprender una verdaderamente digna y desafiante obra.

Luego, en lugar de determinar qué excedente hay en la tesorería o cuánto se da por encima de los gastos, que los discípulos "guarden según su capacidad", determinen tener comunión con este buen hombre en esta buena obra.

Si tal hombre aún no es conocido a la Iglesia, elijan entre los que solicitan sostenimiento a alguien que sea de "buen testimonio" entre los hermanos (Hech. 16:2) y déjelo que visite la Iglesia por varios días, predicando de noche y visitando a los hermanos en sus casas durante el día. Luego permita que los hermanos expresen sus sentimientos y, si están entusiasmados, próveanle todo lo que puedan.

El sostenimiento sustancialmente a un hombre le da a la Iglesia un mayor sentido de compañerismo y fomenta la comunicación continua y la oración por esta obra. Las Iglesias que proveen este tipo de apoyo, basado en el conocimiento y el amor genuino, son las que más significan para quienes realizan esta obra.

# Luz para Predicadores

# Apolos—Un Ejemplo para Predicadores

Hay varios personajes, escasamente mencionados en la historia sagrada, a quienes espero conocer mejor algún día. Lo poco que se dice de ellos es un atisbo de un carácter verdaderamente grandioso. Uno de ellos es Apolos.

## La Elocuencia de Apolos

Apolos era un hombre elocuente (Hech.18:24). No hay nada de malo con ser elocuente. Es un don de Dios y, tal como otros dones de Dios, debe ser desarrollado y utilizado en Su servicio. Apolos había evidentemente hecho eso. Criado en Alejandría, un centro destacado del aprendizaje, él aparentemente había aprovechado sus oportunidades para perfeccionar sus talentos naturales y convertirlos en una poderosa herramienta para la proclamación de la verdad.

Indudablemente, la elocuencia de Apolos contribuyó a su efectividad entre los Cristianos que valoraron ese don muy altamente. "porque con gran vehemencia refutaba públicamente a los judíos, demostrando por las Escrituras que Jesús era el Cristo" (Hech. 18:28).

Las palabras de Pablo en 1 Corintios 2:1 y 4 han sido interpretadas en el sentido que Pablo ocultó intencionalmente cualquier habilidad oratoria que poseyera cuando predicó en Corinto. Sin embargo, cualquier idea de que Pablo pretendiera criticar a Apolos, o que estuviera resentido con él, queda disipada por sus elogios a Apolos.

Pablo atribuye a Apolos el mérito de regar lo que él había plantado, añadiendo, "porque nosotros somos colaboradores de Dios" (1

Cor.3:6-9). Más tarde, Pablo escribió a Tito: "A Zenas interprete de la ley, y a Apolos, encamínales con solicitud, de modo que nada les falte" (Tito 3:13).

Lejos de compartir la envidia y los celos de sus propios devotos carnales en Corinto, Pablo escribió: "Así que, ninguno se glorié en los hombres; porque todo es vuestro: sea Pablo, sea Apolos, sea Cefas, sea el mundo, sea la vida, sea la muerte, sea lo presente, sea lo por venir, todo es vuestro, y vosotros de Cristo, y Cristo de Dios" (1 Cor.3:21-23).

Muchos de nosotros que hoy somos "rudos al hablar" necesitamos adoptar la actitud de Pablo hacia los hermanos que pueden ser más articulados y, por esta razón, más populares.

Quizás deberíamos aprender también lo que tan bien dijo el difunto Henry Ficklin, quien dijo que tenía 80 años cuando aprendió que un sermón, para ser sólido, no tiene por qué ser aburrido.

## El Conocimiento de Apolos

Apolos, sin embargo, no dependió de su elocuencia para mantenerse como predicador. Él no fue únicamente elocuente, sino "poderosos en las Escrituras. Este había sido instruido en el camino del Señor; y siendo de espíritu fervoroso, hablaba y enseñaba diligentemente lo concerniente al Señor" (Hech.18:24-25).

Recuerde, también, que en Corinto, él "refutaba públicamente a los judíos, demostrando por las Escrituras que Jesús era el Cristo" (v.28). Si simplemente hubiera usado su habilidad oratoria para burlar y maniobrar con los Judíos con sofistería sutil no habría sido la bendición que fue para los hermanos ni el ejemplo encomiable que es para nosotros.

La capacidad natural de hablar puede ser una maldición para un orador. Al sentir la popularidad y la influencia que proporciona la habilidad para hablar, fácilmente puede considerarse un predicador exitoso sin dejar de permanecer básicamente ignorante de las Escrituras.

Cualquier abogado elocuente—incluso un incrédulo—podría predicar un sermón impresionante tomando un versículo, ilustrándolo con anécdotas interesantes de novelas modernas y obras de Broadway, y haciendo algunas aplicaciones. Pero un hombre así no es un predicador del evangelio. Sin embargo, muchos "predicadores del evangelio" de nuestros días están haciendo precisamente este tipo de predicación, con más énfasis en el estilo que en el contenido. La Iglesia puede crecer en número, pero al igual que alguien que engorda comiendo sólo dulces, eventualmente morirá de desnutrición.

## La Humildad de Apolos

Contrario a muchos predicadores elocuentes de nuestro tiempo, Apolos fue humilde. No se enorgullecía del partido que se formó en torno a su nombre en Corinto (Vea 1 Cor.16:12) Y a diferencia de algunos predicadores conocedores de hoy, todavía era enseñable—incluso por "personas laicas". Ningún predicador conoce todo. Apolos fue primeramente introducido, "aunque solamente conocía el bautismo de Juan" (Hech.18:25).

Sin embargo, "cuando lo oyeron Priscila y Aquila, le tomaron aparte y le expusieron más exactamente el camino de Dios" (v.26). Sin duda, su discreción al tomar a parte hizo más fácil que él aceptara la enseñanza. Pero es para su crédito que él estuvo dispuesto a escuchar y a corregir su error.

Conozco a unos pocos varones como Apolos, que son elocuentes y poderosos en las Escrituras. Por lo tanto, son populares, exitosos y ampliamente demandados por buenas y fieles congregaciones. Pero al mismo tiempo, son humildes y continúan aprendiendo. Agradezco a Dios por ellos. Ellos son mis predicadores, junto con los que son menos elocuentes y menos populares (1 Cor.3:21-22). Los aprecio y creo que también hubiera aparecido a Apolos.

246 | Luces en el Mundo

# Las Tentaciones del Predicador

Pablo pidió a los hermanos que oraran por él. En la mayoría de las Iglesias que visito estos días se ofrecen oraciones por los predicadores. Con demasiada frecuencia se utilizan para decirle al Señor lo grandes que son.

Sin embargo, recientemente un joven converso ofreció una oración que era única y apropiada. Oró: "Señor, ayuda a nuestros predicadores a superar las tentaciones que enfrentan y que el resto de nosotros no experimentamos". Inmediatamente comencé a pensar en algunos.

## Tentaciones de Abusar del Tiempo

Los predicadores reciben apoyo para "hacer la obra de un evangelista" (2 Tim.4:5). A diferencia del trabajador promedio, ellos controlan su propio horario. A diferencia de la mayoría de quienes sí controlan sus propios horarios, sus ingresos no se ven afectados por la forma en que usan su tiempo. De hecho, la mayoría de los predicadores son responsables ante la Iglesia sólo unas pocas horas a la semana.

¡Qué tentación es pasar demasiado tiempo con la familia, los deportes, los viajes, los pasatiempos, el entretenimiento, los trabajos con ingresos extras u otras actividades de interés! Incluso los más concienzudos se sienten tentados a dedicar más tiempo a hacer las cosas que les gustan que a las que deberían hacer.

Algunos predicadores realmente disfrutan el estudio pero odian salir y contactar a los perdidos. A otros les encanta visitar pero odian estudiar. A algunos les encanta discutir (y hay muchas oportunidades para ello en Internet), pero no les interesa la enseñanza paciente de principios básicos a estudiantes humildes.

Debemos preguntarnos constantemente: "¿Cómo quiere Dios que use este tiempo?" La tentación es decir: "¿Qué quiero hacer con este tiempo? y ¿Puedo defenderlo si me critican?".

## Las Tentaciones al Orgullo

Para algunos hombres es toda una apelación al ego tener un número considerable de personas sentadas y escucharlos hablar durante media hora a una hora seguida, a veces incluso durante varias horas a la semana. Es especialmente halagador que salgan por la puerta diciendo que fue un gran sermón—tal vez el más grande que jamás hayan escuchado.

Algunos predicadores parecen creer todo lo que se dice. El hecho es que, así como es una cortesía común decirle a una anfitriona que disfrutó su comida, algunos consideran una cortesía similar decir: "Disfruté su sermón". Si quieres ver cuán profunda es realmente esa admiración, simplemente predica en alguna otra congregación a unos minutos de distancia y observa cuántos de sus admiradores vienen. Incluso podría considerar cuántos de los felicitadores del domingo por la mañana regresan el domingo por la tarde.

Es un poco difícil encontrar predicadores en estos días, y los hermanos soportarán mucho más antes de despedir a un predicador. Con frecuencia le dejan hacer lo que quiera en muchas cosas en lugar de contrariarlo. En esta situación, algunos predicadores llegan a sentir que no solamente saben más sobre de la Biblia, sino que conocen más que cualquier otra persona.

Si alguien se atreve a desafiarlos sobre cualquier tema, se vuelven amargados y vengativos, tachan a la persona de alborotadora, comienzan a construir un caso contra ella y a aislarla lo más posible del resto de la Iglesia.

La plataforma de un predicador le da la oportunidad de desarrollar mayor influencia en la congregación que cualquier otra persona, incluso que los ancianos, y fácilmente puede ser tentado a convertirse en un "Diótrefes, al cual le gusta tener el primer lugar" (3 Juan 9).

## Las Tentaciones a estar Descontentos

La mayoría de las personas tienden a asociarse con otras personas de su propio nivel económico. Los obreros se asocian con obreros, los médicos con los médicos, los maestros con los maestros, etc. Los predicadores, por el contrario, pueden estar en los hogares más pobres una semana y en la casa de un millonario la siguiente. No envidiamos a los pobres, pero compartir las cosas que pertenecen a la riqueza puede fácilmente crear un gusto por tales lujos y un sentimiento de que lo merecemos tanto como cualquier otra persona.

Esto puede resultar en todo tipo de tentaciones: La tentación de endeudarnos más de lo que deberíamos. La tentación de molestar constantemente a los hermanos pidiéndoles más dinero. La tentación de involucrarse en planes de recaudación de dinero (a veces involucrando a los hermanos) para complementar el salario. La tentación incluso de dejar de predicar en favor de una profesión más lucrativa.

Pablo experimentó estas variadas condiciones económicas, pero había aprendido a estar contento en cualquier estado en el que se encontrara. Él escribió: "Sé vivir humildemente, y sé tener abundancia; en todo y por enseñado, así para estar saciado como para tener hambre, así para tener abundancia como para padecer necesidad" (Fil. 4:12). El hecho de que tuvo que aprender estas cosas indica que fueron tentaciones para él, pero él las venció.

## Conclusión

¿Cómo sé que los predicadores son tentados de estas maneras? He "estado allí y he lidiado con eso" La clave de la fortaleza para vencer todas las tentaciones, seamos predicadores o no, es la declarada por Pablo: "Todo lo puedo en Cristo que me fortalece" (Fil. 4:13)

# Mas Tentaciones a las que Enfrentan los Predicadores

Con frecuencia se dice que los predicadores no enfrentan el mismo tipo de tentaciones que enfrentan los demás. Quizás esto sea cierto, pero como se señaló en esta columna el mes pasado, los predicadores enfrentan sus propias clases peculiares de tentaciones, muchas de las cuales no son experimentadas o ni siquiera reconocidas por el Cristiano promedio. Aquí consideramos tres más:

## Tentaciones a la Indiscreción

El hecho mismo de que un hombre sea predicador le da cierta credibilidad adicional. Se supone que es sincero, moral y preocupado por el bienestar de los demás. Mientras esto sea cierto, se le concederá el beneficio de la duda en situaciones que de otro modo podrían parecer sospechosas.

Los predicadores en ocasiones se sienten tentados a aprovecharse de la confianza que los demás depositan en ellos. Pueden visitar a mujeres solas en sus hogares durante varias horas y esperar que todos crean que les están enseñando. Pueden hacer que mujeres solas visiten sus oficinas en privado y todos deben entender que están "aconsejando". A veces se les permite considerables privilegios del gasto de la tesorería de la Iglesia con muy poca demanda de justificación. Mientras un hombre sea puro y honesto, y no se hagan acusaciones contra él, tales prácticas no pueden causar ningún daño.

Pero con una coartada ya preparada, los hombres pueden verse tentados a hacer lo que de otro modo no harían. Y un triste número han pecado en estas circunstancias. Además, la reputación de hombres buenos ha sido manchada porque no pudieron demostrar su inocencia cuando fueron acusados.

Siempre es bueno para los predicadores y en todos los demás Cristianos practicar lo que Pablo practicaba: "procurando hacer las cosas honradamente, no sólo delante del Señor, sino también delante de los hombres" (2 Cor. 8:21). Esto no sólo protegerá la reputación; También protegerá al personaje.

## Tentaciones a Comprometerse

Todo el mundo se enfrenta a la tentación de hacer concesiones, tal vez por placer personal, para preservar amistades o incluso para evitar divisiones en la Iglesia. Sin embargo, cuando un hombre recibe apoyo para predicar y cuando ha hecho de la predicación la obra de su vida, la tentación aumenta considerablemente.

Conocí a un hermano que admitió que no se oponía a un error en particular porque "sabía de qué lado estaba untado el pan con la mantequilla". Pocos lo admitirían. Sin embargo, el hombre estaba endeudado, su esposa estaba enferma y necesitaba atención médica costosa, y no tenía idea de dónde podría encontrar otro lugar para predicar si mantenía sus convicciones. Esto no justifica su compromiso, pero lo hace comprensible.

No está mal que los hombres reciban sostenimiento por su predicación, pero el hombre que no depende de la predicación para su sustento puede resultarle más fácil "contender fervientemente por la fe" (Judas 3).

Cuando los problemas dividían a las Iglesias en la década de 1950, como joven predicador me preguntaba por qué tantos hombres mayores de repente se retractaban de su sólida posición anterior.

Como predicador mayor que soy ahora, creo que lo entiendo mejor. Cuando un hombre que se ha ganado la reputación de ser un predicador del evangelio muy respetado, de repente se encuentra en una posición en la que personas e instituciones influyentes lo pueden califican de hereje, se siente muy tentado a proteger su lugar de honor "en la hermandad" comprometiendo sus convicciones. Los jóvenes sin reputación pueden concentrarse más fácilmente en agradar a Dios. Una vez que se logra la reputación, es difícil perderla.

A veces el compromiso toma la forma del silencio. Es fácil construir una reputación de sensatez hablando en voz alta sobre temas que tienen atractivo popular, mientras se trata muy ligeramente o no se actúa en lo absoluto sobre temas que son delicados.

## Tentaciones al Egoísmo

La mayoría de los hombres están prácticamente controlados por la profesión que han elegido a la hora de determinar dónde vivirán y trabajarán. Si su empresa les dice que se muden a Nueva York a mitad del año escolar, se mudan o pierden la esperanza de avanzar.

Los predicadores generalmente están en mejor posición para determinar por sí mismos dónde vivirán y bajo qué circunstancias. Un predicador que ha adquirido algún grado de competencia puede vivir en casi cualquier lugar que elija—cerca de sus padres o nietos, en un pueblo pequeño o en una ciudad grande, en un clima cálido o en las montañas, etc. Si no puede encontrar una Iglesia en ese lugar para sostenerlo, con frecuencia él puede conseguir el sostenimiento de otras congregaciones para "iniciar una obra" donde elija.

¡Qué tentación es esta de tomar decisiones, no en función de dónde se nos necesita, sino en dónde deseamos estar para nuestro propio placer y conveniencia personal! Sin duda, esto explica el hecho de que tantos predicadores estén agrupados en áreas pequeñas, mientras que naciones enteras y vastas regiones de nuestra propia nación carecen de un solo predicador dispuesto a venir y predicarles a Cristo.

Puede que nos resulte fácil defender nuestras elecciones entre hermanos que piensan como nosotros, pero ¿Qué le diremos a nuestro Salvador cuando nos pregunte: "¿Por qué elegiste vivir y predicar donde lo hiciste?" "Hermanos míos, no os hagáis maestros muchos de vosotros, sabiendo que recibiremos mayor condenación", ("sabiendo que recibiremos un mayor juicio"—(NKJ) (San. 3:1). "Por tanto, el que piensa estar firme, mire que no caiga" (1 Cor. 10:12).

# Predicadores Ocupados

Alguien comentó acerca de un amigo predicador: "Sería sorprendente lo que podría lograr si no se mantuviera tan ocupado haciendo lo que hace". Me temo que eso describe a muchos de nosotros.

En los días del rey Acab de Israel, un profeta anónimo representó una parábola diseñada para acusar a Acab por permitir que el rey Sirio escapara. "Y cuando el rey pasaba, él dio voces al rey, y dijo: Tu siervo salió en medio de la batalla; y he aquí se me acercó un soldado y me trajo un hombre, diciéndome: Guarda a este hombre, y si llegare a huir, tu vida será por la suya, o pagaras un talento de plata. Y mientras tu siervo estaba ocupado en una y otra cosa, el hombre desapareció. Esa será tu sentencia; tú la has pronunciado" (1 Rey. 20:39-40).

Estar "ocupado en una cosa y otra" no era excusa para no cumplir con la tarea. "Hagamos lo que hagamos" como predicadores es, por supuesto, defendible. La conciencia no nos permitirá perder el tiempo sin hacer nada. Estamos "ocupados en una cosa y otra" con cosas que nosotros y "los hermanos" consideramos importantes. Pero mucho de esto realmente no es evangelizar.

En la edición de Agosto de 1987 del *Reader's Digest*, había un artículo sobre la demora. Se observó que el procrastinador (Es decir, "la persona que tiene como habito postergar actividades o situaciones por unas de menor importancia" —ARP) logra hacer muchas cosas importantes que de otra manera no haría.

Mi propia experiencia ilustra esa tesis. Odio preparar declaraciones de impuestos sobre la renta. A partir del 1 de Enero, soy consciente de que debo seguir adelante y reunir la información, e incluso me propongo hacerlo.

Pero luego empiezo a pensar en todas las otras cosas que realmente necesito hacer: las cartas que necesito escribir, la oficina que necesito organizar, el trabajo que mi esposa me ha pedido que haga, incluso las visitas que debo hacer. Parece perfectamente lógico seguir adelante y hacer todas esas cosas para poder tener la libertad de dedicar toda mi atención al impuesto sobre la renta. Sigo pensando en esas cosas hasta que, el 15 de Abril está sobre mí.

La labor de un evangelista es evangelizar. Pero algunas facetas de la evangelización no son tan agradables. Predicar dos sermones por semana no está mal. Enseñar clases a hermanos informados puede ser bastante estimulante.

Pero esas tareas de enseñar "casa por casa" y advertir "de noche y de día con lágrimas" a los hermanos (Hech. 20:20-31) no atrae al predicador promedio. Como dijo un predicador: "Yo soy un hombre del púlpito".

La mayoría de nosotros pensamos en las personas perdidas que nos rodean y nos damos cuenta de que debemos enseñarles. En un cajón del escritorio puede incluso haber uno o dos nombres de algunos que podrían ser prospectos. Pero hay que escribir e imprimir el boletín de la Iglesia. Pocas personas lo leen, pero sí lo esperan. También necesito hacer algunas compras para mis necesidades informáticas y aprender un nuevo programa.

Después de todo, puedo multiplicar mi producción con una computadora. Luego está ese libro que compré en la venta de libros usados y que nunca he leído y del que quizá pueda sacar algún buen material para sermones. Y están los últimos números de los periódicos de la hermandad que acaban de llegar.

El hermano predicador del otro lado de la ciudad querrá saber qué pienso de los últimos artículos sobre los "temas de actualidad" y me avergonzaría admitir que no los he leído. Después de leerlos, es posible que me sienta tan molesto que tenga que escribir una respuesta. Y está esa hermana mayor que espera que el predicador venga como en todas las semanas; y no he estado en el hospital hoy .

También hay reuniones y conferencias a las que debo asistir. Y existe la necesidad de algo de recreación. Después de todo, el trabajo y la falta de golf (o lo que sea) convierten a Jack en un predicador aburrido.

Además, un hombre necesita pasar algún tiempo con su familia. Muchos predicadores han perdido a sus familias, ¿Sabe? La noche es el único momento que tenemos juntos, especialmente si la esposa trabaja. Durante el día, probablemente debería quedarme en la oficina en caso de una emergencia. Probablemente yo también debería quedarme en la oficina, porque es posible que algunos de los hermanos quieran ponerse en contacto conmigo. Algunas Iglesias incluso esperan que "el predicador" mantenga el horario de oficina para saber dónde está. ¿Suena como si hubiera "estado allí"? Pero ahí he estado.

Con demasiada frecuencia he tratado la verdadera "obra de un evangelista" como trato la preparación de impuestos. Excepto que no hay una fecha límite del 15 de Abril. Cualquiera de las actividades en las que estamos ocupados puede ser defendible, pero ¿Podemos defender llamarnos evangelistas cuando hacemos tan poco de lo que hace que un evangelista sea un evangelista?

¿Por qué algunos predicadores convierten a tantas personas? Scott Smelser en Praga, Checoslovaquia, tiene alrededor de 15 clases por semana con inconversos. En Atlanta, Brownlee Reaves tiene entre 9 y 12 estudios semanales en el hogar. ¡Estos y otros como ellos están convirtiendo a las personas! ¡No se trata tanto de dónde estamos sino de lo que hacemos! Otros de nosotros podemos tener éxito si hacemos el trabajo de evangelistas en lugar de simplemente estar "ocupados en una cosa y otra".

# Jeremías: Una Luz en el Mundo

Los predicadores profesionales lo están pasando bastante mal estos días. Ya no son los "impulsores y agitadores" que alguna vez fueron porque ya nadie los escucha. Están bajo constantes críticas. Si predican mucho, a algunos no les gusta; si predican suave, a otros no les agrada. Si visten de manera informal, algunos lo desaprueban; si se visten de manera más formal, los demás no lo ven bien. Ven a sus compañeros de su edad disfrutar de un grado de prosperidad que ellos no pueden alcanzar a menos que demanden un salario elevado y pongan a trabajar a sus esposas; pero si lo hacen, son criticados.

Por capricho de algunas personas de la Iglesia se les puede pedir que renuncien; en cuyo caso, tienen que vender una casa sin las ganancias que esperaban, hacer que sus esposas renuncien a sus trabajos, interrumpir la educación de sus hijos, hacer las maletas con sus bienes acumulados y mudarse a una ciudad donde la vivienda puede ser más cara, donde la Iglesia puede ser más pequeña y menos dispuesta a proveer un buen salario, y donde tienen que empezar de nuevo para construir una reputación. ¿Cuánto de esto debería soportar un predicador antes de dejar de predicar? Después de todo, se elige una profesión por su promesa de rentabilidad financiera, realización personal, seguridad emocional y respetabilidad. Si uno no lo está logrado, debería cambiar de profesión. Hoy en día, cada vez son más los hombres que abandonan la profesión de predicador. ¿Quién podría culparlos?

Pero entonces ahí está Jeremías. Lea el libro de Jeremías y tome nota de cada dificultad y desánimo que tuvo que soportar. Las autoridades civiles y religiosas se opusieron constantemente a él. Fue objeto de un complot para quitarle la vida (11:18-12:6). Fue agredido físicamente, apresado y encarcelado más de una vez (32:1-2;

37:15-21), y en una ocasión lo metieron en un calabozo donde se hundió en el lodo y esperaban que se muriera (38:5-13).

Socialmente, era "un reproche y una burla". Dios reveló que incluso sus hermanos, que le hablaban con palabras suaves, lo estaban tratando con traición. Una esposa podría haber sido algún consuelo, salvo que asistiera a fiestas o funerales. Dios le había ordenado que no se casaría (16:2). Ni siquiera se le permitió asistir a fiestas ni funerales (16:5, 8).

Los sacrificios que hizo Jeremías no fueron hechos para asegurar su apoyo financiero continuo; si alguna vez recibió algún apoyo financiero, no se registra. Esos sacrificios se hicieron para aumentar la eficacia de su predicación. Para hacer un punto más impresionante, incluso compró un terreno que sabía que caería en manos de los conquistadores Babilonios antes de que pudiera esperar hacer algún uso de él (32:8-9; 25-30. Sin embargo, a pesar de todos estos heroicos esfuerzos por hacer llegar su mensaje, *nadie* escuchó. Un rey mostró su desdén por Jeremías cortando su manuscrito cuidadosamente escrito, página por página a medida que lo leía, y arrojándolo al fuego.

Otros fueron más respetuosos exteriormente, pero ignoraron por completo el mensaje de Dios. De hecho, Jeremías murió en Egipto, llevado allí contra su voluntad por hombres que habían buscado su consejo, pero lo rechazaron cuando no estaban de acuerdo con él. Jeremías se desalentó tanto que gritó: "¡Ay de mí, madre mía, que me has engendrado, hombre de contienda y hombre de discordia para toda la tierra! Nunca he dado ni tomado en préstamo, y todos me maldicen" (Jer. 15:10). Si algún hombre alguna vez perdió su "autoestima", ese fue Jeremías.

Sin embargo, Jeremías siguió predicando. ¿Por qué? Predicar para Jeremías no era una profesión, sino una obsesión. Él nos lo explicó: "Me sedujiste, oh Jehová, y fui seducido; más fuerte fuiste que yo, y me venciste; cada día he sido escarnecido, cada cual se burla de mí... Y dije: No me acordaré más de él, ni hablaré más en su nombre; no obstante, había en mi corazón como un fuego ardiente metido en mis huesos; traté de sufrirlo, y no pude"" (Jer. 20:7,9).

La gran necesidad de nuestros días son hombres en quienes la palabra de Dios sea como fuego ardiente encerrado en sus huesos—hombres que no pueden contenerlo. Semejante hombres predicarán continuamente y nunca cesarán. Es posible que no esperen ni reciban apoyo financiero, pero predicarán. Si una congregación los invita a predicar, aceptarán con gusto. De lo contrario, aceptarán cualquier oportunidad que tengan—en hogares, edificios escolares o al aire libre. Si no se puede reunir un grupo, predicarán a cada individuo que encuentren como Felipe le predicó al eunuco.

La predicación como profesión es una abominación. Predicar como una obsesión divinamente inspirada, es el medio elegido por Dios para salvar al mundo.

# Predicadores

En el Nuevo Testamento vemos una urgencia en el establecimiento de ancianos. No mucho después de que se establecieran Iglesias en el primer viaje evangelístico de Pablo, él y Bernabé regresaron a esas ciudades "y constituyeron ancianos en cada iglesia" (Hech. 14:23). Después de que Pablo estableció Iglesias en Creta, dejó a Tito allí, encargándole "por esta causa te dejé en Creta, para que corrigieses lo deficiente y establecieses ancianos en cada ciudad" (Tito 1:5). Hoy en día, corregir lo deficiente significa proporcionar un predicador con pleno sostenimiento para cada Iglesia. Las Iglesias pueden carecer de ancianos durante veinte años sin que nadie se preocupe.

El Nuevo Testamento ciertamente permite que un evangelista trabaje con una Iglesia existente. Lucas aparentemente permaneció en Filipos desde el momento en que se estableció la Iglesia en el segundo viaje de Pablo hasta que Pablo regresó al final de su tercer viaje. Timoteo fue motivado a permanecer en Éfeso y hacer la obra de evangelista, aunque la Iglesia ya tenía ancianos (Hech. 20:17).

El Nuevo Testamento también enseña "que los que anuncian el evangelio, que vivan del evangelio" (Vea una discusión completa sobre esto en 1 Corintios 9:6-18). La Iglesia en Filipos tuvo "comunión en el evangelio desde el primer día" de su existencia hasta el encarcelamiento de Pablo en Roma (Fil. 1:5).

Los evangelistas cualificados y con pleno sostenimiento pueden ser muy útiles para una congregación existente, pero no son esenciales para su organización Bíblica. Los que no están cualificados o los que asumen el papel de un pastor o el (independientemente de si aceptan el título o no) se convierten en una seria responsabilidad para la Iglesia.

Un evangelista que aspira a "dirigir la Iglesia" y encuentra un grupo de ancianos bloqueando su camino generalmente comienza un asalto contra los ancianos. Como regla general, los hombres mayores, con frecuencia sin habilidades como oradores, no son rival para un hombre de púlpito fluido, por lo que no le tomará mucho tiempo socavar el respeto de la congregación hacia los ancianos a quienes previamente aceptaban sin cuestionar.

¿Tienen los ancianos derechos a despedir a un evangelista? Si tienen derecho a invitarlo a trabajar con ellos, ¿Por qué no tienen derecho a pedirle que se vaya? El Nuevo Testamento no dice nada sobre la permanencia. Ni siquiera creo que deban probar que su conducta o su enseñanza no son sanas. ¿Por qué los predicadores tienen derecho a terminar su relación con una congregación por razones puramente subjetivas y personales, mientras que una congregación debe soportar para siempre a un predicador que no es satisfactorio? Si los ancianos creen que la obra de un hombre no es lo mejor para la Iglesia, tienen la responsabilidad de terminar la relación. ¡La Iglesia es lo primero!

"¿Qué pasa con la familia de un hombre? Piense en lo que les supone tener que mudarse de un lugar a otro, especialmente en mitad del año escolar". En ocasiones, las Iglesias han sido desconsideradas al cortar el sostenimiento abruptamente y sin previo aviso; La regla de oro debe aplicarse cuando se trata de predicadores, ya sea que reciban el sostenimiento local o de otro lugar.

Se debe hacer todo lo posible para evitar situaciones embarazosas o inconvenientes innecesarios. Pero a los predicadores se les puede mimados. Los hombres que trabajan para grandes empresas son trasladados de ciudad en ciudad sin importar si están en la escuela o si sus hijos están en el último año. Un evangelista verdaderamente cualificado no antepondrá el bienestar temporal de su familia por delante de la paz y la unidad de una congregación.

Timoteo es un ejemplo de un evangelista verdaderamente calificado. Pablo dijo de él: "pues a ninguno tengo del mismo ánimo, y que tan sinceramente se interese por vosotros. Porque todos buscan lo suyo propio, no lo que es de Cristo Jesús" (Fil. 2:20-21). Un evangelista que insiste en permanecer en una Iglesia, incluso cuando su presencia es perturbadora, demuestra ser como los demás: busca lo suyo, no las cosas de Cristo.

A veces, por supuesto, hay cuestiones doctrinales que pueden marcar alguna diferencia. Pero por lo general, la cuestión doctrinal que se plantea son las cualificaciones de los ancianos (estaban calificados cuando lo invitaron, pero dejan de estar calificados cuando se oponen a él o lo despiden).

En este momento, cabe preguntarse si el predicador mismo está calificado como lo estaban Tito y Timoteo: en doctrina, carácter y actitud. Después de todo, las epístolas a Timoteo y Tito dicen más acerca de las calificaciones de los evangelistas que de las de los ancianos. ¿Serían Timoteo y Tito participes de la destitución de ancianos y la división de una Iglesia para satisfacer su propia conveniencia o ambición?

Además de todo esto, un predicador que se va pacíficamente cuando se le pide que lo haga generalmente será apreciado por su actitud, tanto por la Iglesia que dejó como por otros que conocen las circunstancias. Por otro lado, aquel que causa problemas en lugar de irse será conocido como un alborotador y su reputación se verá dañada y sus oportunidades muy disminuidas.

# Los Atajos No son Siempre las Mejores Rutas

En Europa del Este están sucediendo cosas interesantes. Con el sostenimiento de hermanos generosos, numerosos predicadores han llevado el evangelio a países ex-comunistas y se están informando de buenos resultados. Los obreros de esos países, sin embargo, están allí sólo con compromisos a corto plazo; el más largo que conocemos es de sólo dos años.

Esto significa que pequeños grupos de Cristianos en diversos lugares necesitarán estar bien arraigados y cimentados en la fe, pero sus maestros regresarán a casa justo cuando la necesidad se volverá más crítica.

Podría ser posible mantener un flujo constante de predicadores procedentes de los Estados Unidos para estancias de seis meses a un año. Pero esto tiene sus problemas. Uno es la falta de continuidad.

Otra es el hecho de que los hombres no calificados pueden tomar su turno y hacer más daño que bien. Y las Iglesias pueden cansarse de gastar tanto en costos de transporte. En este punto, casi inevitablemente, se propondrán atajos.

## Traer Predicadores a los Estados Unidos para Estudiar

A primera vista, parece una buena idea seleccionar a los jóvenes conversos más brillantes y prometedores y traerlos a Estados Unidos para estudiar la Biblia. En unos pocos casos, esto aparentemente ha sido beneficioso. Pero hay problemas importantes.

Da la impresión de que la Iglesia de Cristo es una institución Estadounidense y que los predicadores deben ser enviados de regreso a la "sede" para recibir formación. La influencia de este hombre sobre su propio pueblo puede verse perjudicada, y cualquier enseñanza impopular que imparta a partir de ese momento bien puede atribuirse a su formación Estadounidense.

El propio hombre puede verse afectado. Muchos hombres que han venido a los Estados Unidos se han enamorado de nuestra forma de vida (o de una de nuestras excelentes señoritas) y nunca han regresado a su tierra natal. Incluso si regresa, es posible que haya permitido que la Iglesia Estadounidense se convirtiera en su modelo en lugar de la Iglesia del Nuevo Testamento. Además, habiendo visto las Iglesias Estadounidenses más grandes y los mejores salarios de los predicadores Estadounidenses, puede resultarle difícil contentarse con las Iglesias de su país natal o con el nivel de vida aceptable para sus compañeros.

## El Establecimiento de un Centro de Formación en el Extranjero

Una solución en el pasado ha sido establecer un centro en el país donde existen las Iglesias y hacer que los hombres vengan a ese centro para recibir entrenamiento. Esto también presenta problemas. Por un lado, el centro de entrenamiento se convierte en la sede de la Iglesia de Cristo en ese país. Además, cuando un hombre interrumpe su ocupación habitual por un tiempo, es posible que no pueda volver a ella. De hecho, suele existir la sensación de que si la Iglesia le da "formación laboral" le deben un trabajo, si no con sostenimiento local, al menos con sostenimiento Estadounidense.

# Sostenimiento Estadounidense a los Evangelistas Nacionales

Muchos sienten que proveer sostenimiento Estadounidense a los evangelistas en su propia patria es el mejor plan. Ha tenido éxito en unos pocos casos y parece ser el medio más rápido, más barato y más eficaz de evangelizar nuevos territorios y edificar las congregaciones existentes.

Pero aquí también hay problemas de largo alcance que pueden pasarse por alto. Cuando se proporciona apoyo monetario a los primeros hombres que se muestran prometedores como evangelistas, otros no se sienten motivados a predicar a menos que se les ofrezca el mismo sostenimiento. Esto obstaculiza la evangelización espontánea y limita el número de hombres que se desarrollarán.

La práctica es difícil de detener. Las Iglesias con predicadores sostenidos desde Estados Unidos sienten poca urgencia por asumir sus propias responsabilidades. Con frecuencia los predicadores no alientan a las Iglesias a aceptar su propio sostenimiento porque, por regla general, el sostenimiento de Estados Unidos es más abundante y más confiable. Algunos también preferirían rendir cuentas ante sus hermanos que se encuentran a miles de kilómetros de distancia que ante aquellos entre quienes trabajan.

Las Iglesias Estadounidenses se encuentran en la posición de sostener a predicadores que no conocen. Es posible que los predicadores Estadounidenses que los recomiendan en búsqueda de sostenimiento tampoco los conozcan muy bien. El resultado es que algunos hombres indignos han sido recomendados y sostenidos sin saberlo por hermanos bien intencionados. Con frecuencia las Iglesias a las que predican estos hombres ven su indignidad, pero no pueden remediar la situación.

Cuando los informes de mala conducta llegan a apoyar a las Iglesias Estadounidenses, el predicador puede argumentar su versión de manera más efectiva que sus detractores. Los hermanos Estadounidenses se ven entonces obligados a resolver disputas, determinar la culpa e incluso ejercer disciplina entre personas cuyo idioma no pueden hablar y cuya cultura no comprenden.

## Conclusión

Este autor espera que en Europa del Este no se recurra a ninguno de los atajos mencionados. Enviemos evangelistas maduros de este país para capacitar a hombres en sus propios países y en sus propias congregaciones para que prediquen el evangelio. Que esos hombres se sostengan mediante empleos seculares hasta que las Iglesias de esos países estén dispuestas a sostenerlos. Esto funcionó en los tiempos del Nuevo Testamento.

Ha funcionado en nuestro propio país. Ha trabajado en Zimbabwe y Sudáfrica. Y, con paciencia y perseverancia, puede funcionar en Europa.

# Luz en la Controversia

# Controversia Religiosa

Un dicho común durante muchos años ha sido: "No creo en discutir sobre religión". Esta expresión suele significar que quien habla no tiene convicciones o se siente incapaz de defenderlas. En la mayoría de las denominaciones hay muy poca controversia.

En algunos es el resultado de una aceptación incondicional del credo denominacional, del "pastor" local o de la publicación oficial de la Iglesia. Hoy en día es más frecuente que se deba a la aceptación de la filosofía moderna de que no existen absolutos.

En una cultura que niega los absolutos morales, es comprensible que haya poca preocupación por las diferencias doctrinales. Entre los niegan la inspiración verbal de las Escrituras, es comprensible que haya poca preocupación por el significado original de un pasaje de las Escrituras.

Las personas acostumbradas a los diálogos tranquilos e impasibles en tales comunidades con frecuencia se sorprenden con las clases Bíblicas donde las discusiones sobre el significado de un versículo o párrafo en particular pueden volverse algo acaloradas. Se sorprenden aún más al enterarse de reuniones especiales para discutir diferencias con respecto al derecho de algunas personas divorciadas a contraer matrimonio. Pueden sentirse irremediablemente ofendidos por las decisiones de expulsar a miembros incluso por razones Bíblicas.

Al darse cuenta del potencial de ofensa y pérdida de miembros, algunas Iglesias tratan de evitar la controversia a toda costa. Evitan temas controvertidos en las clases de Biblia y quieren que sus predicadores que se mantengan de estos temas en el púlpito. Cualquier miembro que hable para expresar una convicción que pueda generar oposición es rápidamente silenciado sin darle la oportunidad de defender su posición.

El objetivo es la paz y la tranquilidad a cualquier precio. Y con demasiada frecuencia el costo es una congregación desinformada y potencialmente apóstata. Una Iglesia así ya se está apartando del modelo del Nuevo Testamento. Las Iglesias del Nuevo Testamento estuvieron marcadas por la controversia.

En Hechos 6:2, hubo una reunión de la Iglesia en Jerusalén ocasionada por las murmuraciones de los Helenistas contra los Hebreos. Años más tarde, cuando Pedro regresó a Jerusalén de predicar a los Gentiles, "disputaban en él los que eran de la circuncisión, diciendo: ¿Porqué has entrado en casa de hombres incircuncisos, y has comido con ellos? (Hech. 11:2-3). En Antioquía, Pablo y Bernabé tuvieron "una discusión y contienda no pequeña" con aquellos que insistían en que los Gentiles tenían que ser circuncidados para ser salvos (Hech. 15:1-2). La controversia se llevó a Jerusalén donde hubo "mucha discusión" llevada a cabo solamente por los apóstoles, ancianos quienes fueron guiados por el Espíritu Santo (Hech. 15:7,28). En una ocasión, en una reunión de hermanos en Antioquía, Pablo resistió Pedro a la cara porque él y otros "porque vi que no andaban rectamente conforme a la verdad del evangelio" (Gál. 2:11-21). Todas estas controversias dieron como resultado un mensaje clarificado y una Iglesia más unificada.

Contrariamente al pensamiento popular, la controversia es de ninguna manera inconsistente con la semejanza de Cristo. Jesús mismo estuvo en constante disputa con los Fariseos y Saduceos.

Varios capítulos de los libros de Mateo y Juan están dedicados a esos debates. Uno podría incluso cuestionar la semejanza de Cristo de cualquiera que se negara a "contender" ardientemente por la fe que ha sido dada una vez a los santos (Judas 3).

Sin embargo, debemos estar seguros de que nuestra contienda es siempre "por la fe". Gran parte de la controversia en nuestra época gira en torno a cuestiones de indiferencia, de opinión o de orgullo personal o partidista.

Esto también debe haber sido un problema en los tiempos del Nuevo Testamento porque Pablo advirtió una y otra vez: "Pero desecha las cuestiones necias e insensatas, sabiendo que engendran contiendas" (2 Tim. 2:23).

La voluntad de contender fervientemente por la fe no significa que toda enseñanza deba estar dirigida a alguna práctica inmoral o doctrina falsa. La predicación debe "advertir a los rebeldes", pero también "amonestéis a los ociosos, que alentéis a los de poco ánimo, que sostengáis a los débiles, que seáis pacientes para con todos" (1 Tes. 5:14). Si la predicación es para redargüir y reprender, también es para exhortar (2 Tim. 4:2). Incluso la represión, según este versículo, deben hacerse "con toda paciencia y doctrina".

La Biblia advierte contra un espíritu contencioso. "El siervo del Señor no debe ser contencioso, sino amable para con todos, apto para enseñar, sufrido; que con mansedumbre corrija a los que se oponen, por si quizá Dios les conceda que se arrepientan para conocer la verdad, y escapen del lazo del diablo, en que estén cautivos a voluntad de él" (2 Tim. 2:24-26).

Los Cristianos que han crucificado "la carne con sus pasiones y deseos" evitan "enemistades, celos, iras, contiendas, disensiones, herejías ... y cosas semejantes" (Gál. 5:24, 19-21). Cuando se nos desafía a defender la esperanza que hay en nosotros, debemos responder "con mansedumbre y reverencia" (1 Ped. 3:15).

Los Cristianos deben evitar los extremos y las reacciones. Si consideramos que las predicaciones que escuchamos o los artículos que leemos son exclusivamente confrontacionales, debemos evitar la tentación de evitar toda controversia. Al mismo tiempo, en una época que desprecia la controversia religiosa, debemos tener cuidado de no reaccionar hasta el punto de estar constantemente luchando contra algo y descuidando el tipo de exhortación amorosa que todo Cristiano necesita y el tipo de enseñanza paciente que ganará a los perdidos para Cristo.

# Equidad en la Controversia

Las lealtades religiosas son sumamente profundas y la reacción tiende a ser violenta cuando se cuestionan ideas, instituciones o costumbres religiosas. Alguien que no está seguro de su posición y se da cuenta de la dificultad de defenderla con las Escrituras puede sentir que su única alternativa es lanzar un feroz ataque personal contra el que lo desafía.

Por otro lado, aquel que confía en que su camino es el camino de Dios considerará cualquier ataque obra del diablo y se sentirá justificado a utilizar cualquier medio disponible para aplastar tanto el error como a su proponente. Si permitimos que el error doctrinal de nuestro hermano nos provoque un error de actitud y conducta, hemos sido "vencidos de lo malo" en lugar de vencer con "el bien el mal" (Rom.12:21).

Nunca se ha perdido una batalla por la verdad porque el soldado del Señor fuera demasiado justo, demasiado honorable o demasiado justo al tratar con su oponente. Pero muchas batallas se han perdido cuando las espadas de la calumnia, la sofistería y la insinuación se han utilizado como complementos indignos de la espada del Espíritu.

## Algunas Reglas de la Equidad

**1. La Equidad requiere que a un hombre se le permita hablar por sí mismo.** Nicodemo señaló esto a los principales sacerdotes y fariseos cuando condenaban a Jesús basándose en meros rumores. Él preguntó: "¿Juzga acaso nuestra ley a un hombre si primero no le oye, y sabe lo que ha hecho? (Jn 7:51). Nicodemo, después de haber hablado personalmente con Jesús, sabía que un contacto tan directo podría dar como resultado una impresión completamente diferente del hombre. Incluso entre los Romanos no era costumbre "le he traído ante vosotros, y mayormente ante ti, oh rey Agripa, para que después de examinarle, tenga yo qué escribir" (Hech. 25:26).

**2. La Equidad nos prohíbe acusar a otro de creer todas las consecuencias que creemos que se derivan de su doctrina.** Durante la vida de Pablo, se informó que estaba enseñando a los hombres a "Hagamos males para que nos vengan bienes" (Rom. 3:8). Pablo ciertamente no enseñó eso, pero debido a que sus adversarios lo consideraron una consecuencia necesaria de su doctrina de la gracia, lo acusaron de enseñarla sin escucharla realmente de él. Pablo calificó este informe de calumnioso.

**3. La Equidad nos prohíbe asignar malos motivos a las buenas obras y palabras.** Jesús dijo: "Así que, por sus frutos los conoceréis" (Mat. 7:20). Si bien es cierto que los hombres a veces pueden hacer buenas obras por motivos malos, no tenemos ninguna razón para buscar esos motivos en cada buena acción realizada por un hermano con quien no estamos de acuerdo. "El amor... no hace nada indebido; no se irrita, no guarda rencor; no se goza de la injusticia, mas se goza de la verdad. Todo lo sufre, todo lo cree, todo lo espera, todo lo soporta" (1 Cor. 13:5-7). Un amor así se deleitará en una buena acción realizada por tal hermano en lugar de buscar un motivo malo para justificarla. Si la acción de un hermano o una palabra que ha dicho suscita dudas sobre su carácter, este amor que "todo lo espera" estará ansioso de alguna prueba adicional que limpie su nombre, y el amor se regocijará si se encuentran tales pruebas. "No juzguéis según las apariencias, sino juzgad con justo juicio" (Jn 7:24).

**4. La Equidad demanda Imparcialidad.** Después de instruir a Timoteo sobre su responsabilidad hacia varias clases de individuos en la Iglesia, el apóstol Pablo escribió: "Te encargo delante de Dios y del Señor Jesucristo y de los ángeles escogidos que guardes estas cosas sin prejuicios, no haciendo nada con parcialidad" (1 Tim. 5:21). "Hermanos míos, que vuestra fe en nuestro Señor Jesucristo sea sin acepción de personas...Si en verdad cumplís la ley real, conforme a la Escritura: Amarás a tu prójimo como a ti mismo, bien hacéis; pero si hacéis acepción de personas, cometéis pecado, y quedáis convictos por la ley como transgresores" (Sant. 2:1,8-9).

Un obispo debe ser justo (Tito 1:8), y todos nosotros debemos pensar en "todo lo que es justo" (Fil. 4:8). Ser justo implica "seguir exactamente una norma de lo que es correcto y apropiado sin tener en cuenta otras consideraciones" (Webster's Collegiate Dictionary). Es fácil para nosotros pasar por alto las faltas de quienes están "de nuestro lado", que condenaríamos severamente en quien está "del otro lado". Este es el espíritu de "facción, división, partidos" que se clasifica como carnalidad en Gálatas 5:20. Debo tratar a cada hermano en Cristo como trataría a mi hermano en la carne; con cada hermano que nunca he conocido como con el hermano que es mi compañero diario; tanto con el hermano que no está de acuerdo conmigo en algún "tema de actualidad", como con el que está de acuerdo conmigo.

## La Esencia de la Equidad

La esencia de la equidad es el amor y el amor no es opcional. "En esto conocerán todos que sois mis discípulos, si tuviereis amor los unos con los otros" (Jn. 13:35). Al carecer de amor, pierdo cualquier derecho legítimo a ser un discípulo de Jesús, sin importar cuán sensato pueda ser en otras circunstancias.

# Tratando con los que son Contenciosos

Algunas personas "reciben con mansedumbre la palabra implantada" (Sant.1:21). Otros "engendran contiendas" con sus "cuestiones necias e insensatas" (2 Tim. 2:23). Con estos últimos nos sentimos tentados a entrar y mezclarnos, confiados en que podemos disputarlos. En este texto, el Espíritu Santo nos instruye a evitar tales disputas.

Sin embargo, nos enfrentamos al problema de salvar a esas personas. En los siguientes versículos el Espíritu Santo también nos instruye sobre esto. "Porque el siervo del Señor no debe ser contencioso, sino amable para con todos, apto para enseñar, sufrido; que con mansedumbre corrija a los que se oponen, por si quizá Dios les conceda que se arrepientan para conocer la verdad, y escapen del lazo del diablo, en que están cautivos a voluntad de él" (2 Tim. 2:24-26).

## El Objetivo de la Controversia

El objetivo legítimo de la controversia es "corregir a los que se oponen" y llevarlos al "reconocimiento de la verdad". No es para hacer puntos a nuestro favor, para ganar una discusión o para ganarnos el aplauso de quienes ya están de acuerdo con nosotros.

## La Evaluación de los Oponentes

Debemos ver a los oponentes, no como si se opusieran a nosotros, sino como si se opusieran a ellos mismos (v. 25, KJV, ASV). Su actitud y conducta van en contra de sus propios intereses. En el momento en que empezamos a pensar en ellos como *nuestros* enemigos, nos sentimos tentados a ser vengativos, sarcásticos y amargados—incluso tortuosos. Este es el mismo espíritu que este pasaje pretende prohibir.

Debemos considerarlos cautivos de Satanás (v. 26). El primer pecado se produjo cuando "la serpiente con su astucia engañó a Eva" (2 Cor. 11:3). Satanás es siempre nuestro adversario; él es el enemigo. "Porque no tenemos lucha contra sangre y carne, sino contra principados, contra potestades, contra los gobernadores de las tinieblas de este siglo, contra huestes espirituales de maldad en las regiones celestiales" (Efe. 6:12).

El hecho de que personas en el error sean cautivos de Satanás debería en realidad alentar nuestra compasión. Si "cuando el arcángel Miguel, contendía con el diablo, disputando con él por el cuerpo de Moisés, no se atrevió a proferir juicio de maldición contra él, sino que dijo: El Señor te reprenda" (Judas 9), entonces difícilmente nos conviene injuriar a los que son cautivos de Satanás.

## Correctas Actitudes en la Controversia

**Debemos ser amables** (v. 24). Quien encuentre un cervatillo atrapado en una trampa para osos será gentil en sus esfuerzos por liberarlo. El rescate puede aumentar momentáneamente el dolor, pero no nos complace infligirlo y se hacen todos los esfuerzos posibles para minimizarlo. "El siervo del Señor... debe ser amable con todos" (NVI). Las Escrituras en ninguna parte alientan la descortesía hacia nadie.

**Debemos ser pacientes** (v. 24), "soportándonos" (ASV), "no resentidos" (NVI). Estas palabras implican la posibilidad de abuso por parte del estudiante. Aquí enfrentamos uno de nuestros mayores desafíos para ser como Jesús "el cual no hizo pecado, ni se halló engaño en su boca; quien cuando le maldecían, no respondía con maldición" (1 Ped. 2:21-22).

**Debemos ser humildes** (v. 25), "mansos" (ASV). El orgullo es una tentación importante en la controversia. "Hermanos, si alguno es sorprendido en alguna falta, vosotros que sois espirituales, restauradle con espíritu de mansedumbre, considerándote a ti mismo, no sea que tú también seas tentado" (Gál. 6:1-2).

## Método de Corrección

Nuestra esperanza de que quienes están en el error puedan ser corregidos se basa en la esperanza de que "Dios les conceda que se arrepientan para conocer la verdad" (v. 25). No podemos forzar la corrección mediante nuestra lógica abrumadora, nuestra asombrosa habilidad o nuestro asombroso conocimiento. Esto explica el acercamiento de Pablo a los Corintios: "Y ni mi palabra ni mi predicación fue con palabras persuasivas de humana sabiduría, sino con demostración del Espíritu y de poder, para que vuestra fe no esté fundada en la sabiduría de hombres, sino en poder de Dios" (1 Cor. 2:4-5). "Dios es el que produce en vosotros tanto el querer como el hacer, por su buena voluntad" (Fil. 2:13).

Entendemos que Dios no obra el arrepentimiento directamente, sino por la verdad. Nuestra parte es ser "aptos para enseñar" (v. 24). La verdad es la única arma que nos ha proporcionado. "porque las armas de nuestra milicia no son carnales, sino poderosas en Dios para la destrucción de fortalezas, derribando argumentos y toda altivez que se levanta contra el conocimiento de Dios, y llevando cautivo todo pensamiento a la obediencia a Cristo" (2 Cor. 10:4-5).

Una vez que Dios ha cambiado los corazones de los individuos por la verdad, ellos pueden entonces "recuperar el sentido" (v. 26), "recuperarse ellos mismos" (KJV, ASV). La versión Reina-Valera usa "escapen del lazo" —ARP). El cambio debe venir desde dentro; no desde fuera. Un buen maestro deja que los estudiantes piensen que han aprendido la verdad por sí mismos. Sólo cuando la aprendan su conversión realmente durará.

Con estos versículos en mente, encomiamos a quien ha vuelto en sí y alabamos a Dios que le ha dado "arrepentimiento "para conocer la verdad" pero no hay lugar para que nos jactemos. "El que se gloría, gloríese en el Señor" (Jer. 9:24; 1 Cor. 1:31).

# "Es un Mentiroso"

Cuando surgen conflictos acalorados entre hermanos, una de las primeras acusaciones que se hacen contra los oponentes es la de mentir. A veces la acusación está bien fundada. El deseo de defender "nuestro lado" o de hacer quedar mal al "otro lado" puede crear una fuerte tentación de encubrir o tergiversar los hechos. En estas circunstancias, un mentiroso crónico dirá lo que le parezca ventajoso. Incluso aquellos que suelen ser sinceros pueden ceder a la tentación.

Sin embargo, debemos tener mucho cuidado a la hora de acusar a alguien de mentir. Mentir es una acusación grave. Si aquellos a quienes acusamos no son verdaderamente culpables, entonces nosotros mismos nos volvemos culpables de mentir. No sólo eso, sino que dañamos gravemente la reputación y la influencia de la persona a la que acusamos. Después de todo, si una persona ha mentido sobre una cosa, entonces todo lo que haya dicho antes y todo lo que diga después se volverá sospechoso. Pocas acusaciones son tan destructivas como esta.

No todo lo que parece mentira es una mentira. Una persona puede tener conocimiento de hechos que no están disponibles para otros—hechos que probarían la inocencia del acusado, pero hechos que, por muy buenas razones, no pueden revelarse. Los ancianos con frecuencia se encuentran en esta posición y, en lugar de defenderse revelando hechos que podrían complicar la vida de otros y poner en peligro la paz de la Iglesia, simplemente deben soportar la acusación de mentir y confiar en que los hermanos tendrán suficiente confianza en ellos para rechazar esta acusación. Éste es el tipo de valor abnegado que los hombres necesitan para ser verdaderos pastores. Hombres así merecen que se les dé el beneficio de cualquier duda que pueda aparecer en la superficie.

Luego está el problema de la *memoria*. Mi esposa y yo simplemente no podemos ponernos de acuerdo sobre los detalles de algunas cosas que sucedieron en el pasado. Estoy seguro de que su memoria ha fallado un poco, pero ella está segura de que el problema es mío. Puede que tenga razón. Ninguno de nosotros acusa al otro de mentir.

También está el problema de la *subjetividad*. Todos nosotros nos vemos afectados en algún grado por nuestra participación emocional en un evento. Si hay una situación muy cercana cuando un jugador del equipo local cruza la base, los fanáticos locales están absolutamente seguros de que está a salvo; Pero el equipo visitante está igualmente seguro de que fue eliminado. Puede que todo el mundo sea perfectamente honesto, pero lo ve con ojos llenos de prejuicios.

Y hay un punto de vista. El árbitro en la ilustración puedo ser completamente objetivo en su decisión, pero una cámara que estaba mejor posicionada fue capaz de reproducir la jugada en cámara lenta para demostrar que se equivocó. El árbitro no estaba mintiendo; simplemente no pudo verla la jugada con claridad.

## Las Actitudes Determinan el Juicio

Que consideremos una discrepancia como una mentira o la justifiquemos por uno de los motivos sugeridos depende en gran medida de nuestra actitud hacia la persona involucrada.

Esto es válido incluso en nuestra actitud hacia la Biblia. Lucas, al describir la visión de Saulo en el camino a Damasco, dice: "Y los hombres que iban con Saulo se pararon atónitos, *oyendo a la verdad la voz*, mas sin ver a nadie" (Hech. 9:7). El mismo escritor, sin embargo, cita a Saulo (Pablo) diciendo: "Y los que estaban conmigo vieron a la verdad la luz, y se espantaron; pero no entendieron la voz del que hablaba conmigo" (Hech. 22:9). Un crítico que busca fallas preguntará: "¿Quién mintió? Lucas dice que escucharon la voz; Saulo dice que no. Seguramente alguien estará mintiendo". Como amigos de las Escrituras, negamos que alguno de ellos mintiera e insistimos en que ninguno se equivocó. Señalamos que la palabra oír puede significar simplemente percibir el sonido, o puede significar percibir el significado y la importancia del sonido. Lucas usa la palabra en el primer sentido y Pablo en el segundo. Ninguno de los dos mintió.

Mientras amemos verdaderamente a un hermano o hermana, buscaremos la verdad en lo que dicen en lugar de mentiras. El amor "no se goza de la injusticia, mas se goza de la verdad. Todo lo sufre, todo lo cree, todo lo espera, todo lo soporta" (1 Cor. 13:6-7).

Cuando empezamos a reflexionar sobre todo lo que hemos oído decir a alguien con la esperanza de encontrar algo que podamos clasificar como mentira, probablemente tendremos éxito. Pero esa actitud tan poco amorosa revela que el problema mayor está en nosotros.

Seguramente Jesús diría: "¿Y por qué miras la paja que está en el ojo de tu hermano, y no echas de ver la viga que está en tu propio ojo? ¿O cómo dirás a tu hermano: Déjame quitarte la paja de tu ojo, y he aquí la viga en el ojo tuyo? ¡Hipócrita! saca primero la viga de tu propio ojo, y entonces verás bien para sacar la paja del ojo de tu hermano" (Mat. 7:3-5). De hecho, una vez corregida nuestra actitud poco amorosa, podemos ver que en realidad no había ni una sola paja.

# Cuando "Harán lo que les Digo"

Un conocido de varios años tenía una explicación de todos los problemas que enfrentaba la congregación de la que era miembro. Era: "Simplemente no hacen lo que les digo". Ya es bastante difícil cuando nuestros hermanos no están de acuerdo con nuestro juicio, pero cuando no nos escuchan cuando les decimos lo que creemos que Dios quiere que escuchen, surgen algunas preguntas muy difíciles.

¿Cuál es la responsabilidad de un individuo en una congregación que no toma las medidas que cree que debe tomar, especialmente en el área de disciplina? ¿Debe inmediatamente "salir de en medio de ellos"? ¿O debería quedarse para servir como sal con la esperanza de preservar un remanente puro? ¿Es culpable de comprometerse quien permanece en una Iglesia así? La palabra de Dios debe ofrecer algunas pautas para el
buscador sincero.

## Las Ofensas Personales

"Por tanto, si tu hermano peca contra ti, vé y repréndele estando tú y él solos; si te oyere, has ganado a tu hermano. Mas si no te oyere, toma aún contigo a uno o dos, para que en boca de dos o tres testigos conste toda palabra. Si no los oyere a ellos, dilo a la iglesia; y si no oyere a la iglesia, tenle por gentil y publicano" (Mat. 18:15- 17). Supongamos, sin embargo, que presento tal queja a la Iglesia y ellos no hicieron nada al respecto, o incluso se pusieron del lado del ofensor. ¿Ahora que? 1 Corintios 6 parece implicar la posibilidad de tal desarrollo. Describe una situación en la que un individuo tiene un agravio que está tentado de llevar a los tribunales. En cambio, se le ordena que lo lleve a la Iglesia, pero parece reconocerse la posibilidad de que la Iglesia falló en su contra. Bajo tales circunstancias, ¿Qué debe hacer? El Espíritu Santo dice: "¿Por qué no sufrís el agravio? ¿Por qué no sufrís más bien el ser defraudados?" (ver. 7).

# Inmoralidad

"Mas bien os escribí que no os juntéis con ninguno que, llamándose hermano, fuere fornicario, o avaro, o idolatra, o maldiciente, o borracho, o ladrón; con el tal ni aun comais" (1 Cor. 5:11). 2 Corintios 2 parece implicar que la Iglesia tomó la acción prescrita por Pablo. Pero ¿Y si no lo hubieran hecho? ¿Qué pasaría si uno o unos pocos hubieran querido que se hiciera, pero no hubieran podido persuadir a "los muchos" a realizar la acción ordenada por el Espíritu Santo?

Una situación así parece estar descrita en Apocalipsis 2:18-29. El Señor se dirigió a la Iglesia en Tiatira con estas palabras: "Tengo unas pocas cosas contra ti: que toleras que esa mujer Jezabel, que se dice profetisa, enseñe y seduzca a mis siervos a fornicar y a comer cosas sacrificadas a los ídolos" (ver. 20). Sin embargo, hubo algunos en la Iglesia que no aprobaron su conducta y no se dejaron influenciar por ella. El Señor tuvo palabras para ellos: "Pero a vosotros os digo, y a los demás que están en Tiatira, a cuantos no tienen esta doctrina, y no han conocido lo que ellos llaman las profundidades de Satanás, yo os digo: No os impondré otra carga" (ver. 24). Podemos creer que se habían expresado en oposición a su doctrina y práctica (Efe. 5:11), pero habiendo hecho eso, el Señor no les impuso "ninguna otra carga". No se les requirió que abandonaran la Iglesia.

# Conducta Desordenada

Si el andar desordenado de 2 Tesalonicenses 3:7 se define correctamente como conducta de rebelión contra la autoridad apostólica, entonces la conducta de Diótrefes descrita en 3 Juan seguramente fue desordenada. El apóstol Juan le escribió a Gayo: "Yo he escrito a la iglesia; pero Diótrefes, al cual le gusta tener el primer lugar entre ellos, no nos recibe" (ver. 9). 2 Tesalonicenses 3:14 nos dice lo que se debería haber hecho: "Y si alguno no obedece a lo que decimos por medio de esta carta, a éste señaladlo, y no os juntéis con él, para que se avergüence". Sin embargo, aquí la Iglesia no hizo eso; Diótrefes tuvo mucha influencia.

Gayo no se sometió al control de Diótrefes. Continuó recibiendo a los hermanos que "salían por amor de su nombre" a pesar de las órdenes contrarias de Diótrefes y a pesar del peligro de ser expulsado "de la iglesia" por el dictador. Por sus acciones, Gayo fue elogiado por Juan, pero la única advertencia de Juan fue: "Amado, no imitéis el mal, sino lo bueno" (ver. 11). ¿Y qué hay de Diótrefes? Juan dijo: "Si yo fuere, recordaré las obras que hace parloteando con palabras malignas" (ver. 10). Cuando la acción de una congregación involucra directamente a alguien en la adoración o actividades no Escriturales, seguramente debe irse, pero se debe tener cuidado de no hacerlo prematuramente. Quien se separa de una congregación o fomenta una división debe estar seguro de que existe autoridad divina para hacerlo.

# Cuando Nuestros Héroes Desacuerdan

Si me pidieran que nombrara a mis tres héroes más admirados del Nuevo Testamento (aparte de Jesús), supongo que nombraría a Pablo, Pedro y Bernabé, quizás en ese orden.

Admiro a Pablo por su celo excepcional. Celo para obedecer al Señor (Hech. 9:18), predicar el evangelio (Hech. 9:19, Rom. 1:15) y defender la verdad.

Admiro a Pedro por su valor. Valor para hablar por Jesús cuando otros lo abandonaban (Jn 6:68-69), para predicar un Señor resucitado a aquellos que lo habían crucificado (Hech. 2:22-36; 3:12-26) y para enfrentar la muerte sin miedo (Hech. 12:1-11).

Admiro a Bernabé por su bondad, cualidad que le atribuye el Espíritu Santo (Hech. 11:24). Bondad expresada en benevolencia sacrificial hacia los santos pobres (Hech. 4:34-37; 11:22-23), hacia un nuevo converso a quien otros temían (Hech. 9:26-27), hacia los santos de otra raza (Hech. 11:22- 23), y hacia los perdidos (Hech. 13:1-2).

El común denominador en la grandeza de estos hombres fue Jesucristo, Aquel en quien creían, para quien vivieron y cuyo carácter reflejaban. Uno supondría que tales hombres siempre estarían en perfecto acuerdo y completa armonía entre sí. Pero no fue así.

## Pablo y Pedro en Antioquía

En Gálatas 2:11-13, Pablo escribió: "Cuando Pedro vino a Antioquía, le resistí cara a cara, porque era de condenar. Pues antes que viniese algunos de parte de Jacobo, comía con los gentiles; pero después que vinieron, se retraía y se apartaba, porque tenía miedo de los de la circuncisión. Y en su simulación participaban también otros judíos, de tal manera que aun Bernabé fue también arrastrado por la hipocresía de ellos."

## Pablo y Bernabé en Antioquía

Pablo y Bernabé eran verdaderos compañeros de yugo en la causa de Cristo. Bernabé llevó a Pablo a Antioquía y "y se congregaron allí todo un año con la iglesia, y enseñaron a mucha gente" (Hech. 11:26). Salieron juntos de Antioquía para predicar durante más de dos años en Asia Menor, "exponiendo su vida por el nombre de nuestro Señor Jesucristo" (Hech. 15:25-26). Después de regresar "se quedaron allí mucho tiempo con los discípulos" (Hech. 14:28). ¡Cómo debieron haber sido amados en Antioquía!

Pero cuando propusieron emprender un segundo viaje, surgió un desacuerdo. "Y Bernabé quería que llevasen consigo a Juan, el que tenía por sobrenombre Marcos; pero a Pablo no le parecía bien llevar consigo al que se había apartado de ellos desde Panfilia, y no había ido con ellos a la obra. Y hubo tal desacuerdo entre ellos, que se apartaron el uno del otro; Bernabé, tomando a Marcos, navegó a Chipre, y Pablo, escogiendo a Silas, salió encomendado por los hermanos a la gracia del Señor" (Hech.15:37-40).

¿Quién tenía razón? ¿Quién era semejante a Cristo y quién no lo era? Cada uno podría presentar argumentos lógicos para su posición y cada uno podría incluso citar las Escrituras para respaldar su argumento. No se trataba de una cuestión de bien o mal, sino de juicio y conveniencia. Quizás uno u otro debería haber cedido, pero ¿cuál? No podían trabajar juntos; por lo que tuvieron que trabajar por separado.

# Algunas Observaciones

A veces los buenos hombres pueden no estar a la altura de los principios que predican. Cuando se equivocan no hay que defenderlos, por mucho que los admiremos.

Ningún hombre es un clon perfecto de Jesús. Una cualidad de Jesús puede ser dominante en un hombre y otra cualidad en otro. Esto en sí mismo puede conducir a desacuerdos en el juicio, y tales desacuerdos pueden incluso hacer imposible que dos hombres trabajen juntos. Aparentemente este fue el caso de Pablo y Bernabé. Sin embargo, estos hombres no tienen por qué convertirse en enemigos. Pablo y Bernabé no se atacaron entre sí ni intentaron buscar partidarios. En cambio, continuaron mostrándose respeto mutuo. Más tarde, Pablo escribió favorablemente sobre Cefas (Pedro) y Bernabé (1 Cor. 9:5- 6), y sobre el mismo Marcos, sobre quien se había desatado la contienda (2 Tim. 4:11).

Dios puede utilizar los desacuerdos—incluso las separaciones—sobre las conveniencias para Su propósito si evitamos el resentimiento unos hacia otros. Sin duda, cuando dos equipos salieron de Antioquía predicando a Cristo, se logró más bien del que se habría logrado de otra manera.

Hoy en día muchos utilizan los desacuerdos entre hombres prominentes como excusa para abandonar su fe. No hay prueba de esto en Antioquía. Los Cristianos allí se habían "convertido al Señor" (Hech. 11:21); siguieron la amonestación "de que con propósito de corazón permanecieran fieles al Señor" (Hech. 11:23). En consecuencia, los desacuerdos entre los mejores hombres, ya sea que involucraran pecado o conveniencias, no los sacudieron, y no deben sacudirnos tampoco a nosotros.

# "Bienaventurados los Pacificadores"

Recientemente se me acercó en privado un hermano a quien conozco y aprecio desde hace más de cuarenta años. Él es uno de los descritos anteriormente en esta columna, que se ha mantenido a sí mismo en el trabajo secular para hacer posible su predicación en lugares donde la predicación no podría hacerse de otra manera. Ha sido un estímulo para mí a lo largo de los años, asistiendo a las Series de predicaciones en las que predicaba y pronunciando palabras de amor y aprecio por mis esfuerzos. Pero esta vez, lo que tenía que decir era diferente.

Hace bastante tiempo, un conocido común le dijo que yo había hecho, según sus palabras, "un comentario muy feo" sobre su predicación. Por supuesto, le dolió mucho. Además, pensó que yo había sido consciente de sus sentimientos y le decepcionó que no hubiera hecho ningún esfuerzo por explicar o corregir el comentario.

A todos nosotros nos han abordado estos asuntos, pero la actitud de este hermano fue única. Llegó casi disculpándose, obviamente esperando que todo el asunto pudiera explicarse sin avergonzar a nadie. Obviamente había tratado de olvidar el comentario porque no podía recordar exactamente de qué se trataba. Estaba ansioso por cubrir a quien había informado del incidente y sugirió que yo podría haber hecho un comentario que fue mal interpretado y, en consecuencia, mal informado. Independientemente de la explicación, estaba claro que estaba dispuesto y deseoso de perdonar y dejar el asunto atrás.

En respuesta, reafirmé mi aprecio por él y su trabajo. No podía recordar una declaración como la que él describió, pero expresé mi confianza en el hermano que se lo había informado y estuve de acuerdo en que bien podría haber dicho algo que se interpretó como despectivo y ofensivo. Le aseguré que no había sido consciente de su queja y le agradecí que me la hubiera hecho saber. Le pedí perdón por cualquier indiscreción de mi parte y por el dolor que había sufrido.

Cuando terminé lo que tenía que decir, había lágrimas en los ojos de mi buen hermano cuando me pidió que nos guiara en oración. Juntos nos arrodillamos y le pedí perdón a Dios y oré para que Dios nos bendijera a ambos en nuestros esfuerzos por servirle fielmente. Después de la oración, habló por unos momentos sobre la predicación y compartió conmigo los motivos puros que lo habían mantenido activo. Nos separamos mejores amigos que antes—y yo, un mejor hombre.

Cuán diferente es el resultado de este encuentro de la amargura que con tanta frecuencia se desarrolla en tales situaciones. La diferencia estaba en el tipo de hombre que se había sentido ofendido. Si hubiera sido un hombre carnal, gobernado por la carne, habría manifestado las obras de la carne: "enemistades, pleitos, celos, iras, contiendas, disensiones, herejías, envidias.... y cosas semejantes" (Gál. 5: 19-21). Si su corazón hubiera estado lleno de amarga envidia y egoísmo, habría ejercido esa sabiduría que no es de lo alto sino "terrenal, animal, diabólica" (Sant. 3:15). Santiago nos dice cuál habría sido el resultado; él dice: "Porque donde hay celos y contienda, allí habrá perturbación y toda obra perversa" (Sant. 3:16).

Con tales actitudes para avivar las llamas, ofensas menores como estas han servido para alejar a los amigos, dividir Iglesias y perturbar la hermandad.

En cambio, este hermano resultó ser un hombre espiritual. En su corazón estaba el fruto del Espíritu: "amor, gozo, paz, paciencia, benignidad, bondad, fe, mansedumbre, templanza" (Gál. 5:22-23).

Ejerció la "sabiduría que es de lo alto", que es "primeramente pura, luego pacífica, amable, benigna, llena de misericordia y de buenos frutos, sin incertidumbre ni hipocresía" (Sant. 3:17). Siguió las instrucciones reveladas por el Espíritu: "Si tu hermano peca contra ti, vé y repréndele estando tú y él solos; Si te oye, habrás ganado a tu hermano" (Mat. 18,15). Y el resultado fue el que el Espíritu planeó: paz unos con otros y paz con Dios.

¡Cuán importante es que hagamos todas las cosas "según el patrón" mientras organizamos, activamos y dirigimos la Iglesia en su adoración y servicio a Dios! Al mismo tiempo, cuán urgente es que no descuidemos lo que todavía se puede llamar con razón "las cuestiones más importantes de la ley: la justicia, la misericordia y la fe". Este hermano a quien he admirado durante mucho tiempo por su en los primeros asuntos, ahora me ha dado un ejemplo de estas últimas cualidades que me bendecirán mientras viva.

En vista de la naturaleza de este artículo, sería mejor no dar nombres. Sin embargo, la modestia y humildad del hermano aseguran que así lo preferiría; se regocijará de ser presentado como un representante de una multitud de personas Cristianas y de mentalidad espiritual que "buscan la paz y la siguen" (1 Ped.3:11) y que, al hacerlo, verdaderamente "brillan como luces en el mundo".

# Luz sobre la Humilidad

# Un Ingrediente Necesario para la Grandeza

Hace muchos años, un hermano se promocionó como el quinto predicador más importante de la hermandad. No estoy seguro de quién compiló la lista o quiénes fueron calificados del uno al cuatro. Pero el mismo hecho de que hiciera esta afirmación, o siquiera pensara en tal cosa, revela que aunque poseía muchas otras cualidades sobresalientes, carecía de una característica sin la cual nadie podría ser grande a los ojos de Dios.

He tenido la oportunidad de revisar varias listas de cualidades que una Iglesia buscaba en un predicador. Siempre es gratificante ver la solidez en la doctrina y la pureza en el carácter encabezando la lista. Generalmente siguen otras cualidades de importancia variable. Pero no recuerdo haber visto nunca en esa lista ese mismo atributo que Dios siempre ha llamado esencial para la grandeza. Y la ausencia de esa cualidad en un predicador ha sido una fuente de problemas en muchas Iglesias.

Tanto el Antiguo Testamento como el Nuevo identifican esta cualidad. Salomón escribió: "Antes de la honra está la humildad" ("Y a la honra precede la humildad"—Reina Valera—ARP) (Prov. 15:33 y 18:12). Jesús dijo: "Así que, cualquiera que se humille como este niño, ése es el mayor en el reino de los cielos" (Mateo 18:4).

Hace varios años, cuando murió un predicador prominente, se publicó un periódico del tamaño de un tabloide que contenía homenajes a su grandeza.

Se elogiaron muchas cualidades, incluido su conocimiento de las Escrituras, su capacidad para citarlas, su poderoso intelecto, su extraordinaria elocuencia, su fuerza como polemista, su habilidad como escritor e incluso su atractivo físico. Pero ningún escritor mencionó su humildad, y quienes lo conocieron entendieron por qué.

## Dios no ve como ve el Hombre

Los hombres siempre han admirado a los orgullosos y que se afirman así mismos. En los últimos años se ha fomentado especialmente la autopromoción. Un ego inflado parece casi esencial para la elección de cualquier cargo político importante.

Se espera que los solicitantes de empleo hablen con confianza de sus propios talentos, logros y expectativas de éxito personal. Incluso los currículums de los predicadores a veces contienen un considerable embellecimiento de sus logros. Como dijo un bromista: "El que no toca su cuerno, no será tocado".

Nosotros, como Cristianos, tendemos a admirar lo que el mundo admira. El pensamiento popular tiende a determinar nuestros valores, ya sea en la moda, en los gustos estéticos, en el lenguaje o incluso en nuestra valoración de la grandeza. Pero, ¡Cuidado!, "... porque lo que los hombres tienen por sublime, delante de Dios es abominación" (Luc. 16:15). Uno de los mayores desafíos que enfrentó Jesús fue reeducar a los discípulos para que vieran la grandeza como la ve Dios.

Uno de los mayores desafíos que enfrentamos hoy es permitir que nuestro Señor nos convierta para que seamos como niños pequeños que no se dejan impresionar por las pretensiones humanas y no realizan ningún esfuerzo por impresionar a los demás por esos medios.

# Las Bendiciones Especiales de Dios

"Y Dios salvará al humilde de ojos" (Prov.22:29). "No se olvidó del clamor de los afligidos" – "humildes" KJV) (Sal.9:12). "Porque Jehová es excelso, y atiende al humilde" (Sal.138:6). "Yo habito en la altura y la santidad, y con el quebrantado y humilde, para hacer vivir el espíritu de los humildes, y para vivificar el corazón de los quebrantados" (Isa.57:15). "pero miraré a aquel que es pobre y humilde de espíritu, y que tiembla a mi palabra" (Isa.66:2). "Bienaventurados los pobres es espíritu, porque de ellos es el reino de los cielos" (Mat.5:3). "En aquella misma hora, Jesús se regocijó en el Espíritu, y dijo: Yo te alabo, oh Padre, Señor del cielo y de la tierra, porque escondiste estas cosas de los sabios y entendidos, y las has revelado a los niños. Sí, Padre, porque así te agrado" (Luc.10:21). "Dios resiste a los soberbios, y da gracia a los humildes" (Stg.4:6). "Humillaos delante del Señor, y él os exaltará" (Stg.4:10). "Humillaos, pues, bajo la poderosa mano de Dios, para que él os exalte cuando fuere tiempo" (1 Ped.5:6).

# La Necesidad de un Mayor Énfasis

Los pasajes Bíblicos mencionados anteriormente son sólo una pequeña muestra de los muchos que alientan e incluso demandan la humildad. Hay más pasajes que abogan por la humildad que los que se pueden encontrar promoviendo muchas otras cualidades a las que ponemos mucho más énfasis. Este es un tema olvidado.

Quizás una de las razones por las que se descuida el tema de la humildad es que es un tema doloroso; presenta ante nosotros el espejo de la palabra de Dios y revela en todos nosotros un cierto grado de orgullo —una cualidad que se condena con tanta frecuencia como se alaba la humildad. Sin embargo, el tema merece una atención cuidadosa y nuestro propósito es explorarlo…

# La Falsa y la Verdadera Humildad

La palabra de Dios advierte sobre la falsa humildad (Col. 2:23). Puesto que la humildad es esencial para nuestra aceptación ante Dios, es importante que conozcamos la diferencia entre la falsa y la verdadera humildad.

Las acciones aparentemente humildes pueden ser una falsa humildad. Cuando una persona hace algo para realzar su reputación de persona humilde, da más muestras de orgullo que de humildad. Jesús describió a los hipócritas como los que "demudan sus rostros para mostrar a los hombres que ayunan" (Mat.6:16). Los hombres más orgullosos a veces pueden aprovechar la oportunidad de tomar fotografías mientras caminan descalzos por las calles o rebajarse para realizar alguna tarea servil que pueda ser elogiada como humilde.

Un filósofo antiguo que intentó proyectar esa imagen vistiendo ropas andrajosas se encontró con Sócrates, quien le dijo: "Tu orgullo se asoma por el agujero de tu abrigo". La humildad producirá obras humildes, pero las obras humildes no producen ni prueban la humildad. La humildad no es algo que haces sino algo que eres.

El autodesprecio verbal no es humildad. Hay personas que tienen la costumbre de hablar despreciativamente de sí mismas en todas las circunstancias. Oírles decir que son inferiores a los demás en todos los sentidos. Esto puede indicar baja autoestima o puede ser indicativo de orgullo. Cuando las personas insisten en que son inferiores, incluso en áreas en las que saben que sobresalen, es posible que estén buscando elogios—una señal más clara de orgullo que de humildad. La humildad no es algo que decimos sino algo que somos.

La baja autoestima no es la humildad que Dios valora. Muchos individuos no han hecho lo que debían porque continuamente piensan en sus propias insuficiencias. Incluso esto puede ser una señal de orgullo. El hombre de un talento escondió su talento y no lo usó porque "tuve miedo" (Mat.25:25). ¿De qué tenía miedo? Quizás tenía miedo de fracasar o de no tener un desempeño tan bueno como el de aquellos que, para empezar, tenían más talentos. Cualquiera que fuera su preocupación, el resultado sería que su orgullo resultaría herido. De modo que el suyo era más un problema de orgullo que de humildad.

Lo mismo ocurre con cualquiera que se niega a intentar hacer un buen trabajo porque teme verse avergonzado por el fracaso. Una persona así piensa constantemente demasiado en sí misma, aunque pueda estar pensando negativamente. En cualquier caso, pensar demasiado en uno mismo es lo contrario a la verdadera humildad.

La verdadera humildad es no pensar en uno mismo en absoluto. Es una despreocupación por uno mismo. Es buscar en fuentes externas, particularmente en Dios, la idoneidad de todas las cosas. Es decir con Pablo: "no que seamos competentes por nosotros mismos para pensar algo como de nosotros mismos, sino que nuestra competencia proviene de Dios" (2 Cor. 3:5).

La palabra Griega que se traduce humilde también se traduce bajo. Es lo opuesto a lo "alto y poderoso". Nuestra palabra en Inglés, cuando se usa en el buen sentido, significa manso, apacible, modesto y sin pretensiones. Es lo contrario de arrogante, desafiante, altivo. En Inglés a veces se considera irrisorio, con el significado de obsequioso, servil, sumiso. En la Biblia nunca se usa para sugerir algo indeseable, sino siempre como una cualidad que el pueblo de Dios debe valorar y buscar.

La persona verdaderamente humilde "estimando cada uno a los demás como superiores a él mismo" (Fil. 2:3), nunca permitirá que esto la deprima u obstaculice su utilidad en el servicio de Dios. Lo que hace no lo hace por "contienda o por vanagloria; antes bien con humildad" (Fil.2:3). No intenta promover su imagen pública ni demostrar que es superior a los demás. En consecuencia, si los demás son "mejores que él", se regocija en sus talentos y agradece a Dios por todo lo que logran. Al mismo tiempo, está deseoso de hacer todo lo posible para promover la causa, incluso si sus contribuciones son inferiores.

Si busca "superar a los demás" es para lograr más para la gloria de Dios, en lugar de mejorar su propia reputación. Nuevamente dice al igual que Pablo: "Pero por la gracia de Dios soy lo que soy; y su gracia no ha sido en vano para conmigo, antes he trabajado más que todos ellos; pero no yo, sino la gracia de Dios conmigo" (1 Cor. 15:10). Digo, pues, por la gracia que me es dada, a cada cual que está entre vosotros, que no tenga más alto concepto de sí que el que debe tener, sino que piense de sí con cordura, conforme a la medida de fe que Dios repartió a cada uno" (Rom. 12:3).

# Humildad y Utilidad en el Reino

Hace algún tiempo, un joven escribió una carta a los ancianos de la Iglesia con la que había estado adorando, expresando su decepción por no haber sido utilizado para dirigir cantos y predicar con tanta frecuencia como él pensaba que debería haber sido. Manifestaba su confianza en que tenía conocimientos y experiencia que serían de gran valor para cualquier congregación. Y tal vez pudo ser así.

Pero la actitud que indican esas palabras es diferente de la actitud de aquellos a quienes el Señor siempre ha considerado un activo entre Su pueblo.

## El Antiguo Testamento

**Moisés** al parecer, a la edad de 40 años, sintió que tenía cualidades que le permitirían liberar al pueblo de Dios de la esclavitud Egipcia. Lo intentó, pero fracasó estrepitosamente. Sin embargo, cuarenta años como pastor cambiaron su actitud. Cuando Dios lo llamó a hacer exactamente lo que había emprendido antes, su respuesta fue: "¿Quién soy yo para que vaya a Faraón y saque de Israel de Egipto a los hijos de Israel?" (Éxo. 3:11). Una vez que fue lo suficientemente humilde como para reconocer sus propias limitaciones, Dios pudo servirse de él.

**Gedeón** quedó totalmente sorprendido cuando el Ángel del Señor se dirigió a él llamándolo "varón esforzado y valiente" (Jue. 6:12). Quedó aún más desconcertado cuando el ángel le dijo: "Vé y con esta tu fuerza, y salvarás a Israel de la mano de los madianitas" (v.14). A esto él respondió: "Ah, señor mío, ¿con qué salvaré yo a Israel? He aquí que mi familia es pobre en Manasés, y yo el menor en la casa de mi padre" (v.15). Es bien conocido el uso que Dios hizo de este hombre humilde para obtener una victoria notable.

**Saúl**, obviamente nunca se consideró un candidato al trono de Israel. Cuando Samuel lo identificó como el elegido de Dios, Saúl respondió: "¿No soy yo hijo de Benjamín, de la más pequeña de las tribus de Israel? Y mi familia, ¿no es la más pequeña de todas las familias de la tribu de Benjamín? ¿Por qué, pues, me has dicho cosa semejante" (1 Sam. 9:21)? Más tarde Dios destacó el hecho de que ésta era su actitud cuando fue ungido. "Aunque eras pequeño ante tus propios ojos, ¿no eras jefe de las tribus de Israel? ¿Y no te ungió Jehová rey sobre Israel?" (1 Sam. 15:17). Pero a medida que pasó el tiempo se hizo grande ante sus propios ojos, hasta el punto de susti-tuir la sabiduría de Dios por su propia sabiduría. Entonces Dios dijo a través de Samuel: "Por cuanto tu desechaste la palabra de Jehová, y él también te ha desechado para que no seas rey" (1 Sam. 15:17, 19, 26).

**Isaías** se sintió completamente indigno de la gran visión de Dios que le fue concedida en el templo (Isa. 6:1- 4). Su reacción fue: "¡Ay de mí!, que soy muerto; porque soy hombre inmundo de labios, y habitando en medio de pueblo que tiene labios inmundos; han visto mis ojos al Rey, ¡Jehová de los ejércitos" (v.5)

**Jeremías**, cuando Dios lo llamó para ser profeta, respondió: "¡Ah! ¡ah!, Señor Jehová! He aquí no se hablar porque soy niño", "—"joven" (KJV) (Jeremías 1:6)

## El Nuevo Testamento

**Simón Pedro**, al decir: "Aunque todos se escandalicen de ti, yo nunca me escandalizaré" (Mat. 26:33), era más una carga que una ventaja. Volvió a ser útil cuando se sintió tan humillado que no se atrevía a profesar el fuerte compromiso con Jesús que implicaba el amor ágape; sólo podo insistir en su tierno afecto por Él (Jn 21:15-17). Fue hasta entonces estuvo listo para apacentar las ovejas del Señor.

**Saulo de Tarso** fue inútil para el Señor mientras el orgullo le hizo jactarse de haber sido "circuncidado al octavo día, del linaje de Israel, de la tribu de Benjamín, hebreo de hebreos; en cuanto a la ley, fariseo; en cuanto al celo que persigue a la iglesia; en cuanto a la ley, fariseo; en cuanto a celo, perseguidor de la iglesia; en cuanto a la justicia que es de la ley, irreprensible" (Fil. 3:5-6). Su utilidad floreció, sin embargo, cuando llegó a decir: "Porque soy el más pequeño de los apóstoles, que no soy digno de ser llamado apóstol, porque perseguí a la iglesia de Dios" (1 Cor.15:9-10a).

## Hoy

En nuestros días, el orgullo es uno de los mayores problemas dentro de la Iglesia. Los que han logrado cierto grado de éxito en la educación, los negocios u otras actividades seculares con frecuencia sienten que otros deberían ceder ante ellos debido a ese éxito. A veces los predicadores se enorgullecen tanto de su habilidad para hablar o de su conocimiento superior de las Escrituras que usan sus habilidades para menospreciar a cualquiera que se atreva a no estar de acuerdo con ellos. De hecho, "el conocimiento envanece, pero el amor edifica" (1 Cor. 8:1). Los ancianos pueden embriagarse con su posición y convertirse en dictadores virtuales. Un individuo orgulloso, engreído y moralista puede mantener alborotada a una congregación.

Cuán desesperadamente necesitamos seguir las palabras que el Espíritu Santo inspiró a través de Pablo a los Filipenses: "Nada hagáis por contienda o por vanagloria; antes bien con humildad, estimando cada uno a los demás como superiores a sí mismo" (Fil. 2:3).

# La Enseñanza de Jesús sobre la Humildad

En armonía con las decisiones de Dios a través de los siglos, Jesús eligió a los hombres más humildes disponibles para ser Sus apóstoles. Incluso entonces, su mayor desafío fue enseñarles a ser aún más humildes. Y hoy, este puede ser el mayor desafío del Señor al hacernos ciudadanos útiles de Su reino.

El Sermón del Monte siguió inmediatamente a la elección de los doce por parte del Señor. Sus primeras palabras exhortaban a la humildad: "Bienaventurados los pobres de espíritu, porque de ellos es el reino de los cielos" (Mat.5:3). Continuando, advirtió contra la práctica de aquellos cuyo deseo por la gloria de los hombres los llevaba a hacer limosnas, ofrecer oraciones e incluso ayunar para ser vistos por los hombres. Su "No juzguéis, para que no seáis juzgados" (Mat.7:1) tenía como principal objetivo advertir contra el espíritu de justicia propia que pasa por alto las propias faltas mientras se deleita en encontrar faltas en los demás.

Con el paso del tiempo, Jesús pareció favorecer a tres de los discípulos más que a los demás. Sólo ellos estuvieron con él en la habitación cuando resució a la hija de Jairo, y solo ellos presenciaron Su transfiguración. Estos tres debieron sentirse un poco más importantes que los demás y es posible que los demás los envidiaran. Por alguna razón, mientras estaban en el camino del Monte de la Transfiguración a Capernaum, "disputaban entre sí quién habría de ser el mayor. Entonces él se sentó y llamó a los doce, y les dijo: Si alguno quiere ser el primero, será el postrero de todos y el servidor de todos" (Mar. 9:34-35). "Y Jesús, llamando a un niño, lo puso en medio de ellos. y les dijo: De cierto os digo, que si no os volvéis y os hacéis como niños, no entraréis en el reino de los cielos. Y cualquiera que reciba en mi nombre a un niño como este, a mí me recibe" (Mat. 18:2-3).

Los niños pequeños son totalmente inconscientes de su posición, de qué familia es más o menos importante, de quién es más rico o más pobre, o de quién es de una raza u otra. Hasta que no sean influenciados por los adultos, no tendrán ningún orgullo que los haga sentir superiores a los demás, o que se sientan heridos por la percepción de que los demás son superiores. Jesús dice que así debe ser entre los ciudadanos de Su reino, particularmente entre los que quieren ser grandes.

Jesús asistió a una fiesta y "observando cómo escogían los primeros asientos a la mesa". Aconsejó a los invitados que evitaran elegir el asiento más destacado, porque si entraba alguien más importante, podrían avergonzarse si les pedían que se situaran al pie de la mesa. Es mejor sentarse en el lugar más humilde y ser honrado con la invitación a "subir más arriba". Luego añadió sus palabras tantas veces repetidas: "Porque cualquiera que se enaltece, será humillado; y el que se humilla será enaltecido" (Luc. 14:7-11).

Mientras Jesús y los doce viajaban hacia Jerusalén, la madre de Santiago y Juan vino pidiéndole un favor especial: que sus dos hijos pudieran sentarse, uno a su derecha y otro a su izquierda, en el reino. Marcos revela que Santiago y Juan también estuvieron involucrados en la solicitud. ¡Qué ambiciosos eran! Los demás, sin embargo, eran igual de ambiciosos. Estaban "conmovidos por la indignación", sintiendo que Santiago y Juan buscaban una ventaja para obtener la alta posición que todos querían. Jesús observó que la grandeza que buscaban era la grandeza gentil, basada en el nombramiento para un puesto superior a los demás. Jesús dijo: "Mas entre vosotros no será así, sino el que quiera hacerse grande entre vosotros será vuestro servidor, y el que quiera ser el primero entre vosotros será vuestro siervo" (Mat. 20:20-27).

En Jerusalén, Jesús desató su ira piadosa reprimida sobre los Fariseos. Algunas de sus palabras más duras estaban dirigidas a su orgullo. "aman los primeros asientos en las cenas, las primeras sillas en las sinagogas, las salutaciones en las plazas, y que los hombres los llamen: Rabí, Rabí". Entonces Jesús dijo a sus discípulos: "Pero vosotros no queréis que os llamen Rabí; porque uno es vuestro Maestro, el Cristo, y todos vosotros sois hermanos... Ni seáis llamados maestros; porque uno es vuestro Maestro, el Cristo. El que es el mayor entre vosotros, será vuestro servidor. Porque el que se enaltece será humillado, y el que se humilla será enaltecido" (Mat. 23:6-12). La palabra *maestro* proviene de la misma palabra de la que deriva *doctor*.

Uno podría suponer que seguramente los apóstoles ya habrían aprendido en ese momento. Pero, lamentablemente, durante esa última cena con Jesús "Hubo también entre ellos una disputa sobre quién de ellos sería el mayor" (Luc. 22:24). Jesús tuvo que explicar nuevamente los principios de la verdadera grandeza de Su reino. No fue hasta que vieron al rey "por el sufrimiento de la muerte, coronado de gloria y honra" que finalmente aprendieron la lección de la grandeza en el reino. Esta es la receta para la humildad en mí.

Cuando contemplo la maravillosa Cruz en la que
    murió el Príncipe de gloria,
Mi mayor ganancia no la considero sino pérdida
Y derramo desprecio sobre todo mi orgullo.

# Jesús, Un Ejemplo de Humildad

Si alguien alguna vez tuvo buenas razones para no ser humilde, ese fue Jesús. Él era superior en todos los sentidos a todos los que lo rodeaban y no tenía ningún defecto o debilidad de qué avergonzarse. Sin embargo, las Escrituras lo presentan ante nosotros como el máximo ejemplo de humildad (Fil. 2:1-8).

## Circunstancias Humildes

Jesús fue la única persona que alguna vez estuvo en posición de elegir dónde y de quién nacería. Eligió nacer en una raza despreciada en un rincón remoto del mundo. Eligió ser concebido de una virgen, lo que dio lugar a acusaciones de ilegitimidad (Jn. 8:41). Eligió una madre que hablaba libremente de su baja condición (Luc. 1:48) y un padre terrenal que como carpintero era tan pobre que tenía que aprovechar el sacrificio opcional permitido a aquellos en circunstancias humildes (Luc. 2:24).

Eligió un granero como su lugar de nacimiento, un comedero como su cuna y pastores como sus primeros visitantes. Creció por elección propia en una ciudad tan despreciada que un proverbio preguntaba: "¿De Nazaret puede salir algo bueno?" (Jn.1:46) ¿Quién de nosotros habría tomado esas decisiones?

## Obediencia Humilde

"Y aunque era Hijo, por lo que padeció aprendió la obediencia" (Heb. 5:8). A la edad de 12 años ya estaba "en los negocios de [su] Padre (Luc. 2:49). Hacer los negocios de Su Padre celestial significaba estar sujeto a Sus humildes padres terrenales durante Sus primeros años (Luc. 2:51). A lo largo de toda su vida, nunca falló en su perfecta sumisión a Dios. "no busco mi voluntad", dijo, "sino la voluntad del que me envió, la del Padre" (Juan 5:30).

El bautismo requiere humildad. Es difícil imaginar que un rey o el director ejecutivo de una corporación muy grande sean bautizados. Esto puede explicar la aversión común al bautismo o la sustitución de la inmersión por aspersión. Los que vinieron a ser bautizados por Juan el Bautista vinieron "confesando sus pecados" (Mat. 3:6), y esto puede explicar en parte el rechazo de Su bautismo por parte de los fariseos (Luc. 7:30). Sin embargo, el Hijo de Dios sin pecado no era demasiado orgulloso para viajar desde Galilea para ser bautizado por Juan en el Jordán. No es de extrañar que Juan objetara, pero la respuesta de nuestro Señor reveló su motivo: "porque así conviene que cumplamos toda justicia" (Mat. 3:15).

Imagínese a Aquel por Quien "fueron creadas todas las cosas, las que hay en los cielos y las que hay en la tierra" (Col. 1:16) "Y estuvo en el desierto cuarenta días, y era tentado tentados por Satanás" (Mar.1:13) tan hambriento que la orden de "di que estas piedras convertirse en pan" era una tentación. ¿Y por qué estaba allí? "Jesús fue llevado por el Espíritu al desierto" (Mat. 4:1-3).

## Ministerio Humilde

Antes de comenzar Su ministerio registrado, Él mismo trabajó con Sus manos como carpintero (Mar. 6:3). Mientras realizaba la obra de su vida, no tenía casa propia (Luc. 9:58). Sus discípulos lo cuidaron. Excepto en una ocasión, se le representa viajando a pie o en barco. Y "despreciado y desechado entre los hombres, varón de dolores, experimentado en quebranto" (Isa. 53:3).

Jesús no tenía ninguna ambición de títulos. Tenía todo el derecho de ser conocido como "El Hijo de Dios" y no rechazó esa designación, pero cuando habló de Sí mismo, 80 veces fue como "el Hijo del Hombre".

Quizás hasta 60 años después del acontecimiento, el apóstol Juan se maravilló de la humildad mostrada por Jesús en la última cena: "sabiendo Jesús que el Padre le había dado todas las cosas en las manos, y que había venido de Dios y a Dios iba, se levantó de la cena, se quitó el manto, tomó una toalla, se la ciñó... y comenzó a lavar los pies de los discípulos" (Jn. 13:2-5).

## Una Muerte Humilde

Lavar los pies de los discípulos fue sólo el comienzo de un período de 24 horas de demostraciones de humildad cada vez más sorprendentes:

Sobre Su rostro en el Huerto, ofreciendo "ruegos y súplicas con gran clamor y lágrimas al que le podía salvarle de la muerte" (Heb. 5:7), y aun añadiendo: "pero no se haga mi voluntad, sino la tuya" (Luc. 22:42). De pie ante gobernantes pomposos, mezquinos pero poderosos, sin decir una palabra para defenderse. Llegando al clímax de todo humillándose y haciéndose "obediente hasta la muerte, y muerte de cruz" (Fil. 2:8), la muerte más horrible, dolorosa y vergonzosa que las mentes humanas depravadas pudieran concebir.

## Conclusión

No es de extrañar que Jesús pudiera decir de sí mismo sin alardear: "soy manso y humilde de corazón" (Mat. 11:29). ¡No es de extrañar que a aquellos que eran ricos, orgullosos o poderosos les resultara difícil negarse a sí mismos, tomar sus cruces y seguirlo! Oh Señor, "Haya, pues, en vosotros este sentir que hubo también en Cristo Jesús" (Fil. 2:5).

# Corrigiendo Conceptos Erróneos sobre la Humildad

Una vez que se establece que Jesús fue el máximo ejemplo de humildad, se deben dejar de lado varios conceptos erróneos.

**La Humildad no es debilidad.** Incluso los enemigos de Jesús testificaron de Su poder. Fue demostrado sobre Satanás, sobre la naturaleza y sobre toda fuerza que se le oponía. Sin embargo, en el ejercicio de Su poder fue humilde, reconociendo que las obras que hizo eran las obras de su Padre (Jn. 5:19). Los individuos humildes que reconocen su propia debilidad y permiten que el poder de Dios obre en ellos son los únicos que son verdaderamente fuertes. El Señor dijo a Pablo: "mi poder se perfecciona en la debilidad" (2 Cor.12:9), provocando que Pablo responda: "porque cuando soy débil, entonces soy fuerte" (2 Cor. 12:10).

**La Humildad no excluye el liderazgo.** Jesús era "manso y humilde", pero esto no le impidió ejercer Su liderazgo. Él es el gran Pastor del rebaño, el Rey de reyes y Señor de señores. Algunas personas, citando la humildad como razón, se niegan a aceptar las responsabilidades del liderazgo, especialmente como ancianos. El hecho es que los ancianos deben ser humildes. Deben ser sobrios (1 Tim. 3:2), y esto se define en Rom. 12:3 como no pensar más de uno mismo de lo que debería. 1 Timoteo 3:6 dice que un anciano no debe ser un neófito, "no sea que, envaneciéndose, caiga en la condenación que el diablo". En lugar de obstaculizar el liderazgo, la humildad define el estilo de liderazgo que agrada a Dios. Los pastores semejantes a Cristo no son señores sobre aquellos a los que se les han confiado, sino ejemplos para de la grey (1 Ped. 5:3).

**La Humildad no prohíbe reprender el pecado.** Jesús fue tan humilde cuando expulsó a los cambistas del templo en Mateo 21 y reprendió a los Fariseos en el capítulo 23 como cuando bendijo a los niños pequeños en el capítulo 19. En cada caso, estaba expresando en Sus palabras y acciones la voluntad de Dios, no la suya propia. Sin embargo, la humildad afectará nuestra manera de tratar con los pecadores y los que están en el error. "Pero siervo del Señor no debe ser contencioso, sino amable para con todos, apto para enseñar, sufrido; que con mansedumbre corrija a los que se oponen" (2 Tim. 2:24- 25). "Hermanos, si alguno es fuere sorprendido en alguna falta, vosotros que sois espirituales, restauradle con espíritu de mansedumbre, considerándote a ti mismo, no sea que tú también seas tentado" (Gál. 6:1). La represión que se hace con un espíritu de superioridad y orgullo nunca será eficaz para lograr el propósito de Dios.

**La Humildad no es inconsistente con la iniciativa personal.** La Iglesia necesita la aportación de todo Cristiano con mentalidad espiritual en la planificación y ejecución de su obra. Un cántico que cantamos dice: "Toma mi intelecto y usa todos los poderes como lo quieras". Sin embargo, algunos que tienen ideas útiles no las ofrecen, porque consideran que hacerlo sería inconsistente con la humildad. Por supuesto, si uno demanda que se acepte su forma de pensar y se enoja si no se acepta su sugerencia, carece de humildad. La humildad requiere que "cada uno estime a los demás como superiores a sí mismo" (Fil. 2:3), pero no prohíbe ofrecer nuestra sabiduría sobre un tema por lo que pueda valer a criterio de nuestros hermanos.

**La Humildad no requiere que pensemos de nosotros mismos con desdén, que hablemos de nosotros mismos con desprecio o que nos rebajemos ante los demás.** Esto es lo que mucha gente considera humildad. Sin embargo, esto es lo opuesto a la humildad. Una persona que piensa así piensa demasiado en sí misma, por muy negativo que sea su pensamiento. Cuando uno está pensando constantemente: "Qué inferior soy, qué inútil soy, qué inútil soy, qué mal desempeño en comparación con los demás", está pensando en sí mismo todo el tiempo. El orgullo es su problema; es demasiado orgulloso para sentirse cómodo entre aquellos a quienes considera superiores a él. La humildad no es la causa de ese pensamiento negativo; en realidad es la solución —no pensar en uno mismo en absoluto.

Un Cristiano puede regocijarse en la superioridad de sus hermanos. Además, puede mantener la cabeza en alto en presencia de todos los hombres, no porque él mismo sea tan digno, sino porque es un hijo del Dios del cielo, redimido por la preciosa sangre de Jesús. Jesús no se rebajaba ante ningún hombre, pero no le faltó humildad cuando le dijo a un gobernador Romano: "Ninguna autoridad tendrías contra mí, si no te fuese dado de arriba" (Jn 19:11).

## Conclusión

La verdadera humildad reemplaza el egoísmo por buscar primero el reino de Dios (Mat. 6:33), la obstinación por hacer la voluntad de Dios (Mat. 7:21), la voluntad propia por cumplir con la voluntad de Dios (2 Cor. 3:5), la confianza en uno mismo por la confianza en Dios (2 Tim. 1:12), y exaltación propia por la exaltación de Dios (1 Cor. 4:3-6). Estas fueron las cualidades que hicieron humilde a Jesús y las cualidades que Él busca en nosotros. Que podamos decir verdaderamente, incluso mientras cantamos:

Señor, Tu amor al fin ha vencido:

Nada de mí, y todo de Ti.

# Humillados

El orgullo es un pecado que rara vez se confiesa. El mismo orgullo impide la confesión. Nos impide darnos cuenta de nuestra necesidad de todo, especialmente de la humildad. La siguiente es una prueba que nos ayudará a determinar si somos humildes:

1. ¿Alguna vez cuestiono la justicia de las acciones de Dios?
2. ¿Cuestiono la razonabilidad de algún mandamiento de Dios?
3. ¿Alguna vez miro con desprecio a los demás por su falta de inteligencia, su pobreza, su ignorancia o por su carácter?
4. ¿Trato de impresionar a los demás con mi superioridad mediante acciones, apariencia o cualquier otro medio para hacerlos sentir inferiores a mí?
5. ¿Considero algún acto de servicio por debajo de mi dignidad?
6. ¿Estoy tan ansioso de servir cuando no me ven como cuando me ven?
7. ¿Insisto en salirme con la mía sobre los demás en asuntos de conveniencia?
8. ¿Envidio a los demás cuando reciben honores que creo que debería haber tenido?
9. ¿Soy sensible y me ofendo fácilmente?
10. ¿Disfruto guardar rencor?

La verdadera humildad responderá NO a todas estas preguntas excepto a la número 6, que debe responderse SÍ. ¿Cómo le fue en el cuestionario? Si obtuviste el 100% no se lo diga a nadie, porque una vez que se enorgullece de tu humildad dejas de ser humilde.

# Aprenda a ser Humilde

Hemos visto que Dios demanda humildad. Tanto Pedro como Santiago advierten: "Humillaos" (1 Ped. 5:6; Sant. 4:10). ¿Cómo se hace esto?

**Medite en la Grandeza de Dios.** Medite en Su grandeza revelada en la naturaleza. "Cuando veo tus cielos, obra de tus dedos, La luna y las estrellas que tú formaste, Digo: ¿Qué es el hombre, para que te tengas de él memoria, Y el hijo del hombre, para que lo visites?" (Sal. 8:3-4)? Lea y medite en las cualidades de Dios reveladas en las Escrituras que deberían volvernos humildes. Los himnos que ensalzan la grandeza de Dios, cuando se cantan como deben ser, profundizarán nuestra conciencia de la superioridad de Dios y de nuestra propia inferioridad ante Él.

**Tome en serio la Palabra de Dios.** Cuando se estaba limpiando el templo en los días del rey Josías, se encontró una copia del libro de la ley. Cuando se leyó al rey, y cuando se dio cuenta de que Judá había desobedecido a Dios, se rasgó las vestiduras y lloró delante del Señor, y así se humilló (2 Cron. 34:27). La palabra de Dios es un espejo que revela nuestras faltas; Al leerla y vernos tal como somos, seguramente el resultado será la humildad. La simple lectura de la vida de Jesús debería humillarnos al comparar nuestras imperfecciones con Su gloriosa perfección.

**Piensa con sobriedad** (Rom. 12:3). Los que están ebrios sobreestiman sus cualidades y capacidades, mientras que el que piensa sobriamente no piensa de sí mismo más de lo que debería. También considera la fuente de las ventajas que pueda disfrutar sobre los demás. A los orgullosos Corintios se les preguntó: Porque "¿quién te distingue? ¿Y qué tienes que no hayas recibido? Y si lo recibiste, ¿por qué te glorias como si no lo hubieras recibido?" (1 Cor. 4:7).

Cada uno de nosotros debería pensar: "Por la gracia de Dios soy lo que soy" (1 Cor. 15:10).

El pensamiento sobrio implica ver nuestros defectos con tanta claridad como nuestras virtudes. El orgullo surge cuando maximizamos nuestras virtudes y minimizamos nuestras faltas, mientras que al mismo tiempo maximizamos las faltas de los demás y minimizamos sus virtudes. ¡No es de extrañar que nos *creamos* superiores! De este modo, Juan escribe: "Si decimos que no tenemos pecado, nos engañamos a nosotros mismos y la verdad no está en nosotros" (1 Jn. 1:8).

**Ore por la Humildad.** El mismo acto de oración debería humillarnos si nos damos cuenta de que estamos en la presencia de Dios. Las palabras originales para adoración (tanto Hebreas como Griegas) sugieren postrarse ante, besar la mano o el suelo hacia un superior. Quizás nunca hayamos sentido suficiente fuerza hacia un ser humano para hacer eso, pero la conciencia de la presencia de Dios debería hacernos, como muchos lo hicieron en la historia Bíblica, caer mentalmente al suelo y humillarnos ante Él. Más allá de esto, una parte de nuestra oración debe ser por la humildad.

Sin embargo, debemos ser conscientes de que cuando oramos por humildad, esta puede llegar de maneras desagradables. Dios puede permitirnos sufrir alguna humillación que nos ayude a superar el orgullo. El apóstol Pablo consideró esto como la explicación del "aguijón en la carne" que sufrió y que Dios se negó a remover. El escribió, "Y para que la grandeza de las revelaciones no me exaltase desmedidamente, me fue dado un aguijón en mi carne, un mensajero de Satanás que me abofetee, para que no me enaltezca sobremanera" (2 Cor.12:7).

Cualquier cosa que nos ayude a ser humildes vale cualquier dolor o sufrimiento que pueda causar. Incluso puede ser una respuesta a nuestra oración de humildad.

# Conclusión

"De cierto os digo, que si no os volvéis y os hacéis como niños, no entrareis en el reino de los cielos" (Mat.18:3). "Humillaos, pues, bajo la poderosa mano de Dios, para que él os exalte cuando fuere tiempo" (1 Ped.5:6).

# Luz en el Hogar

# Aliento para los Solteros en 1 Corintios 7

Los sermones y artículos sobre el matrimonio y la familia se han vuelto muy comunes en los últimos años. Pero los que no están casados, y especialmente los que ven pocas perspectivas de casarse, bien pueden haber sido descuidados. El capítulo séptimo de Primera de Corintios contiene algunos principios para su consideración y estímulo.

## El Matrimonio No es Esencial

En el principio, Dios vio que "no era bueno que el hombre estuviera solo" (Génesis 2:18), y dijo: "Por esto el hombre dejará a su padre y a su madre, y se unirá a su mujer" (Mat. 19:5). Si bien establecen claramente la aprobación y el aliento divinos del matrimonio, estas palabras de Dios no deben considerarse como si lo requiriesen. Por el Espíritu Santo, Pablo escribió: "Digo, pues, a los solteros y a las viudas: que bueno les fuera quedarse como yo" (v. 8).

No hay duda de que los sentimientos de Pablo se vieron afectados por la "la necesidad que apremia" mencionada en el versículo 26. Sin embargo, esta declaración, junto con el ejemplo del propio Pablo, establece claramente que uno no peca al permanecer soltero, ni tal persona es de ninguna manera un ciudadano de segunda clase del reino. Al vivir en la tierra como hombre, el Rey mismo no se casó y no requiere el matrimonio de Sus súbditos.

## El Matrimonio No siempre es Aconsejable

Las circunstancias que prevalecían en el momento en que Pablo escribió en realidad hacían que fuera mejor no casarse (v. 26). La mayoría de los estudiantes de la Biblia creen que la persecución anticipada en la expresión de Pablo del versículo 26 era "la necesidad que apremia". Sin embargo, otras condiciones podrían crear la misma desventaja. En tiempos de guerra, cuando maridos y esposas enfrentan largos períodos de separación, el matrimonio no sea aconsejable. Las condiciones morales en una comunidad determinada pueden deteriorarse hasta el punto de que parezca que no hay una compañera adecuada para contraer matrimonio; Seguramente es mejor no casarse que casarse con alguien cuyo carácter es cuestionable y cuya fidelidad futura es, en el mejor de los casos, incierta.

## El Matrimonio puede Obstaculizar el Compromiso Total

Los versículos 32 al 35 señalan que las personas casadas pueden distraerse del servicio Cristiano por preocupaciones por sus compañeros. Obviamente, un hombre o una mujer que enfrenta prisión o muerte por ser Cristiano se vería más fuertemente tentado a renunciar a la fe si tuviera que proteger a su cónyuge o a sus hijos. Sin embargo, incluso hoy en día, por muy útiles que suelen ser los compañeros Cristianos, hay ocasiones en las que pueden impedir que uno tenga suficiente movilidad o haga los sacrificios necesarios para realizar alguna obra necesaria para el Señor. Esto no significa que casarse sea malo (v. 28), pero sí significa que alguien que no está fuertemente inclinado al matrimonio no debería sentirse obligado a casarse (v. 7).

### Ayuda para Encontrar Satisfacción

Este capítulo ofrece dos consideraciones que contribuirán a la satisfacción si las condiciones no son favorables para el matrimonio.

Primero, la brevedad de la vida. La vida parece larga para quien es joven, pero su brevedad se vuelve más evidente a medida que pasa el tiempo. Los Cristianos no vivimos para los placeres de esta vida, sino para la eternidad. Lo que uno tiene o no tiene en la vida tiene poca importancia en el panorama general. Este parece ser el mensaje de los versículos 29-31.

En Segundo lugar, la devoción a Cristo puede compensar de alguna manera la falta de pareja. Las personas que quedan absortas en la búsqueda de objetivos seculares como la educación, la invención o la exploración pueden pasar largos períodos sin sentir la necesidad de casarse. La completa absorción en servir al Señor puede cumplir el mismo propósito (v. 32).

## La Castidad es Esencial

Estar soltero no es licencia para la fornicación. El capítulo anterior (6:9-20) contiene la enseñanza más fuerte del Nuevo Testamento contra la fornicación. Y el capítulo siete, aunque desaconseja el matrimonio durante la "necesidad que apremia", deja claro que aquel que no puede permanecer casto debe casarse (vers. 2,7,9,36-37) independientemente de las dificultades y desventajas que se puedan encontrar.

Pablo incluso afirma que "es mejor casarse que estar encendido de pasión" (KJV) "pues mejor es casarse que estarse quemando" (Reina-Valera, ARP). (v. 9). Las pasiones naturales en la mayoría de las personas son fuertes. Pueden ser tan fuertes como para dominar la vida de uno y distraer aún más de lo que lo sería el matrimonio. Es posible controlar un poco esas pasiones evitando los numerosos estímulos de los libros, las películas, la televisión e incluso la música popular. Pero prohibir el matrimonio a quien tiene derecho y necesidad de casarse ha sido causa de muchos males (1 Tim.4:1-5).

# Conclusión

La mayoría de las congregaciones hoy en día son bendecidas por solteros devotos, tanto hombres como mujeres, tanto jóvenes como mayores. Ellos deben ser honrados por su fidelidad. Demos honor a quien honor merece.

# "Coherederas de la Gracia de la Vida"

Un filósofo Francés dijo una vez: "El amor no es dos personas mirándose; son dos personas mirando juntas en la misma dirección". Si bien esta puede no ser una definición completa del amor, sirve para enfatizar la absoluta necesidad de intereses mutuos fuera de las personas de los individuos enamorados. Estudios recientes han demostrado que hoy en día un número alarmante de matrimonios se forman simplemente porque dos jóvenes no están contentos en su entorno familiar y quieren alejarse de todo.

Otros se forman simplemente para satisfacer necesidades físicas o financieras. Estos matrimonios, formados únicamente nada más que por un interés mutuo, tienen pocas o ninguna esperanza de éxito. Y se están separando a un ritmo vertiginoso.

Es importante que los cónyuges compartan tantos intereses comunes como sea posible, incluso en asuntos aparentemente insignificantes. Es esencial que compartan una estima mutua por sus objetos de mayor devoción y mayor aspiración. Por eso es casi seguro que un matrimonio formado por dos Cristianos verdaderamente dedicados y consagrados está destinado no sólo a una unión continua, sino también a una felicidad perenne.

## Amor Mutuo por el Señor

En su prefacio a ese texto dorado de las relaciones entre marido y mujer, Efesios 5:22-33, el apóstol Pablo escribió: "Someteos unos a los otros en el temor de Dios". Observe que esta sumisión mutua surge del respeto mutuo por Dios. Esto significa respeto por Su autoridad, inclinándose ante el código de conducta que Él ha dado. Si ambos temen a Dios, significa que cada uno sabe exactamente qué esperar del otro —honestidad, fidelidad, justicia y pureza. Significa que cada uno puede respetar al otro, no sólo como esposo o esposa sino también como hermano o hermana en Cristo, como conciudadanos del Reino de los Cielos, como miembros de su cuerpo.

Cuando los padres dentro del matrimonio comparten tal temor de Dios, hay un doble vínculo que cimenta su matrimonio. La esposa es sumisa y fiel a su marido, no sólo porque lo ama sino porque "conviene en el Señor" (Col.3:18). El marido honra a la esposa, no sólo porque la ama, sino también para que sus "oraciones no tengan estorbo" (1 Ped.3:7).

La infidelidad por parte de cualquiera de ellos significaría romper los votos hechos ante Dios así como los hechos el uno al otro. ¡Qué maravillosa aseguranza para un hogar seguro!

¿Cómo puede un Cristiano que ama a Dios con todo el corazón, alma, mente y fuerzas permitirse casarse con alguien que no comparte ese amor?

## Devoción Mutua al Deber

Pablo escribió acerca de un esposo y una esposa: "Saludad a Priscilla y a Aquila, mis colaboradores en Cristo Jesús" (Rom. 16:3). Ellos habían ofrecido la hospitalidad de su hogar mientras predicaba el evangelio (Hech. 18:2-4). Cuando Apolos llegó a Éfeso "aunque solamente conocía el bautismo de Juan... lo tomaron aparte y le expusieron más exactamente el camino de Dios" (Hech. 18:25-26). Su hogar fue usado como lugar de reunión de la Iglesia (Rom. 16:5; 1 Cor. 16:19). Por la vida de Pablo había expuesto la suya propia (Rom. 16:4). Estos destacados actos de servicio fueron posibles sólo porque eran "colaboradores en Cristo Jesús". Habría sido diferente si alguno de ellos hubiera estado fuera de Cristo.

Hay muchas otras oportunidades que sólo pueden ser aceptadas efectivamente por un esposo y una esposa que son colaboradores en Cristo Jesús. Por otro lado, qué hermoso es ver a un esposo y una esposa sirviendo juntos bajo el yugo de Cristo. Juntos criando a sus hijos, cumpliendo cada uno la función que Dios les ha ordenado; el padre que los cría "en disciplina y amonestación del Señor" (Efe. 6:4) y la madre exhibiendo la fe que también habitará en sus corazones y en los de sus hijos (2 Tim. 1:5).

En el hogar oran juntos, cada uno confiado en que Dios escucha la oración del otro así como la suya propia. Adoran juntos, aunque esto puede significar conducir muchos kilómetros. Planean juntos sus ofrendas y aceptan sacrificarse por la causa del Señor. Su casa está abierta a todos los que necesitan hospitalidad; juntos han dedicado todo lo suyo a Dios. Ninguno es un obstáculo para el otro; más bien, "se estimulan unos a otros al amor y a las buenas obras" (Heb.10:24). ¿Cómo puede alguien que busca "primero el reino de Dios y su justicia" (Mat.6:33) permitirse casarse con alguien que tiene poco interés en tales asuntos?

## Devoción Mutua de la Esperanza

Un marido y una mujer Cristianos comparten una posición exaltada "como coherederas de la gracia de la vida" (1 Ped. 3:7). Si existió algo precioso en el pensamiento de que la conversión de Onésimo haría posible que Filemón lo tuviera para siempre (Filemón 15- 16), cuánto más significativa es esa promesa para un esposo y una esposa devotos. Aunque "en la resurrección ni se casarán ni se darán en casamiento" (Mat. 22:30), sigue siendo un hecho que la vida en común en la tierra es tristemente incompleta si no existe la perspectiva de compartir juntos en la eternidad los frutos del trabajo de la vida.

# Conclusión

Los problemas de la vida en su forma más sencilla ya son bastante difíciles de resolver. En su forma más ligera, las cargas son bastante difíciles de soportar. Casarse con alguien que no comparte su estima por Dios, que no puede ser su socio en la obra de Cristo, que no comparte con usted la esperanza del cielo—esto aumenta enormemente esas cargas y problemas. Se puede alcanzar cierto grado de felicidad en un hogar así, pero lo cierto es que la felicidad suprema está fuera del alcance de quienes se encuentran en tales circunstancias.

# Eligiendo Un Cónyuge para el Matrimonio

Si tuviera que elegir una casa para vivir el resto de su vida, sería extremadamente cuidadoso para elegirla. La apariencia exterior no sería la consideración más importante. La integridad estructural, la ubicación, la adaptabilidad y la comodidad contarían mucho más. Seguramente usted buscaría el consejo de personas más experimentadas y conocedoras.

La elección de un compañero (a) matrimonial es mucho más importante que la elección de una residencia para toda la vida. No es sólo una decisión que determinará nuestra felicidad en la vida, sino que será un factor importante en nuestro destino eterno y el de nuestros hijos y nietos. ¡Qué elección tan increíble!

En muchas culturas, la elección del cónyuge para el matrimonio no se deja en manos de los jóvenes, sino que la deciden los padres. Abraham envió un sirviente a buscar una esposa para su hijo de 40 años (Gén. 24:1-4). Curiosamente, los matrimonios concertados por los padres suelen resultar más permanentes que los concertados por los novios. Los padres tienden a elegir compañeros para sus hijos de orígenes religiosos, económicos, sociales, culturales y étnicos similares. Cuanto más tengan dos personas en común, más probabilidades tendrán de tener un matrimonio exitoso. Los jóvenes sabios toman en consideración estas mismas cosas.

El mayor desafío al elegir compañero (a) matrimonial es aceptar las normas de Dios por encima de las del mundo. Una mujer que evalúa a un hombre como esposo no debe mirar "su apariencia ni lo grande de su estatura... Porque Jehová no mira lo que está delante de sus ojos, pero Jehová mira el corazón" (1 Sam. 16:7).

Al elegir esposa, un hombre no debe escoger una cuya belleza sea "el externo de peinados ostentosos, de adornos de oro o de vestidos lujosos, sino el interno, el del corazón un espíritu afable y apacible, que es de grande estima delante de Dios "(1 Ped. 3:3-4).

El carácter es el requisito absolutamente indispensable; una persona sabia no saldrá, ni siquiera la primera vez, con alguien cuyo carácter sea cuestionable o que no tenga derecho a casarse. La primera cita es un paso hacia el matrimonio.

Por el contrario, el mundo valora la apariencia exterior por encima de todo lo demás. El "atractivo sexual" es el número uno. Con demasiada frecuencia, la excitación sexual se interpreta como "amor a primera vista" y domina la relación desde la primera cita, ya sea que ocurra la fornicación o no. Una vez que una pareja se embriaga por el sexo, todo lo demás parece carecer de importancia —el carácter, la religión, las consideraciones económicas, la edad, la aprobación familiar. Este tipo de "amor" es realmente ciego.

Es triste ver a excelentes Cristianos jóvenes, tanto hombres como mujeres, que desean fervientemente buenos cónyuges, pero que, sin embargo, se pasan por alto unos a otros porque la apariencia exterior no está a la altura de las normas del mundo. Cuando dos personas son compatibles en todos los demás aspectos, la atracción sexual se solucionará sola. Por otro lado, los matrimonios basados únicamente en el sexo son los más frágiles de todos; solo vea los matrimonios de la "personalidades atractivas" del mundo del espectáculo.

Encontrar una buena pareja es un poco como pescar. Hay que determinar el tipo de pescado deseado; esto a su vez determinará el lugar a pescar, la carnada a utilizar y las técnicas a emplear.

Un Cristiano que busca "primeramente el reino de Dios y su justicia" quiere casarse con un Cristiano que comparta sus valores, metas, normas y esperanzas. Ella quiere un marido que la ame "así como Cristo amó a la iglesia" y él quiere una esposa que se someta a él "como al Señor" mientras él la guía en santificación y santidad (Efe. 5:22-33). Cada uno quiere un compañero (a) que sea una influencia saludable para sus hijos y nietos.

¿Dónde se pueden encontrar tales compañeros (as)? No en discotecas ni casinos. No en bailes ni bares. Generalmente no en el lugar de trabajo ni en las escuelas públicas. El lugar al que acudir para encontrar a esas personas es donde se encuentran los santos — localmente, al otro lado de la ciudad o dondequiera que se reúnan.

¿Qué carnada atraerá a esas personas? No vestidos cortos ni jeans ajustados. No es una apariencia identificada con culturas antiCristianas. No es una disposición fácil y seductora del afecto físico. Tal "carnada" puede atraer a una pareja, pero será del tipo equivocado. Los Cristianos se sienten rechazados por tales apelaciones.

¿Técnica? No se apresure al matrimonio. Desarrolle una relación en la que puedan estudiar juntos la Biblia cómodamente, orar juntos, ir juntos a lugares de adoración y visitar juntos a los enfermos y necesitados. Eviten la estimulación sexual. Aprendan a disfrutar de la compañía de los demás y a convertirse en buenos amigos. Hagan las cosas divertidas que los amigos disfrutan hacer juntos. Esto conducirá de forma natural al matrimonio que, después de todo, es también un asunto de amigos que viven juntos, trabajan juntos, juegan juntos y, sobre todo, sirven a Dios juntos. Sí, los dos son "una sola carne" (Mat. 19:5), pero también son "coherederos de la gracia de la vida" (1 Ped. 3:7). Y sobre todo, "Orad sin cesar" (1 Tes. 5:17).

# Amor en el Noviazgo

Dos jóvenes, rivales por la mano de una hermosa joven en una comunidad rural, se interpusieron en su camino hasta que, finalmente, decidieron resolverlo con sus puños en una noche oscura junto al río. Cuando el polvo se disipó, uno de ellos, magullado y maltratado, se escabulló en desgracia mientras el otro, algo menos, fue triunfalmente a reclamar la mano de la hermosa joven doncella. ¡Eso sí que es amor verdadero!

¿Pero lo es? ¿Es esto lo que describe el apóstol Juan cuando escribe: "Amados, amémonos unos a otros, porque el amor es de Dios, Todo el que ama, es nacido de Dios, y conoce a Dios" (1 Jn. 4:7)? Casi en ningún lugar es menos probable que se encuentre ese amor piadoso que en el romance, al estilo americano. Dios parece casi un intruso en el noviazgo.

El hecho es que Dios es quien primero identificó la necesidad de compañía del hombre y originó el matrimonio. Cualquier cosa en el romance que se llame "amor" y que no se origine en Dios es una falsificación. Cualquier matrimonio basado un amor Sin Dios permanece sobre una base inestable en el mejor de los casos.

## Amor por Dios

Un amor genuino por Dios afectará el concepto del noviazgo. Se considerará una oportunidad para conocer a una persona a fin de evaluar su carácter, personalidad, intelecto, disposición e idoneidad general para el matrimonio.

Desafortunadamente, el único modelo que mucha gente tiene para las citas es el modelo de Hollywood, que parece medir el éxito en términos del placer sexual logrado. Sin embargo, la química sexual es tan fuerte que cuando se convierte en un factor, la pareja tiende a volverse ciega ante todas las demás consideraciones.

El amor a Dios afectará la elección de una pareja para el noviazgo. En vista del concepto mencionado anteriormente, no se debe cortejar a ninguna persona que no sea moral y espiritualmente apta para contraer matrimonio. El noviazgo tiende a incrementar la tolerancia de uno hacia las faltas del otro. Mientras esas faltas sean de naturaleza física, económica, social o temporal, dicha tolerancia puede no ser fatal. Pero con demasiada frecuencia las faltas morales y espirituales llegan a ser aceptadas y los resultados son desastrosos para el alma.

El amor a Dios también afectará la conducta de uno en el noviazgo. Dios será reconocido como acompañante en cada cita. Su ojo que todo lo ve no será olvidado, ni siquiera en la oscuridad. "¿con qué limpiará el joven limpiar su camino? Con guardar la observancia tu palabra" (Salmo 119:9).

## Amor por el Compañero (a)

El amor de uno por su pareja en el noviazgo debe ser un amor piadoso. Tal amor "no busca lo suyo". Un muchacho cuya principal preocupación en el noviazgo y el matrimonio es lo que obtendrá de la muchacha no es un buen candidato para el matrimonio; tampoco lo es la chica que es enteramente egoísta.

Hasta que un hombre no reconozca el amor sacrificial de Cristo por la Iglesia como su ideal, no estará listo para el matrimonio. Una muchacha tampoco está lista para casarse hasta que esté ansiosa por convertirse en una "ayuda idónea" para su marido. Si el egoísmo es un problema en el noviazgo, lo será más en el matrimonio.

Un amor semejante al de Cristo está profundamente preocupado por el bienestar espiritual de los demás. Un hombre con tal amor, habiendo elegido a una mujer piadosa como compañera, nunca consideraría siquiera quebrantar su virtud, sin importar cuán fuertes pudieran ser sus pasiones. Él no la ve como un objeto que puede utilizar para su placer, sino como un tesoro que debe respetarse y protegerse.

Es impensable, también, que una mujer Cristiana, ejerciendo ese amor que viene de Dios, se enorgullezca de "poner nervioso a un hombre" por su forma de vestir o de comportarse. Aunque "sepa cuidarse sí misma", comprende que "el conocimiento envanece, pero el amor edifica" (1 Cor. 8:1). El amor que viene de Dios nunca desafiaría a otro a pecar con las palabras: "¿Si me amas, lo harás"? El amor piadoso "no se goza de la injusticia" Cualquier supuesta expresión de amor que desagrade a Dios es fraudulenta.

## Amor por los Rivales

Muchos Cristianos de los demás devotos, parecen aceptar el viejo dicho de que "en el amor y en la guerra todo se vale" "Enemistades, pleitos, celos, iras, contiendas, disensiones y envidias" parecen perfectamente justificados. Independientemente de la ocasión, estas son obras de la carne y "los que practican tales cosas no heredarán el reino de Dios" (Gál. 5:19-21). Muchos de los que no recurrirían a golpes físicos para resolver una rivalidad utilizarán artimañas, engaños, duplicidades, astucia, chismes, calumnias o cualquier otra cosa que se les ocurra para lograr el fin deseado. "esta sabiduría no es la que desciende de lo alto, sino que es terrenal, animal, diabólica. Porque donde hay celos y contención, allí habrá perturbación y toda obra perversa" (Sant. 3:15-16).

Ningún hombre o mujer merece tal contaminación del alma. Es mejor ejercitar esa "sabiduría que es de lo alto, es primeramente pura, después pacífica, amable, benigna, llena de misericordia y de buenos frutos" (Sant. 3:17). Esta sabiduría ganará a cualquier socio que valga la pena ganar.

Afortunadamente, muchos de los que sucumben a esa tentación se arrepienten y maduran después de ganar su premio. El joven que ganó a su novia esa noche junto al río ha madurado y no recomendaría su acción a otras personas. No, de hecho, ¡la ley del amor piadoso no se suspende durante el noviazgo!

# "Maridos, No seas Ásperos con Ellas"

Nuestra nación está sufriendo una epidemia de descontento, y en ningún lugar es más evidente que en el hogar. El descontento está en la raíz de la alarmante tasa de divorcios, e incluso ha dado lugar a una búsqueda de acuerdos alternativos para reemplazar a la familia tradicional y Bíblicamente autorizada.

A los maridos, especialmente, se les enseña a estar contentos con sus esposas. Después de advertir a su hijo contra el adulterio, Salomón le aconsejó: "Bebe el agua de tu misma cisterna, Y los raudales de tu propio pozo... Sea bendito tu manantial, Y alégrate con la mujer de tu juventud. Como cierva amada y graciosa gacela. Sus caricias te satisfagan en todo tiempo, Y en su amor recréate siempre" (Proverbios 5:15,18-19). Muchos otros pasajes hacen eco de estos sentimientos, incluido Colosenses 3:19, que instruye: "Maridos, amad a vuestras mujeres y no seáis ásperos con ellas" (Col.3:19).

El Contentamiento no excluye el deseo de mejorar. Toda esposa tiene algunas debilidades y no se espera que el marido sea ciego ante ellas. Tampoco debería simplemente aceptarlas si puede ayudarla a superarlas. Sin embargo, es probable que él no la ayude mediante constantes críticas, mal humor o comparaciones desfavorables con las esposas de otros hombres, y mucho menos mediante amenazas o castigos. Si se quiere mejorar a una esposa, lo más probable es que sea mediante sugerencias calmadas y objetivas, elogiando sus buenas cualidades y haciéndole saber de diversas maneras que está segura del amor de su marido, independientemente de sus fracasos, sobre los cuales ella puede estar más preocupada que él.

Si el contentamiento no requiere una aceptación dócil del status quo, sí requiere aceptar con gracia lo que no se puede cambiar. Si no podemos rehacer a nuestros compañeros, quizá tengamos que rehacernos a nosotros mismos. Varios pasajes deberían ayudar a los maridos a estar contentos. Por ejemplo: "No juzguéis para que no seáis juzgados" (Mat. 7:1). Aquí Jesús condena un ojo crítico que busca fallas. Es sorprendente ver con qué frecuencia una ceremonia matrimonial cambia a un hombre que no ve ningún defecto en su prometida a alguien que no ve nada bueno en su esposa.

Muchos hombres esperan demasiado de sus esposas. Con demasiada frecuencia las comparan con otras esposas (o peor aún, con actrices de cine o televisión) y se preguntan por qué no pueden ser la mejor cocinera, la mejor ama de casa, la mejor administradora de negocios, la que mejor modista, la mejor figura y tal vez incluso la mejor Cristiana, todo envuelto en uno. No es probable que una sola mujer pueda ser todo esto, y si lo fuera ningún hombre la merecería. Un hombre puede hacer todas las comparaciones que desee antes del matrimonio, pero *después* del matrimonio es hora de dejar de mirar a otras mujeres. Si no tiene intención de comprar un coche nuevo, será mejor que se mantenga alejado de la sala de exposición de autos.

"¿Y por qué miras la paja que está en el ojo de tu hermano, [esposa], y no echas de ver la viga que está en tu propio ojo? (Mat. 7:3). Muchos hombres necesitan apartar ocasionalmente sus ojos críticos de sus esposas para mirarse en el espejo. Algunos de los hombres menos atractivos que conozco se quejan constantemente con sus esposas porque están gordas o descuidadas. Algunos de los administradores financieros más pobres que conozco se quejan constantemente de los hábitos de gasto de sus esposas. Un poco más de atención a nuestras propias faltas nos pondrá en mejor posición para mejorar a nuestras esposas. Incluso puede hacernos menos conscientes de que tienen defectos.

Debería ser un pensamiento aleccionador para nosotros darnos cuenta de que la manera en que tratamos a nuestras esposas determinará en cierta medida cómo seremos tratados por el Señor. La parábola de Mateo 18:23-25 nos advierte que el Maestro, a quien le debemos todo, nos tratará como tratamos a quienes nos deben algo. Si no perdonamos a nuestras compañeras, Él tampoco nos perdonará a nosotros. Aún más al punto es 1 Pedro 3:7: "Vosotros, maridos, igualmente, vivid con ellas sabiamente, dando honor a la mujer como a vaso más frágil, y como a coherederas de la gracia de la vida, para que vuestras oraciones no tengan estorbo."

De todos los recursos disponibles para ayudarnos a aprender a sentirnos contentos, la oración es probablemente el más valioso. Si nuestras esposas tienen debilidades que mejorar, qué mejor manera de tratar con ellas que presentarlas ante Dios, pedirle que nos ayude a ayudarlas y luego hacer por ellas lo que sólo Él puede hacer. Quizás lo más importante sea que podamos pedirle a Dios que nos ayude a sobrellevar cualquier carga que tengamos que soportar debido a las debilidades de nuestras esposas.

Salomón escribió: "El que halla esposa halla el bien, y alcanza la benevolencia de Jehová" (Prov. 18:22). Si nosotros, como maridos, no estamos de acuerdo, el problema puede estar en nosotros.

# "Que Enseñen a las Mujeres Jóvenes a Amar a sus Maridos"

¿Por qué es necesario advertir a las mujeres jóvenes que amen a sus maridos? (Tito 2:4). En nuestra sociedad se supone que una mujer ni siquiera debería casarse con un hombre si no lo ama.

Sin embargo, históricamente las mujeres rara vez han tenido la oportunidad de elegir a sus compañeros de matrimonio. Eva no tuvo elección. Rebeca (Gén. 24) fue traída a quinientas millas de su casa para casarse con un hombre de 40 años a quien nunca había visto. El Antiguo Testamento proveía que los hombres se casaran con mujeres que habían capturado en la batalla o compradas como esclavas. Incluso en algunas culturas modernas, los padres seleccionan a la pareja de sus hijos; los jóvenes no tienen más remedio que obedecer. No es de extrañar, entonces, que fuera necesario advertir a las esposas que amen a sus maridos.

No se puede dar por sentado el amor por los maridos, ni siquiera en nuestra propia cultura. Algunos se casan por razones económicas o sociales o simplemente para liberarse de la influencia de sus padres, y el amor tiene muy poco que ver con ello. Algunas que parecen amar a sus maridos en el momento de la boda rápidamente se descontentan y se vuelven infelices al enfrentar las responsabilidades del matrimonio.

Sin duda, las causas del descontento son muchas. A veces puede ser que la novia, habiendo experimentado prosperidad en el hogar de sus padres, no esté preparada realizar la luchar que sus padres hicieron para conseguir lo que tenían. A veces, influenciada por la televisión y las películas, puede tener expectativas poco realistas sobre el matrimonio que no se pueden llevar a cabo en la vida real.

La mayor contribución al descontento actual es probablemente el movimiento feminista. Las escuelas están capacitando a las niñas para carreras profesionales y se menosprecia la vida como una ama de casa. Los cursos universitarios, los programas de televisión, las revistas, los periódicos y los compañeros en las conversaciones repiten con frecuencia de lavado de cerebro la idea de que someterse a la autoridad de un marido, o incluso a las necesidades de los hijos, es denigrante. "Las mujeres ya han sido humilladas durante mucho tiempo; es hora de que cuiden de sí mismas".

Incluso las mujeres Cristianas pueden encontrarse sumidas en la autocompasión al intercambiar historias de todo lo que tienen que sufrir como esposas y madres. Por supuesto, los hombres no son del todo libres de culpa en el deterioro de las relaciones matrimoniales.

Algunos hombres abusan de la autoridad que Dios les ha dado y, lejos de amar a sus esposas como Cristo amó a la Iglesia o amarlas como a sus propios cuerpos, gobiernan como dictadores en el hogar sin otra preocupación que su propia ventaja egoísta.

## ¿Qué Debe Hacer una Esposa?

No está mal que una esposa intente mejorar a su marido. Sin embargo, no debe hacerlo regañando, apartándose de él, amenazándolo, usando su influencia para poner a los niños en su contra o chismeando con sus amigos sobre él. Estos métodos son ineficaces y pecaminosos.

El Espíritu Santo instruye a las mujeres cómo cambiar a los maridos que no escuchan sus palabras. "Asimismo vosotras, mujeres, estad sujetas a vuestros maridos; para que también los que no crean a la palabra, sean ganados sin palabra por la conducta de sus esposas, considerando vuestra conducta casta y respetuosa. Vuestro atavío no sea el externo de peinados ostentosos, de adornos de oro o de vestidos lujosos, sino el interno, el del corazón, en el incorruptible ornato de un espíritu afable y apacible, que es de grande estima delante de Dios" (1 Ped. 3:1-4). Esto lo cambiará en todo caso.

Algunos maridos, sin embargo, no cambiarán. En ese caso, la esposa simplemente debe adaptarse a la situación y aprender no sólo a estar contenta con él, sino también a amarlo. Esto no será fácil, pero es mucho más preferible a las alternativas del divorcio o una vida de conflicto interno. Varias sugerencias pueden ayudarla a hacer esto:

Primero, échale otro vistazo. Algo en él le hizo quererse casarse con él. Con lápiz y papel, en lugar de enumerar las cosas que le van mal, enumere todas las buenas cualidades como sea posible.

En Segundo lugar, enumere sus propias debilidades. Las esposas imperfectas no pueden esperar maridos perfectos. La mayoría de las esposas saben algunas cosas sobre sí mismas que a sus maridos les gustaría cambiar. Haga esos cambios y es posible que él también cambie.

En Tercer lugar, considere que los males que tiene que soportar los sufre por el Señor y no por su marido (Col. 3:22). Quizás su esposo no merezca tal sacrificio, pero el Señor sí. Incluso puede encontrar gozo y recompensa al sufrir por Él (1 Ped. 2:19-24).

Y Ore. Es posible que la oración no siempre cambie la fuente de nuestro sufrimiento, pero seguramente puede fortalecernos para soportarlo. "echando toda vuestra ansiedad sobre él, porque él tiene cuidado de vosotros" (1 Ped. 5:7).

El matrimonio suele ser más seguro en culturas donde los individuos no eligen a sus propios cónyuges. Esto generalmente se debe al hecho de que las mujeres jóvenes han sido entrenadas, incluso en el paganismo, para tolerar a sus maridos. Dejemos que las mujeres Cristianas mayores vayan más allá y "enseñen a las mujeres jóvenes a amar a sus maridos".

# Sabiduría para los Padres—Un Ejemplo a Seguir

¿Qué padre no ha anhelado tener un compañero constante y sabio que esté a su lado para guiarlo en la educación de sus hijos? Quizás hayamos pasado por alto el hecho de que Dios es precisamente ese compañero — no sólo nos instruye, sino que no provee un ejemplo de cómo debemos hacerlo. Él es un padre —el Padre perfecto, que no comete errores. Sabemos cómo Él trata con Sus hijos, pero con demasiada frecuencia no hemos aplicado Sus métodos a otros problemas.

La característica más destacada de la relación de Dios con Sus hijos es el amor. "Mirad cuál amor nos ha dado el Padre, para que seamos llamados hijos de Dios" (1 Jn 3:1). Este amor es sacrificial y suscita en Él el don que no pudo reemplazar con una simple palabra de creación—Su único hijo. El amor de Dios, tan bellamente dibujado en la historia del hijo pródigo, es indestructible y corre con los brazos extendidos para encontrarse con Su hijo más vil cuando ese hijo en arrepentimiento regresa a casa (Luc.15:20). Su amor es compasivo: "echando toda vuestra ansiedad sobre él, porque él tiene cuidado de vosotros" (1 Ped. 5:7). Y su amor es solícito. "Oh Jehová, me has examinado y conocido. Tú has conocido mi sentarme y mi levantarme; Has entendido desde lejos mis pensamientos. Has escudriñado mi andar y mi reposo, Y todos mis caminos te son conocidos" (Sal. 139:1-3). Incluso los cabellos de nuestra cabeza están contados (Mat. 10:30).

Semejante amor de nuestra parte por nuestros hijos es el mejor seguro posible contra los errores tan comunes entre los padres en estos tiempos peligrosos en los que tantos carecen verdaderamente de "afecto natural". Significará menos hogares divididos egoístamente y sin preocuparse por los hijos. Significará mayor paciencia y paciencia y voluntad de tomarse un tiempo para escuchar sus problemas. Y significará saber dónde están, no permitirles deambular por las calles o visitar casas durante horas sin la supervisión de un adulto.

## Las Provisiones Físicas de Dios

Dios lo ha dispuesto de manera que a ninguno de Sus hijos le falte necesidad alguna. Pablo escribió: "Mi Dios, pues, suplirá todo lo que os falta" (Fil. 4:19). Jesús prometió respecto a la comida y el vestido: "Mas buscad primeramente el reino de Dios y su justicia, y todas estas cosas os serán añadidas" (Mat. 6:33). En un pasaje familiar (Sal. 37:25), el Salmista observó: "Joven fui, y he envejecido, Y no he visto justo desamparado, Ni a su descendencia que mendigue pan"

Pero considere cómo Dios suple estas cosas. Algunas de ellas los suministra sin que se requiera ningún esfuerzo consciente de nuestra parte. Nuestro corazón late por un impulso que Dios suministra. Nuestros pulmones funcionan incluso cuando estamos dormidos o inconscientes. Éstas son cosas que no podemos hacer por nosotros mismos; Dios las hace por nosotros. Pero Dios no nos proporciona alimento, ropa y refugio de esta manera. Él pone los materiales a nuestra disposición y requiere de nosotros iniciativa e industria para apropiarlos a nuestras necesidades. En resumen, Dios hace por nosotros sólo lo que nosotros no podemos hacer por nosotros mismos.

Además, Dios no duda en decir NO a algunas de nuestras peticiones y deseos. Él sabe que a veces pedimos cosas que serían perjudiciales (Stg.4:3). Sabe también que incluso las cosas inofensivas en abundancia pueden "estropear" a los niños. Al apóstol Pablo se le negó una petición urgente para que "no me enaltezca sobremanera" (2 Cor. 12:7-9).

¡Qué maravillosas directrices nos proporcionan estos hechos! "porque si alguno no provee para los suyos, y mayormente para los de su casa, ha negado la fe, y es peor que un incrédulo" (1 Tim. 5:8). En esto, la mayoría de los padres hoy en día son razonablemente cumplidos. Pero en estos tiempos de prosperidad el mayor peligro puede ser que proporcionemos estas cosas sin enseñar a nuestros hijos a aceptar la responsabilidad—El principio: "Si alguno no quiere trabajar, tampoco coma" (2 Tes. 3:10) debe enseñarse desde la niñez. Si Dios espera que sus hijos trabajen por lo que tienen, ¿por qué no deberíamos esperar lo mismo de los hijos que nos ha dado?

¿Por qué no deberíamos también tener el valor y el buen juicio de negarles algunas cosas a nuestros hijos cuando vemos que no son buenas para ellos? Verdaderamente las personas más desfavorecidas de nuestra época son aquellas que han tenido satisfechos todos sus deseos materiales y nunca han aprendido la autodisciplina que es esencial para decir con Pablo: "he aprendido a contentarme cualquiera que sea mi situación" (Fil. 4:11). Cuando enseñamos estas cosas, no hacemos más que seguir el ejemplo del Padre en los cielos.

## La Guía Espiritual de Dios

Es en las cosas espirituales donde más necesitamos la guía de Dios. Aquí lo que está en juego es mayor. Tenga en cuenta los siguientes hechos.

1. En algunas cosas Dios nos impone Su voluntad. Las limitaciones naturales nos prohíben hacer muchas cosas que desearíamos hacer. Al mismo tiempo, nos vemos obligados a aceptar circunstancias y dificultades de las que preferiríamos estar libres. De la misma manera debe ser con nosotros y nuestros hijos. A veces debemos imponerles nuestra voluntad. Puede que no lo entiendan; pueden

que se opongan; pero como padres tenemos la autoridad y la responsabilidad de ejercer dicha disciplina, asegurándonos únicamente de que es por el bien del hijo y no para su propia satisfacción.

2. Por supuesto, la mayoría de las veces Dios nos deja a nosotros determinar si haremos lo correcto o lo incorrecto. Si elegimos lo correcto, hay bendición. Si elegimos lo incorrecto, a veces hay castigo, a veces simplemente la sensación abrumadora de Su disgusto; pero nunca una afectuosa justificación del pecado. El amor de Dios no requiere ni permite que Él haga excusas para Sus hijos. Él perdona, pero sólo cuando se arrepienten y reconocen sus pecados.

No siempre podemos vigilar a nuestros hijos para ver si hacen lo correcto. Por lo tanto, como padres sabios, debemos enseñarles a ser responsables de su propia conducta. La primera libertad de este tipo debe permitirse en asuntos de menor importancia. Luego, a medida que demuestren su valía, se les podrá confiar en asuntos de importancia cada vez mayor. La libertad, por supuesto, implica la oportunidad de tomar decisiones equivocadas y eso es lo que se puede esperar.

Pero tomando a Dios como ejemplo, no debemos permitir que nuestro orgullo paternal los justifique en sus errores. Tampoco deberíamos estar demasiado ansiosos por aliviarles de sus consecuencias. Sin bien nunca debemos dejar a nuestros hijos ningún margen para dudar de nuestro amor, al mismo tiempo debemos ser inflexibles en nuestras expectativas y requerir que hagan lo correcto.

Un profesor universitario dijo una vez: "¡Ser padre me ha hecho más humilde que cualquier experiencia que haya tenido!". Al menos uno de sus alumnos ha encontrado una apreciación cada vez mayor de esa afirmación con la multiplicación de años y descendencia. Si queremos tener éxito como padres, debemos seguir las instrucciones del Espíritu a través de Salomón: "Fíate de Jehová de todo tu corazón, Y no te apoyes en tu propia prudencia" (Prov. 3:5).

# Sabiduría para los Padres—Un Ejemplo a Evitar

"Y si alguno de vosotros tiene falta de sabiduría, pídala a Dios, el cual da a todos abundantemente y sin reproche, y le será dada" (Sant. 1:5). Para el padre consciente, ésta es seguramente una de las extraordinariamente grandes y preciosas promesas de Dios. Sin embargo, se debe buscar esta sabiduría, como nuestro pan de cada día. Dónde buscarlo es nuestro problema.

La Palabra de Dios es la fuente adecuada de toda verdadera sabiduría. "La exposición de tus palabras alumbra; Hace entender a los simples" (Sal. 119:130). En varios libros del Antiguo Testamento, especialmente en los Proverbios, así como en el Nuevo Testamento se encuentran instrucciones valiosas para los padres. También hay numerosos ejemplos que son útiles.

Algunas veces un mal ejemplo puede ser tan valioso como uno bueno. Cuando un buen padre cría buenos hijos, no siempre es posible determinar exactamente qué cualidades produjeron resultados felices. Pero en muchos de los fracasos registrados, la causa del fracaso destaca con gran relieve. Estos nos sirven como advertencia para evitar esos errores particulares.

**La Embriaguez de Noé** fue la causa inmediata de la desgracia de Cam. Aunque Cam sin duda ya poseía la debilidad de carácter, la ocasión de su maldición no habría surgido si no hubiera encontrado a su padre ebrio (Gén.9:20-25).

Una paternidad exitosa requiere respeto filial; pero ningún padre cuyos hijos lo hayan visto borracho puede tener ese respeto en el máximo grado. El hábito de la bebida desmiente la afirmación de un padre de un compromiso Cristiano sincero y le hace imposible esperarlo o demandarlo de sus hijos. Puede estar seguro de que es más probable que sus hijos sigan su ejemplo que sus órdenes y, al hacerlo, causen un desastre aún mayor en sus propias vidas que el que él ha causado en la suya. Además, con demasiada frecuencia, la costumbre lleva a los padres a gastar en beber para su propio placer lo que se requiere para satisfacer las necesidades materiales básicas de sus familias. Quizás ningún hábito descalifica más a un hombre como padre que el hábito de beber alcohol.

**El Materialismo de Lot** fue la ruina de su familia. Cuando Abraham le ofreció elegir un lugar para vivir, vendió las almas de su familia por la exuberante hierba verde de las llanuras. Él no previó esto (Gén.13:7-13) Ningún hombre prevé nada espiritual cuando ve signos del dólar en sus ojos. Sin duda cuando pensaba en sus hijos sólo pensaba en darles "una vida mejor que la que tu madre y yo hemos tenido" El solamente quería ser un buen proveedor. Sus necesidades espirituales y el ambiente perverso de Sodoma no le pasaron por su mente.

En nuestra era materialista, a un padre se le juzga principalmente por la provisión material que ha hecho para su familia. Hemos oído a padres Cristianos jactándose de su éxito en criar una familia numerosa, darles a todos una educación universitaria y verlos establecerse en tareas domésticas con buenos ingresos, sabiendo todo el tiempo que ninguno de ellos tiene el más mínimo interés en la religión de Jesucristo. ¿No podemos ver que esos hijos han fracasado en obtener lo que es más importante? Es mejor verlos crecer mal vestidos, mal alojados y mal alimentados con su fe intacta, que verlos prosperar y suntuosamente perdidos.

**La Parcialidad de Jacob** fue un obstáculo para el orden exitoso de su casa. Debería haber sabido que así sería. La parcialidad de su propia madre había sido fuente de conflictos en la casa de su padre. Sin embargo, siguió el mismo proceder, practicando el favoritismo hacia José y atrayendo sobre él la envidia, la malicia y el odio de sus hermanos que eventualmente los llevó a venderlo como esclavo (Gén.37:3-36). Cada hijo nacido en nuestros hogares tiene derecho a una parte igual de nuestro afecto y atención. Aunque alguno de ellos pueda tener una disposición encantadora, estamos cometiendo una injusticia tanto con él como con todos los demás cuando mostramos parcialidad. Los padres sabios no sólo procuran encubrir esa tendencia sino que también tratarán de eliminarla.

**El hecho de que David siguiera la corriente de Adonías** fue la ruina de ese joven. 1 Reyes 1:6 nos dice que "su padre nunca le había disgustado diciéndole: "Y su padre nunca le había entristecido en todos sus días con decirle: ¿Por qué haces así? Además, éste era de muy hermoso parecer; y había nacido después de Absalón" A el chico nunca se le había dado la contra; siempre se había salido con la suya. Entonces, cuando quiso el trono y se lo negaron, le faltó la disciplina para aceptar la revocación. Su determinación de salirse con la suya lo llevó finalmente a la muerte.

Muy pocos de nosotros siempre podemos salirnos con la nuestra en la vida. Por lo tanto, si uno quiere encontrar alguna medida de felicidad, debe ser, similar con Pablo, "en todo y por todo estoy enseñado; así para estar saciado como para tener hambre, así para tener abundancia como para padecer necesidad" (Fil. 4:12). Es urgente que esta instrucción se dé en los primeros años de vida, porque si se retrasa demasiado, el individuo, como Adonías, puede desintegrarse moral y emocionalmente por completo cuando encuentre su primer obstáculo. El camino de la vida está sembrado de restos de personajes como éste. Un padre que no reprende a su hijo por temor a que "le desagrade" lo está preparando precisamente para ese destino.

**La Tolerancia de Elí** hacia sus hijos malvados fue la maldición de Israel. Sus hijos eran sacerdotes pero su conducta era totalmente impropia de ese sagrado oficio. Difícilmente se podrían imaginar hombres más viles. Hay que decir en honor de Elí que les habló de su maldad (1 Sam. 2:22-25), pero "ellos no lo oyeron la voz de su padre" (v.25). Y no hizo más movimiento. Alguien ha dicho: "Habló cuando debería haber actuado. Reclamó cuando debería haberse reprimido". Debido a que les permitió continuar en su maldad, Dios le dijo: "¿has honrado a tus hijos más que mí?" (1 Sam. 2:29). De él, Dios dijo: "Y le mostraré que yo jugaré su casa para siempre, por la iniquidad que él sabe; porque sus hijos han blasfemado a Dios, y él no lo ha estorbado" (1 Sam. 3:13). Llega un momento en el que las palabras no alcanzan; se requiere acción. Luego, "El que detiene el castigo, a su hijo aborrece; Mas el que lo ama, desde temprano lo corrige" (Prov. 13:24).

**El Matrimonio de Joram condenó a su hijo.** El rey Joram de Judá era descendiente de David. Se podría haber esperado que la influencia de David se ejerciera en la formación de su hijo que lo sucedería como rey. Pero, ¡ay!, Joram estaba casado con Atalía, la hija de Acab y Jezabel, el malvado rey y reina de Israel. Y cuando el príncipe Ocozías, hijo de Joram, subió al trono, no anduvo en el camino de David sino "anduvo en los caminos de la casa de Acab; porque su madre le aconsejaba que actuase impíamente. Hizo, pues, lo malo ante ojos de Jehová, como lo fue la casa de Acab, porque después de la muerte de su padre, ellos le aconsejaban para su perdición" (2 Crón. 22:3-4).

En verdad, es necio el que piensa sólo en sí mismo al elegir una compañera para casarse. La joven con la que se case un hombre será la madre de sus hijos, la influencia dominante en sus vidas. Sus padres serán los abuelos de sus hijos al igual que los suyos. Es casi seguro que cualquier esperanza de excluir su influencia está destinada al fracaso. Una previsión en este sentido resolvería muchos problemas antes de que surjan.

# ¿Estamos Secularizado a Nuestros Hijos?

Hace varios años, un Cristiano que era presidente de una gran universidad estatal declaró su creencia de que los estudiantes no pierden la fe debido a la evolución en el departamento de ciencias o al humanismo en los departamentos de filosofía, psicología o sociología. Más bien, sentía que estaban tan absortos en los estudios y actividades seculares que no dedicaban tiempo a las cosas espirituales. Descuidan la asistencia a los servicios, descuidan el estudio de la Biblia y hacen amigos entre la gente mundana. Mueren espiritualmente, no por veneno sino por desnutrición espiritual.

Hoy en día, esto les sucede a los jóvenes mucho antes de que lleguen a la universidad. Y algunos de los mejores, mas intencionados, más sacrificados y amorosos padres están contribuyendo a ello.

Por favor, disculpen una referencia personal. Mis padres estaban muy preocupados por mantener el control de sus hijos. Mi padre se quejó hace 50 años de que las escuelas intentaban apoderarse de la crianza de los niños y él estaba decidido a no permitir que eso le sucediera a su familia. Cualquier cosa que la escuela planeara y que entrara en conflicto con las actividades de la Iglesia se consideraba una intromisión por parte de la escuela. No participamos en deportes organizados, ni en la escuela ni en programas de verano. No tocamos en la banda ni nos unimos a los exploradores. Como regla general, cuando terminaba la escuela volvíamos a casa.

Quizás piense que mis padres eran extremistas. Quizás lo fueran. Pero una cosa era segura: Teníamos tiempo para cualquier cosa que los Cristianos estuvieran haciendo en cualquier lugar de las áreas donde vivíamos. No sólo asistíamos a todos los servicios regulares y a todos los servicios de las Series de predicaciones en nuestra congregación local, sino que asistíamos a la mayoría de los servicios de cualquier reunión en cualquier lugar a poca distancia en automóvil, incluso cuando las reuniones duraban la mayor parte de dos semanas.

Los predicadores que venían a predicar a la zona aprendieron a esperar que la familia Hall estuviera cerca del frente noche tras noche. Nunca recuerdo haber salido de la ciudad para asistir a un partido de béisbol, pero sí recuerdo muchos viajes fuera de la ciudad para asistir a reuniones y conferencias sobre el evangelio. Esos predicadores del evangelio se convirtieron en nuestros héroes y los miembros de esas congregaciones se convirtieron en los amigos cuyo respeto y confianza más deseábamos.

Esto no quiere decir que todos los padres deban adoptar las políticas de mis padres. Yo mismo no los cumplí todas al criar a mis hijos. Pero seguramente es necesario imponer algunos límites al secularismo desbocado que ahora es tan común.

Los hijos son las personas más ocupadas de la ciudad. Las escuelas han alargado la jornada escolar y los largos viajes en autobús con frecuencia obligan a los niños a salir de casa muy temprano por la mañana y regresar a última hora de la tarde. Luego tienen tarea que hacer. Gran parte del tiempo extra en la escuela se dedica a actividades humanísticas. Los niños están constantemente expuestos a vulgaridades y malas palabras, no sólo por parte de sus compañeros de estudios, sino también de sus profesores. Necesitan desesperadamente contrarrestar todo este medio ambiente con las influencias espirituales.

Muchos padres concienzudos, sin embargo, quieren aún más oportunidades seculares para sus hijos que las que ofrece el plan de estudios estándar. Fomentan la participación en deportes extraescolares organizados por el colegio y en otros de organización privada, ocupando las tardes y los Sábados e incluso parte del Domingo, así como los meses de verano.

A los estudiantes que no se inclinan por los deportes se les motiva a ser porristas o unirse a la banda con largas horas de práctica después de la escuela, campamentos de banda de verano, fútbol obligatorio los Viernes por la noche en el otoño y conciertos en la primavera. Además, con frecuencia se imparten clases de música privadas. Los excursionistas también ofrecen experiencias saludables y los padres quieren que sus hijos participen.

De hecho, sienten que sus hijos se ven privados si pierden cualquiera de estas oportunidades, y por eso, para proporcionárselas, los padres llenan sus propios horarios, llevando a los niños de aquí para allá y gastando sacrificialmente su energía y su dinero.

¿Qué hay de malo en estas cosas? Generalmente nada. El problema es que todas estas cosas están dominando la vida de los hijos. ¡No es de extrañar que se haya vuelto imposible planificar una reunión evangelística en un momento en que no entre en conflicto con algún tipo de actividad secular! ¡No es de extrañar que sea excepcional que los estudiantes asistan todas las noches a una reunión de este tipo! ¡No es de extrañar que muy pocos padres y aún menos jóvenes asistan a servicios especiales fuera de su propia congregación!

Parece estar desarrollándose una actitud negativa hacia cualquier cosa que la Iglesia planee más allá de las asambleas habituales del Domingo por la mañana, el Domingo por la noche y el Miércoles por la noche o hacia cualquier extensión de las actividades nocturnas más allá de una hora. La Iglesia es considerada insensible cuando se planea algo que invada los horarios seculares ocupados de los hijos.

¿Cuándo esperamos que nuestros hijos cambien este énfasis tan pesado en este mundo para "buscar primero el reino de Dios y su justicia"? Si se acostumbran a un horario secular en la escuela primaria, la escuela secundaria sólo aumentará la presión. La universidad permite aún menos tiempo para el Señor a menos que haya una determinación decidida de mantener bajo control todas las demandas seculares. Si dichas prioridades no se han aprendido bajo la guía de los padres, es poco probable que se desarrollen cuando los estudiantes estén solos en la universidad. Cuando terminan esos años escolares de inmersión en el secularismo, generalmente les queda muy poca vida espiritual. Y todo comienza cuando son jóvenes.

# Criando Hijos Sin Egoísmo

En el manual para profesores que acompaña su excelente curso de estudio titulado, Nacido de una Mujer, Dene Ward hace la siguiente observación: "Hemos criado a demasiados jóvenes mimados y egocéntricos que piensan que son los únicos que importan en cualquier familia y que esperan que sus padres renuncien voluntariamente a todo por ellos sin pensar en sí mismos, y mucho menos en el Señor y Su filosofía. Hemos permitido que nuestra sociedad permisiva y orientada a los derechos determine nuestra filosofía"

Recientemente, en una clase bíblica para damas, al estudiar este material, abordó la pregunta: "¿Cómo podemos criar hijos que no sean egoístas y egocéntricos?" Se sugirieron las siguientes ideas:

Primero, El Ejemplo. Los padres egoístas no pueden esperar criar hijos sin egoísmo. Sin embargo, los padres cuya idea de dar un buen ejemplo es ceder constantemente a los deseos o preferencias de sus hijos producirán el mismo egoísmo que quieren evitar. Es mejor dejar que los hijos vean a los padres siendo desinteresados unos con otros y planeando desinteresadamente servir a los necesitados fuera de la familia. Y el efecto de tal ejemplo aumentará mucho cuando el altruismo se practique alegremente y cuando se vea que trae autentica felicidad.

Las personas no egoístas ajenas a la familia también pueden ser ejemplos útiles. Señale a esas personas a los hijos y elógielos. Los hijos son imitadores e imitarán a aquellos a quienes admiran. Involucrar a los hijos en las decisiones familiares. Discuta con ellos un aumento en la contribución o un regalo a alguna víctima del desastre. Permítales avanzar cuando los padres vayan a ayudar a alguien que lo necesite. Todo esto les permite sentir que están involucrados personalmente y comienzan a saborear la satisfacción del servicio desinteresado.

Yendo un paso más allá, los padres pueden ayudar a sus hijos a buscar maneras de ayudar a otros personalmente. Un juguete regalado a niños que no tienen ninguno, algo útil hecho a una persona anciana o inválida, incluso una tarjeta enviada a alguien que está enfermo, pueden empezar a formar un patrón libre del egoísmo. Es mejor no decirles qué hacer. Simplemente ayúdelos a ver la necesidad y permítales determinar su propia respuesta. Aunque puede que no sea lo que usted haría, déjeles llevar adelante su propia decisión y luego felicítelos por su generosidad.

Para aprender el uso desinteresado del dinero, los hijos necesitan algo de dinero para usarlo. Necesitan dar algo propio y no algo que les han dado. La mejor manera de tener dinero es ganándolo—del mismo modo que se debe obtener durante toda la vida. Una vez que tengan dinero, se les puede enseñar a dividirlo—una parte para el Señor, otra para las cosas que se necesitan, otra para ahorrar y otra para las diversiones.

Al mismo tiempo, para ser personas sin egoísmo, los hijos deben aprender que hay algunas cosas que deben hacer por las cuales no hay que pagar: como limpiar sus propias habitaciones, ayudar con los platos de la mesa o cortar el césped del jardín. Los hijos que no han aprendido a compartir las responsabilidades familiares son malos candidatos para un matrimonio exitoso.

Por supuesto, los padres Cristianos deben proveer lo que las escuelas públicas no están proveyendo— enseñanza Bíblica sobre el no ser egoístas. Un grupo de niños a quienes enseñé recientemente conocían muchas Escrituras sobre el cielo, la Iglesia, la salvación y otros temas Bíblicos; pero nadie conocía las palabras de Jesús demandando que los discípulos se negaran a sí mismos y tomaran sus cruces.

Seguramente no hay nada en la enseñanza y el ejemplo de Jesús que se enfatice más que el no ser egoístas. Y nada es más contrario a la sabiduría aceptada en nuestros días. Las escuelas públicas, la prensa, los psicólogos, los consejeros (tanto profesionales como no profesionales), por regla general, enseñan el egoísmo —el derecho a hacer lo que uno quiera, a marcar su propio rumbo en la vida sin preocuparse por los demás. A menos que a nuestros hijos se les enseñe lo contrario, seguramente aceptarán esta filosofía.

Sin embargo, independientemente de nuestro ejemplo, la enseñanza, los esfuerzos para involucrarlos, el fomento de la iniciativa y el refuerzo positivo, los hijos seguirán necesitando cierto control de los padres si quieren evitar el egoísmo. Sólo aprenden al no ser egoístas cediendo y permitiendo que otros se salgan con la suya. Lograr esto puede resultar incómodo para los padres no egoístas, pero hay una manera. Los padres pueden demandar que los hijos sean sin egoísmo con sus madres, y las madres pueden demandar que los hijos sean sin egoísmo con sus padres. Ambos pueden requerir el no ser egoístas entre hermanos y compañeros de juego. El egoísmo aflorará a veces, pero nunca debe aceptarse.

Esta enseñanza y este control deben practicarse cuando los hijos todavía son enseñables y controlables. No debemos esperar demasiado. De lo contrario, despertaremos antes de lo que esperamos y nos encontraremos con el tipo de hijos egocéntricos y egoístas descritos tan gráficamente en el libro de Dene Ward y tan trágicamente comunes en los Estados Unidos actualmente.

Made in the USA
Middletown, DE
04 September 2024

59792566R00220